Giovanni Verga

TUTTO IL TEATRO

Cavalleria rusticana - In portineria
La lupa - La caccia al lupo
La caccia alla volpe
Rose caduche
Dal tuo al mio - Dopo

Introduzione
di Natale Tedesco

ARNOLDO MONDADORI
EDITORE

I edizione Oscar Mondadori ottobre 1980
I edizione Oscar classici marzo 1989

ISBN 88-04-32311-6

Questo volume è stato stampato
presso Arnoldo Mondadori Editore S.p.A.
Stabilimento Nuova Stampa - Cles (TN)
Stampato in Italia - Printed in Italy

Sommario

Introduzione

Significato del teatro verghiano

1. *Approccio.* Al momento di ripresentare a un vasto pubblico di lettori il teatro di Giovanni Verga, ci si rende conto che bisognerà limitare, al massimo consentito da un procedimento critico che vuole essere in ogni caso concreto, le analisi particolari dei singoli testi verghiani, l'esame minuto della condotta dell'itinerario drammaturgico, per tentare di svolgere delle osservazioni generali sul significato complessivo di questa esperienza.

In una prospettiva in cui giuochino bene le loro parti storia della cultura e dello spettacolo ed esame testuale, anche se è possibile ancora giungere alla vecchia conclusione che la letteratura teatrale della seconda metà dell'Ottocento è letteratura senza dubbio inferiore nel suo insieme alla quasi contemporanea narrativa e anzi, di consueto, sua appendice, traduzione o riduzione, non è possibile trascurare i nuovi strumenti di verifica e le nuove problematiche critiche con cui si deve indagare così complesso e importante fenomeno.[1]

Ci si accorge per mezzo di essi che se è utile mettere in relazione il testo narrativo e il testo teatrale, risulta poi indispensabile giudicarli nei loro rispettivi contesti, per valutare la diversa operazione storico-culturale in cui si inseriscono.

Ma intanto la persistente, ancorché vecchia, conclusione sul primato della narrativa è storica perché, prima ancora d'esser fatta propria dalla critica idealistica, ad essa erano pervenuti scrittori del tempo come Verga, per l'appunto, il quale affermava senza mezzi termini che considerava il teatro « una forma inferiore e primitiva » d'arte. Questo, come è noto, venne detto nel '94 all'Ojetti, ma, come è meno no-

[1] Si può dire che, nonostante l'ostentato dispregio di taluni per le forme drammatiche, pare non vi sia scrittore nostro di quegli anni che non abbia delle aspirazioni teatrali, o addirittura non abbia una passione per il teatro, se anche un narratore come Italo Svevo scrisse ben cinque commedie, e lo stesso Giovanni Pascoli amoreggiò con esso.

to, anche prima, nell''88, a Cameroni, che del teatro verghiano era poi uno dei paladini, il Verga scriveva: « ... hai ragione da vendere quanto all'inferiorità del teatro rispetto al romanzo, come opera d'arte ».[2] Tuttavia a ciò egli era condotto da precise ragioni tecniche, che riguardavano il rapporto autore-attore, autore-pubblico, e cioè il problema della comunicazione, della meccanica interpretativa.[3] Maturava così l'esigenza di una direzione registica della rappresentazione, o di un autore che fosse pure regista.

Tutto ciò spinge sempre più a leggere Verga in termini storico-culturali, cioè – perché non s'intenda una generica indagine storica, col solo supporto di alcuni dati riguardanti la poetica –, svolgendo un esame delle strutture conoscitive interne dell'opera, con i relativi nessi con la realtà e con il referente specifico inventivo, espressivo, e dunque, valutando la sua produzione drammatica come un momento fondamentale della storia del teatro italiano ed europeo, all'epoca del verismo e del naturalismo; esaminandola nel suo genere e in rapporto alla sua tecnica spettacolare, al suo peculiare linguaggio. In tale esame, è bene però sottolineare, dovranno pure prendere posto e spiccare poi precisi esami testuali delle diverse redazioni. Non si deve cioè cadere nel pregiudizio opposto a quello del formalismo idealistico, isolando ora con formalismo strutturalistico la teatralità, come prima si privilegiava la letterarietà (perché, d'altro canto, anticipando, sono riscontrabili proprio in alcune varianti

2 La lettera di Verga a Felice Cameroni, è datata Roma, 15 giugno 1888, e si trova in M. Borgese, *Lettere inedite a G. Verga*, in « Occidente », maggio 1935, p. 15.

3 Si legga tutto il passo dell'intervista: « Ho scritto pel teatro, ma non lo credo certamente una forma d'arte superiore al romanzo, anzi lo stimo una forma inferiore e primitiva, sopra tutto per alcune ragioni che dirò meccaniche. Due massimamente: la necessità dell'intermediario tra autore e pubblico, dell'attore; la necessità di scrivere non per un lettore ideale come avviene nel romanzo, ma per un pubblico radunato a folla così da dover pensare a una media di intelligenza e di gusto, a un *average reader*, come dicono gli inglesi. E questa media ha tutto fuori che gusto e intelligenza; e se un poco ne ha, è variabilissima col tempo e col luogo » (U. Ojetti, *Alla scoperta dei letterati*, Firenze, Le Monnier, 1946, p '23).

drammatiche sia un'estrinseca teatralità, sia una banale letterarietà del tipo di un convenzionale adeguamento dannunzianeggiante).

È necessario esaminare il teatro verghiano in rapporto alla storia dello spettacolo, ma non si può prescindere dallo studiare il legame diretto che esso ha con il complesso della produzione dello scrittore, essendo momenti complementari sì, ma non sempre concomitanti, e comunque di diversa incidenza, della storia della lotta per l'affermazione del suo metodo e delle convinzioni letterarie veristiche. Ed è bene dire subito come risulti evidente che nel campo teatrale egli scenda a compromessi con l'ideale d'arte voluto ed esibito dalla borghesia egemone del tempo, facendo dei passi indietro, in parte rispetto all'assunto di quel metodo e di quelle convinzioni, ma soprattutto rispetto ai primitivi e più autentici motivi inventivi maturati sul terreno narrativo nel decennio degli anni Ottanta.

Intanto importa sottolineare, per una più compiuta biografia letteraria di Verga, come si manifesti in lui la necessità di fare teatro, che è, ad un tempo, proposito di divulgare l'opera narrativa e di trasferire nel teatro la lotta per l'affermazione del verismo (cosa che del resto faceva anche Zola in Francia); esigenza di stabilire un più diretto e immediato contatto col pubblico, per sollecitarne un favore più esteriormente fruibile, nel quale bisogno dobbiamo, e molto, includere la gran voglia di un successo da gustare mondanamente volgendolo in trionfo amoroso, quella stessa di cui ardeva l'autobiografico personaggio del romanzo *Una peccatrice*. (Era una voglia che si portava appresso dagli anni fiorentini, quando il Dall'Ongaro gli aveva quasi fatto assaporare successo e gloria al tempo del lavoro *Rose caduche*).

Naturalmente, è principalmente la storia del verismo che acquista in problematica critica, in dimensioni socio-culturali, studiando come il pubblico e la critica abbiano accolto le opere teatrali verghiane, e segnatamente *Cavalleria rusticana* e *La lupa*.

2. « *Cavalleria rusticana* ». Verga ricreò per le scene la *Cavalleria rusticana* nel 1883. Prima di proporne la rappresentazione, ne diede la lettura a un gruppo di amici, tra i

quali Arrigo Boito, Emilio Treves, Luigi Gualdo, Eugenio Torelli-Violler. A consentire fu solo quest'ultimo. Con l'aiuto di Giacosa, il dramma arrivò alla compagnia di Cesare Rossi, che lo mise in scena, ma a spese di Verga, che si occupò attentamente anche dei costumi, al teatro Carignano di Torino. Rossi non credeva potesse avere successo: e non volle interpretare né il ruolo di Turiddu né quello di Alfio. Ma il successo ci fu, e grande. Santuzza, a prefigurare l'accentuazione odierna del protagonismo femminile verghiano, era impersonata da Eleonora Duse.

Nella storia, in verità piuttosto povera, dopo il Rinascimento eterodosso e prima di Pirandello, del teatro italiano, la prima rappresentazione della *Cavalleria rusticana*, finora più conosciuta certamente per l'omonima opera lirica di Mascagni, segna una data memorabile. E si può dire che questa sia l'opera nell'insieme maggiormente teatrale del Verga; anzi, anche alla base della novella c'è una memoria di genere assolutamente teatrale, mimico propriamente: la sfida, come racconta De Roberto, cui Verga bambino, guardando dal balcone della sua casa catanese, assistette senza comprendere: tra il figlio del portiere della casa di via Sant'Anna e un tale con cui litigava. L'abbraccio nel pieno della lite sembrò al bambino di pacificazione: seppe poi che era di sfida mortale. (Si può aggiungere ora a questo che il Verga, come ritiene il Ferrone,[4] abbia in seguito studiato la mimica, la gestualità, dei personaggi popolari dei *Mafiusi* di Rizzotto).

Il successo dell'opera fu tuttavia ottenuto anche sul piano di un ambiguo e deteriore incontro col pubblico. Ojetti, che, come abbiamo mostrato altrove,[5] si dimostrò incapace di capire le precise ragioni ideologiche che stanno dietro la scelta e l'intento realistico del regionalismo in generale, e del verismo verghiano in particolare, fu invece sufficientemente acuto nel notare i moventi sociologici del consenso manifestato dagli spettatori a *Cavalleria rusticana*, sicché si chiedeva giu-

[4] Cfr. Siro Ferrone, *Il teatro di Verga*, Roma, Bulzoni editore, 1972, pp. 112-113.

[5] Cfr. « *La lupa* » *di Verga tra storia della cultura e dello spettacolo ed esame testuale.* (*La posizione del* « *Marzocco* » *e la polemica Ojetti-Capuana*, 1969), ora in *Il cielo di carta. Teatro siciliano da Verga a Joppolo*, Napoli, Guida, 1980.

stamente quanta parte del successo fosse dovuto « all'esotismo, alla violenta rarità e stranezza dei tipi, così che per molto tempo e per molte menti superficiali tutta la Sicilia parve fotografata nel gesto di Turiddu che morde l'orecchio a compare Alfio? ». Ojetti era a un passo dal comprendere pienamente come nella borghesia, con l'esteriore curiosità tipologica, stesse esplodendo il gusto del primitivo, come riserva d'umanità intatta e patriarcale, nell'infrazione tragicamente ancora più stretta ai valori tradizionali.

Al teatro borghese dell'epoca Verga paga lo scotto di organizzare la materia secondo il classico triangolo, moglie, marito, amante, struttura tanto più evidente perché egli, rispetto alla novella, elimina il tema economico che si accompagnava colla delineazione del personaggio di Turiddu, giovane abbandonato da Lola per un marito più abbiente, ed egli stesso corteggiatore di Santuzza perché figlia di un possidente. E a quest'ultimo personaggio, Turiddu cede pure la palma grande del protagonista, sia per l'esito ambivalente o proprio ambiguo che l'autore dà alla duplicità compositiva del copione tra "dramma intimo" e "commedia sociale", sia per il ruolo sempre più prevalente che l'autore, per ragioni pratiche di successo, si vide costretto ad affidare all'interprete di Santuzza, cioè ad Eleonora Duse. Quel dissidio tematico, peraltro già presente in *Rose caduche* e che si ripresenterà puntualmente in tutto il teatro verghiano, meno nella *Lupa* e segnatamente *In portineria, Caccia al lupo, Caccia alla volpe,* è bene sottolinearlo pure come altra faccia del dualismo insito nella pubblicazione dei *Malavoglia* e del *Marito di Elena* e delle successive parallele raccolte di novelle – quasi, se non proprio, al modo di De Roberto.[6] E per la prova del nove di quel che qui si vuole osservare, non è da meditare meno il fatto che, con un'operazione inversa, il

[6] L'unitarietà dello sperimentalismo derobertiano, riscontrabile, al di là dell'apparente annuale testimonianza ora veristica ora psicologistica, nella persistente fondamentale tematica e nei più originali esiti espressivi, ci pare di aver mostrato nel saggio *Concezione mondana metodo e invenzioni narrative nell'opera di De Roberto,* ora nel volume *Strutture conoscitive e invenzioni narrative,* Palermo 1972, pp. 27-248.

dramma intimo trionfi sull'affresco sociale, quando per *Dal tuo al mio* Verga portò, inusitatamente ma spiegabilmente, il teatro alla narrativa.

Per concludere al momento su *Cavalleria rusticana*, bisogna dunque segnalare sul versante teatrale un migliore trattamento del rapporto tra l'ambiente, inteso però come coro o meglio come pluralità libera di personaggi minori, e i protagonisti; mentre sul piano dell'invenzione in generale, cassando le nuove ragioni sociali dell'agire eversivo di Turiddu e mettendone in evidenza gli arretrati moventi ancestrali, sacro-tribali, l'opera verghiana si acclimatava con i desideri catartici, anche falsamente espiatori, dell'egemone cultura borghese, meglio equiparando la legge dell'onore rusticana alla morale appunto borghese.

3. « *In portineria* ». Questo primo felice incontro pubblico col teatro, segnato dalla *Cavalleria*, incoraggiò Verga sull'adattamento di una delle sue novelle milanesi: *Il canarino del N. 15* di *Per le vie*.

Occorre rilevare subito il modo e il tono con cui Verga ne annunciò l'elaborazione a Salvatore Paola Verdura, in una lettera del 17 gennaio 1885: « Io sto scrivendo un drammettino in due atti che mi sembra di qualche effetto; e calcolatamente ho voluto che non sia di argomento siciliano ».[7] C'è da chiedersi pure se sia stato frutto di calcolo la scelta che egli operò fra queste novelle, privilegiando quella dove la condizione economica, come ragione di spinta dell'agire sociale, è meno evidente e determinante, dove non vi sono conflitti di comportamento che non siano da attribuirsi alla qualità psicologica dei personaggi che restano tuttavia irrelati, anche perché la rappresentazione psicologica s'effettua e s'impernia sui dati esteriori, che non sempre sono ben riconvertiti psicologicamente.

Con tutto ciò i due atti *In portineria*, pur non potendo aspirare né per quadro d'ambiente, né per violenta icasticità

[7] Cfr. *Verga-De Roberto-Capuana*, Catalogo della mostra per le celebrazioni bicentenarie della Biblioteca Universitaria, a cura di A. Ciavarella, Catania, Giannotta, 1955, p. 141.

di passioni, al livello della *Cavalleria rusticana* e, soprattutto, della *Lupa*, sono superiori alla novella da cui sono tratti. La situazione è realmente dura, cruda, per quel che si attiene al personaggio di Malia, e sarebbe del tutto drammatica se il linguaggio correggesse o sorreggesse adeguatamente quell'eccesso di sentimentalismo, di bontà e di sofferenza che è in questa fanciulla al centro della *pièce*.

Il lavoro non ebbe successo, e come sempre in questi casi, sia il Verga che il Cameroni se la presero con gli attori, il pubblico, la programmatica inferiorità artistica del teatro, e Verga giunse a parlare dei suoi propositi di riformare la drammaturgia contemporanea come di « una fisima, di un gusto » che vuole cavarsi.[8] La verità è che il pubblico non lo segue sul piano ad esso già noto degli intrighi e degli imbrogli sentimentali, peraltro non accorgendosi minimamente delle novità introdottevi dallo scrittore. Invece questi, proprio per captarne il favore, si propone addirittura di stendere due tipici intrecci tardo-romantici con personaggi dell'alta società aristocratica, e ci pare significativo di questa disposizione il fatto che se il primo sembra rifarsi al racconto *Dramma intimo*, il secondo avrebbe dovuto ovviamente intitolarsi, senza vera differenza, *A villa d'Este, Civettando, La commedia dell'amore* o *Al gioco d'amore*.[9]

Non sappiamo, per nostra o sua fortuna, perché egli abbia desistito da tale intenzione, tuttavia possiamo congetturare verosimilmente che pur avendo intrinseca e autentica ragione nel voler secondare il suo interesse per lo studio dei sentimenti umani, era necessario che questo fosse volto ad indagare le passioni delle creature più acclini al suo mondo e al suo temperamento artistico. Giungiamo così all'importante edizione della *Lupa*, che principalmente ebbe contro il momento storico, avvenendo quasi nel pieno di una profonda crisi dello stato e della cultura italiana, dopo la repressione dei Fasci siciliani e prima delle cannonate di Bava Beccaris, che aiutarono la borghesia a distaccarsi dalla realtà popolare e dalla letteratura che ambiva rappresentarla.

[8] Queste espressioni si leggono nella lettera al Cameroni del 15 giugno 1888, già citata.
[9] Si veda, per questo, Ferrone, cit., pp. 185-190.

4. « *La Lupa* ». Difatto, l'importanza della redazione teatrale della *Lupa* non risiede solo nelle sue qualità intrinseche. Nell'anno della sua prima rappresentazione, – essa fu recitata per la prima volta il 26 gennaio 1896 al Teatro Gerbino di Torino, dagli attori della compagnia Andò-Leigheb –, l'editore Treves pubblicò in volume tre lavori teatrali del Verga (*La Lupa, In portineria, Cavalleria rusticana*), contribuendo a suscitare una polemica Ojetti-Capuana che parve per un momento riconvogliare l'interesse dei letterati italiani sul problema dell'arte del Verga e del verismo in generale.

Il clima peraltro era sempre meno favorevole al rilancio del teatro verghiano: il pubblico e la critica, che, pur con alcune evidenti incomprensioni e contraddizioni avevano decretato, nel 1884, il successo clamoroso di *Cavalleria rusticana*, ora si mostravano insofferenti o, peggio, freddi nell'accogliere l'ultima prova teatrale del maestro catanese; Eleonora Duse, che aveva impersonato la figura femminile di Santuzza, ora si apprestava a recitare per D'Annunzio. Se non è un caso che la prima recita della *Lupa* sia avvenuta a Torino, perché pure in questa città era avvenuta quella fortunata di *Cavalleria rusticana*; altrettanto non a caso la prima avvisaglia del mutato atteggiamento del pubblico e della critica fu data a Firenze dalle colonne del « Marzocco », al primo suo anno di vita.[10]

Non possiamo ora rievocare dettagliatamente quegli anni e ripercorrere le fasi di quella polemica rinunciando pure a un esame della messa in scena, anche perché l'abbiamo fatto

[10] La rivista fondata da Angelo Orvieto, stava segnalando subito il suo aprirsi alle nuove esperienze chiamando a collaborare alle sue pagine E. Corradini, G. D'Annunzio, G.S. Gargano, P. Mastri, U. Ojetti, C. Roccatagliata Ceccardi, G. Pascoli, L. Pirandello. Nelle annate successive si vedrà sempre meglio come i suoi editori, se pur hanno posizioni precise da difendere, reputino che le avventure letterarie debbano essere mantenute nell'ambito della tradizione; all'inizio, il carattere antologico della rivista, questo tipo di antologismo, è sì il segno di un disimpegno, ma nei riguardi dell'arte impegnata dai veristi, peraltro già in crisi.

altrove – e bisogna dire che allora ce n'era proprio bisogno.[11]

Qui bisogna riconfermare che se pregio della polemica è quello di farci accorti sia dei limiti gravi dei detrattori del teatro verista del Verga, sia di quelli del suo paladino, che in questo caso è il Capuana e non Cameroni, il difetto maggiore di essa è nel fatto che i suoi autori si sottrassero all'esame specifico di un'opera come *La Lupa*, accantonando i problemi critici ed interpretativi che essa poneva.

È il compito che ci eravamo fissati e che abbiamo cercato di assolvere nel nostro primo intervento sulla *Lupa*, e perciò non ripeteremo qui quel che già si è detto, anche se per una corretta, più completa comprensione della nostra tesi, è necessario tenerlo presente. Tralasciando in questa sede molte questioni, è da confermare, per esempio, che l'esame del rapporto tra redazione narrativa e redazione teatrale ci porta a constatare l'inferiorità del lavoro teatrale, nonostante sia forse il migliore di quelli che Verga realizzò, rispetto alla novella. Vi è un luogo che tipicamente caratterizza il calo stilistico del linguaggio verghiano, ed è quello in cui Nanni Lasca, alla Lupa che gli dichiara il suo desiderio, risponde: « Voi!... Perché non mi date vostra figlia invece?... Datemi vostra figlia ch'è carne fresca invece... ».[12] Nella novella la risposta di Nanni è al contrario concisa e pregnante: « Ed io invece voglio vostra figlia, che è vitella... ».[13] Indubbiamente am-

[11] Cfr. *La lupa* ecc., cit.

[12] Cfr. *La lupa* nel presente volume (p. 105) che riproduce il testo edito dal Treves nel 1896.

[13] Cfr. G. Verga, *Vita dei campi*, Milano, Treves, 1880, p. 21. Nell'edizione di quest'opera illustrata da Ferraguti (Milano, Treves, 1897, p. 27) l'espressione « che è vitella » fu mutata dal Verga in quella (« che è zitella ») che ormai viene riprodotta nelle edizioni mondadoriane di *Tutte le novelle* fin dal 1940. Già il Cecchetti (cfr. G. Cecchetti, *Il testo di « Vita dei campi » e le correzioni verghiane*, in « Belfagor », XII, 6, 1957 ora in *Verga maggiore*, Firenze, La Nuova Italia, 1968, p. 55) osservò negativamente la correzione apportata dal Verga nel 1897 sul testo di *La Lupa* del 1880, ora c'è da dire che il mutamento radicale dell'immagine già introdotto nella redazione teatrale del 1896 faceva e fa scadere maggiormente la chiusa tonalità del linguaggio verghiano, volgarizzandone, con l'inutile dichiarazione "dialettale" della primitiva immagine, la forza icastica.

bedue le espressioni sono di estrazione dialettale, ma quella del testo narrativo, senza sbavature, ha il pregio di essere di un realismo non volgare.

Ma pur menomato il dramma resiste e resiste la figura della Lupa in ispecie. Attorno a lei s'accentrano gli altri personaggi, i quali, infoltitisi, come tipi a volte esistono per quella figura che campeggia con la sua risoluta, quasi feroce passione; per altro bisogna insistere nell'indicare pure nella figura della donna quale è giunta alle scene una diminuzione dell'essenza tragica e del fatale comportamento suo segnato dal destino.

Non pronunzia più la Lupa solo affermazioni irrevocabili, efficaci pure nella loro irrazionalità (« – Se non la pigli, ti ammazzo! » « – No! – rispose invece *la Lupa* al brigadiere – Io mi son riservato un cantuccio della cucina per dormirvi, quando gli ho dato la mia casa in dote. La casa è mia. Non voglio andarmene »; « – Ammazzami, – rispose *la Lupa* – ché non me ne importa: ma senza di te non voglio starci »[14]), ma tortuose argomentazioni o impacciate spiegazioni: si leggano tutte le battute di La gnà Pina nella scena terza dell'atto secondo, e come risponde a compare Janu nella nona scena, per giungere alla sua incredibile (perché inaspettata) autocritica di madre, un momento prima della sfida ultima e del compimento della tragedia: « Sì, ti pare che non lo sappia? Le madri come me andrebbero bruciate vive!... Dovrebbero mangiarsele i cani, le madri come me!... E tu pure che mi tieni nell'inferno!... pei capelli!... come una pazza!... Hai un bell'andare a confessarti... Il diavolo ci ha legati insieme! » (p. 128).

In questa Lupa non si sente quasi più l'arsura dell'antica campagna siciliana e insieme l'afrore del sangue, come sprillato fra i mannelli dei rosolacci.

Al contrario, l'essenza tragica del comportamento erotico della protagonista si coglie nella novella nella rappresentazione del compiersi del suo destino, quando Nanni esegue il "rito" sacrificale di un mondo primitivo: « *La Lupa* lo vide venire, pallido e stralunato, colla scure che luccicava al sole,

14 *Tutte le novelle*, Milano, Oscar Mondadori, vol. I, 1980[16] pp. 148, 149.

e non si arretrò di un sol passo, non chinò gli occhi, seguitò ad andargli incontro, con le mani piene di manipoli di papaveri rossi, e mangiandoselo con gli occhi neri ».[15]

Occorrerà dunque tornare alla novella per comprendere meglio la tragedia della Lupa, della sua anima primitiva che la passione vive sempre come sortilegio naturale e come sua propria individua allegoria del vivere.

Qualcuno potrebbe osservare che forse, così, sottolineando la positiva cifra letteraria della novella rispetto alla sua negativa amplificazione teatrale, si è tornati a giudicare *La Lupa*, Verga, in generale, e non il lavoro drammatico in particolare.

Ma non è certo invocando la diversità dei generi, quello narrativo e quello teatrale, che ci si può illudere d'avere il diritto di eludere dei problemi che sono proposti e imposti da dati di fatto, cioè dai testi nella loro pur varia concretezza. E poiché di testi si tratta, intanto c'è da dire che nella diversa pluralità dei linguaggi di cui usufruiscono, la presenza fondante del linguaggio della parola, alla base della comunicazione, è determinante per ambedue i generi, almeno per quel tempo e per quel tipo di teatro. V'è poi l'identità dei soggetti, del contenuto su cui lavora l'autore, perché gli scarti e i mutamenti delle varie elaborazioni, pur tenendo conto di fattori diversi, avvengono su un comune schema ideativo, su un persistente nucleo ideologico e inventivo che l'uso di tecniche pur contrastanti non cancella.

Ovviamente ulteriori osservazioni sulla condotta teatrale si possono fare, anzi sono state già fatte; tuttavia argomentando proprio in termini marxistici di funzione e di funzionalità dell'opera d'arte, della sua destinazione, anche se si dovesse conchiudere ora che teatralmente Verga nella *Lupa* è andato avanti rispetto alle altre esperienze del genere, rimarrebbe poi il fatto incontrovertibile che l'incidenza del narratore, e per suo mezzo della letteratura verista, fu maggiore prima e non dopo.

Peraltro, nella narrativa gli era già riuscito il passaggio dall'ambiente al personaggio, anzi la loro perfetta fusione nella sincrona omologa opposizione ideologica alla norma

15 *Tutte le novelle*, cit., p. 149.

della società ufficiale; nel teatro l'ideologia verghiana si compromette con l'ideologia borghese, ha bisogno di spiegare e di giustificare le passioni eversive ed effrattive dei suoi protagonisti contadini: e difatti la roba e la morale borghesi condizionano Nanni e la Lupa.

Il teatro verghiano non assolse tutte quelle funzioni e non pervenne a quei risultati storici che aveva assolte e a cui era pervenuta la narrativa verghiana degli anni Ottanta. E la crisi del verismo, il suo rifiuto inesorabile, sono pure addebitabili ai suoi pur prestigiosi esponenti, alle contraddizioni socio-culturali che patiscono, e che sono riscontrabili, per esempio, nella stessa invenzione narrativa verghiana di dopo il 1890.

5. « *Caccia al lupo* », « *Caccia alla volpe* ». In questo senso, si potrebbe dire che in *Dopo* e in *Caccia alla volpe* Verga sperimenti la stessa dolorosa incapacità di portare a termine il romanzo *La Duchessa di Leyra*. Ma è un confronto fra gli atti unici *Caccia al lupo* e *Caccia alla volpe* – siamo ormai nel 1902 – che sembra confermare la validità di quelle remore interiori e tecniche che Verga confidava a Francesco Guglielmino, desideroso di sapere a che punto fosse con questo romanzo. Assicuratosi che Guglielmino gli faceva la domanda come amico e non come giornalista, Verga si sfogò in una rabbiosa loquela dialettale: « Non scriverò mai *La Duchessa di Leyra*. La gentuccia, sapevo farla parlare; ma questa gente del gran mondo no. Questi per dire una cosa mentiscono due volte; se per esempio hanno debiti, dicono di aver mal di testa... ».[16] Ora, sarà stato pure nel vero Verga affermando che non sapeva più far parlare la gente del gran mondo, ma non certo perché siffatti personaggi gli provocano repugnanza morale. Comunque stiano le cose, noi non possiamo che constatare che *Caccia al lupo*, in cui agiscono campagnoli, è un dramma secco, breve, ma forte, che pare si estenda oltre lo spazio e il tempo della scena; e nel dramma si mantiene un'atmosfera incombente da giallo,

[16] Cfr. V. Brancati, *L'orologio di Verga*, in « Il Mondo », 27 settembre 1955, ora in *Il borghese e l'immensità*, Milano, Bompiani, 1973, p. 384.

anche se la tensione pare allentarsi al ricomparire del marito e con la sua battuta finale, mentre nella novella l'allusività atroce del dialogo, l'intima ferocia della scena tra moglie e marito, è meglio resa e mantenuta dalla presenza simbolico-sacrale dell'agnello buttato vivo e legato sul tavolo. A paragone col dramma contadino, *Caccia alla volpe* che si muove nel mondo aristocratico e alto borghese, è come una riproduzione tirata male, incolore: a Verga non riesce l'operazione che sarà fatta da Pirandello (dalla novella *La verità* la commedia *Il beretto a sonagli*): quella, cioè di rovesciare in commedia nel mondo borghese quel che era dramma nel mondo contadino.

6. « *Dal tuo al mio* ». L'ingegno e la volontà drammatiche di Verga, anche a costo di sbagliare non solo sul piano tecnico, ma su quello ideativo, contenutistico, proprio per la crisi generale in cui si trovava, dovevano cimentarsi ormai con un originale lavoro teatrale: siamo arrivati al 1902, al 1903, agli anni in cui Verga scrive e fa rappresentare *Dal tuo al mio*. Si tratta di un tentativo grandioso e insieme faticoso di rappresentare i conflitti sociali, con una pluralità di presenze classiste, colte fin nelle loro frantumazioni in gruppi e sottogruppi, dovute a mutamenti di condizioni primarie strutturali e ad adeguamenti secondari, in cui, a causa di incidenze sovrastrutturali – Lisa che sposa Luciano –, il rimescolamento delle psicologie provoca il rivoluzionamento dei comportamenti. E tuttavia di tanto materiale, di tanti dati di situazioni concrete, Verga non può e non vuole, non sa, sciogliere tutti i nessi, liberandone l'intrinseca forza col chiarire la dialettica delle classi in quel momento storico, di cui pur percepiva le più evidenti contraddizioni.

Nel novembre del 1891, a Napoleone Colajanni che certo si era augurato di averlo dalla sua parte, dalla parte dei contadini e degli zolfatari siciliani che si raccoglievano nei Fasci socialisti, Verga scriveva: « Ella saprà che io, tenuto per rivoluzionario in arte, sono inesorabilmente codino in politica ». Inesorabilmente: e lo è davvero nel salutare come salvaguardia della Patria, ogni azione di repressione governativa. (Non credo che ci sia bisogno di ricordare la pagina di Gramsci, dove questi rileva l'unitarismo crispino di molti intellettuali siciliani).[17]

Ora, considerare il fatto che Verga sia stato reazionario, a noi importa, in questa sede e nell'occasione di questo esame di *Dal tuo al mio*, non per pronunciare un giudizio politico, peraltro scontato e risaputo, ma perché ci sembra che questa sua posizione ideale incida effettualmente nella struttura conoscitiva e rappresentativa della sua invenzione teatrale. E si potrebbe dire che nella commedia egli abbia voluto deliberatamente manifestare le sue opinioni reazionarie.

Pubblicandola, in un rifacimento narrativo, nel 1906, Verga scriveva: « Se il teatro e la novella, col descrivere la vita qual è, compiono una missione umanitaria, io ho fatto la mia parte in prò degli umili e dei diseredati da un pezzo, *senza bisogno di predicar l'odio e di negare la patria in nome dell'umanità* ». E pare si potrebbe dedurre altro da questa sua affermazione; come sottintendesse, che se in nome dell'umanità si negava la patria e si predicava l'odio di classe, egli non se la sentiva di dover fare ancora la sua parte in favore degli umili e dei diseredati. Lo scrittore aggiungeva poi realmente, ad affermare ancora la sua illusione di « descrivere la vita qual è »: « Però i Luciani d'oggi e di domani non li ho inventati io ». Luciano è il protagonista della commedia, o almeno il personaggio attraverso il quale Verga vuol dimostrare come una specie di sindacalista rivoluzionario si trasformi in un reazionario irremovibile non appena si trovi a partecipare della roba. Ed è verissimo che un personaggio simile si poteva e si può incontrare nella realtà; quello che non risulta pacifico, perché del tutto incongruo, è il fatto che Verga abbia ritenuto necessario incarnare un'idea, un immenso movimento storico, tanta speranza umana, per cui s'era sparso copioso sangue e da poco nella penisola e nell'isola, in un personaggio siffatto, che al massimo può ricor-

[17] Cfr. A. Gramsci, *Passato e presente*, Torino 1968, pp. 217-18. Per l'incomprensione e il rifiuto delle ragioni sociali dei "fasci", si veda il mio saggio *Boutet, Capuana e Verga di fronte ai Fasci siciliani*, in AA.VV., *I fasci siciliani*, Bari, De Donato, 1976, vol. II.

dare la storiella del contadino che non vuol dare una delle sue mule al compagno con cui va ad occupare il feudo del padrone.

Ora a ben altre storie, a ben altre storiche figure del movimento sindacale, e contadino e delle miniere, avrebbe potuto rifarsi il Verga, se solo avesse voluto descrivere la vita *qual era*. Così che un giudizio politico preciso non lo scorge in quest'opera il critico di parte (e la critica, anche quella delle anime belle, non può non essere di parte, con tutto il corredo filologico necessario), ma lo pronuncia per primo lo scrittore.

È certamente vero che Verga ha illuminato di luce ambigua Luciano fin dai suoi primi scontri con il Barone Navarra:

LUCIANO. Deve accomodarsi questa faccenda delle paghe, Signor Barone. Sentite a me, che vi voglio bene.

IL BARONE (*irritato*). Si vede come mi vuoi bene! Mi rendi il bene che ti ho fatto crescendoti orfano in casa mia!

LUCIANO (*rigirando il berretto tra le mani*). In casa vostra... Io pure ci ho lavorato in casa vostra... Domando il fatto mio... Quello che è giusto (p. 262).

Il tono è ipocrita, capzioso; la richiesta individualistica segnata da giustificazioni, come compete a un arrampicatore sociale che sta tessendo le sue trame matrimoniali con la figlia del padrone. Tuttavia fin dall'inizio, sia pur facendolo ironicamente appellare dal Barone come il « signor capopopolo », Verga affida a Luciano la parte di rappresentante dei minatori, e gliela conserva fino all'ultima scena – una delle sue ultime battute di capopopolo è: « Neanche del cannone abbiamo paura! (p. 311) – sicché, anche se a noi può apparire ingenuo, è pieno di sbalordita rabbia il grido del minatore Nardo che se lo trova davanti improvvisamente ostile: « Volti faccia anche tu! Tradisci i tuoi fratelli! » (p. 312). Ora non c'è dubbio che non è possibile trovare una ragione, non dico necessaria, effettuale, ma plausibile per affidare a Luciano un ruolo così impegnativo. Se altra voleva essere l'intenzione del drammaturgo nel disegnare la psicologia di Luciano, ma per me è ipotesi non verificabile sul testo, non si comprende perché allo squallido arrampicatore sociale si unisca questa sottospecie di sindacalista, a meno che non sia per squalificare con lui gli agitatori della lotta di classe. E qui si dovrebbe andar oltre nell'analisi; nella quale non si potrebbe non rilevare la convenzionalità teatrale dei duetti tra Luciano e Lisa, i bollori da operetta del Barone Navarra, tanto che si apprezza il ludismo scenico di Don Rocco.

In generale bisogna dire che in *Dal tuo al mio* del Verga maggiore non c'è che il tema della roba. Per questo il personaggio più vivo finisce col risultare quel Rametta arricchito in cui è uno sbiadito ricordo di Gesualdo. Solo che è tanto più gretto, tanto più meschino: e la sua roba non sta davanti al destino e alla morte come quella di Gesualdo e di Mazzarò, ma di fronte alla miserabile e stupida albagia del nobile decaduto e all'avidità del falso rivoluzionario.

Ci si rode dentro a considerare come il grande scrittore, cui pure è sgradita la cupidigia del nuovo ricco, non abbia capito che l'unità della patria, il sangue versato nelle guerre da imperialisti straccioni, e nelle strade di Milano e nei paesi siciliani, contribuiscano alla affermazione della classe cui il Rametta appartiene.

Tuttavia un esame dei piani linguistici, dei registri stilistici, coinvolti in una generale mediocrità e quasi privi di accensioni espressive, non porta a rilevare nel Verga un'intenzione a sottolineare l'emergere definitivo e vittorioso del personaggio del nuovo borghese almeno.

L'incapacità di Verga d'illustrare questa vittoria, senza in qualche modo comprometterla, lasciandola in ombra o caricandola di contraddizioni, mostra il suo persistere nel ciclo dei vinti dove si intravede qualche novità non per la presenza di un vincitore, ma per il dislocarsi classista e il plurime atteggiarsi sociale della lotta e della sconfitta. Nella quadreria verghiana non c'è un personaggio di rilievo, un rilevato protagonista, che non perda in definitiva la sua partita. Semmai l'attenzione, qui, in *Dal tuo al mio*, difformemente si volge ai due distinti gruppi di vinti, i minatori e i vecchi padroni, e per costoro l'attenzione si trasforma in interesse e pietà, mentre per gli operai essa è appena il segno dell'ampliamento delle presenze classiste nella rappresentazione verghiana della società. Difatti, i referenti espressivi solo a fatica ci avvertono che queste presenze avrebbero potuto costituirsi come un nuovo nucleo tematico, e l'osservazione rimane meramente contenutistica. Peraltro, senza essere chiamato per questo ad esprimere singole personalità – che rimangono sempre Rametta, il nuovo ricco, Luciano, il falso rivoluzionario, ecc. – è il gruppo degli operai nel suo insieme, la folla dei minatori, che avrebbe potuto prendere l'aspetto, avere il rilievo di un personaggio protagonista.

Dal tuo al mio, che avrebbe potuto essere il canto del cigno del Verga tornato alle grandi tavole masaccesche di una vasta rappresentazione sociale, in realtà si presenta come una *summa* in negativo, una radiografia cancerosa della sua ideologia pessimistica: quasi il ritratto in nero della sua vecchiaia inquieta e scontenta. E proprio perché Verga non può o non vuole chiudere la sua parabola di scrittore nel clima di quella contestazione globale che per un momento era stato annunziato dal De Roberto dei *Viceré*, egli si costringe al rifacimento narrativo dell'opera dove l'interesse torna ad insistere sui nuclei sentimentali, poggiando fortemente sulla figura di Lisa, con un sempre più tenero epicedio sul Barone che ancora difende sull'ultima frontiera il suo potere economico, e s'infinge il ruolo del *pater familias*:

> La pace venne poi naturalmente come il pericolo incalzava di fuori e li buttava fra le braccia l'uno dell'altro, stringendoli a difender roba e vita. Luciano, primo allo sbaraglio sulla porta, disse risolutamente, mentre si udiva crescere e avvicinarsi il rumore della folla minacciosa:
> « Via! via di qua, vossignoria ».
> « Tu piuttosto! Pensa a tua moglie! Mettiti almeno al riparo, qui dietro il pilastro. »
> In quella vera stretta d'ansia e di confusione, quando Sidoro, come un angelo dal cielo annunziò di lassù: « La forza! Ecco i soldati! » padre e figli si strinsero nelle braccia gli uni degli altri, don Mondo, tornato da morte a vita, balbettando:
> « Figli! figli miei! »[18]

L'interesse di Verga – e si potrebbe dire il cuore – non è teso a rappresentare la condizione dei minatori o del nuovo ricco, che saranno sempre più i protagonisti della storia avvenire, ma a testimoniare per il crepuscolo inglorioso dei suoi "vinti" più veri, per quel ceto d'antichi possidenti

[18] Cfr. G. Verga, *Dal tuo al mio* in *Tutte le novelle*, cit., vol. II, Milano.

attestato sull'ultima barricata, dietro la forza dello stato borghese. Non è infatti per una ragione meramente tecnica, per un ritorno al genere letterario da lui meglio praticato e dove aveva raggiunto i più importanti traguardi, che Verga riscrive come racconto il dramma: per dirla con un'espressione felice di Masiello egli tenta di operare ancora uno « slittamento "lirico" di una tematica ad alto potenziale "realistico" »;[19] ma come non può ripetere o svolgere il *Mastro don Gesualdo*, così non può tornare ai *Malavoglia*.

Difatto, ora più di prima, si rivela coerente sì col paternalismo, propriamente col culto del patriarca tipico dell'ideologia precapitalistica del Verga, l'affidare al Barone, cioè al Padre, la difesa dei valori della famiglia, della casta, cioè dell'arcaica e perciò superata organizzazione sociale, tra il primitivo e il feudale. Ma è al di fuori della storia, e della vita, accordare ai giovani, pur così contraddittori, di *Dal tuo al mio*, ancor meno spazio di quanto, obiettivamente, se ne lasciò almeno agognare al giovane 'Ntoni nei *Malavoglia*. Perciò, se l'azione repressiva delle forze militari si spiega col ruolo impietoso che ad esse affida lo stato borghese per la sua conservazione, cioè è il segno armato della sua opposizione classista alle nuove forze sociali in movimento, l'abbraccio di don Mondo, padre e padrone, che stringe e fagocita il gruppo dei giovani della sua stessa famiglia che per un momento si era aperto a soluzioni d'indipendenza e di libertà, è la cappa dell'oppressione e dell'autoritarismo, pur tuttavia incapace e pietosamente declinante, sotto la quale Verga ritiene ancora di dover costringere l'impreparato ma tormentato mondo giovanile: il segno, qui e ora, in definitiva, della sua opzione per la società patriarcale, del suo rifiuto dell'ordine nuovo.

È anche per questo che, sia che consapevole o non avvertito del tutto possa sembrare di ciò l'autore, i giovani dei *Vecchi e giovani* di Pirandello non solo patiscono ed esprimono aspetti della crisi di fiducia che investe l'intellettualità meridionale verso la fine del decennio Novanta, ma ritengono pure d'essere chiamati a svolgere « una parte nuova nella storia »: bene, o maldestramente, è un altro discorso.

[19] Cfr. V. Masiello, *Verga tra ideologia e realtà*, Bari 1970, p. 26.

7. *Conclusione* Tornando a Verga, per concludere al momento, è pur doveroso affermare che dalle "scene popolari" della *Cavalleria rusticana* – la commedia *Rose caduche* non è ancora il suo autentico mondo, è solo una spia della linea compromettente e ambivalente della sua produzione teatrale – al dramma *Dal tuo al mio*, Giovanni Verga, con i suoi personaggi presi dal vero e il suo linguaggio pur sempre nuovo, diede un colpo risoluto al romanticismo di cartapesta e al convenzionalismo privo di mordente della commedia borghese che in quegli anni dominava le scene, nonché restò un esempio felicemente contrario ai personaggi altocinti e magniloquenti di D'Annunzio.

Per questo è giusto sottolineare, anche nel campo che è stato oggetto del discorso odierno, la funzione di caposcuola che il Verga esercitò. E guida egli fu nel teatro, come pienamente e tra i primi mostrò di capire il Cameroni, se giunse a influenzare, con la concomitante azione del teatro naturalista, non soltanto ovviamente un De Roberto, un Capuana, un Di Giacomo, un Martoglio e Alessi Di Giovanni, ma anche l'ultimo Giacosa e perfino D'Annunzio e, forse, Marco Praga. Naturalmente, è ovvio aggiungere che a questo mutamento del gusto egli aveva già dato la spinta salutare con le novelle e i romanzi del suo aureo periodo, ché anzi, come s'è visto, l'opera teatrale del grande catanese deve essere vista in stretto nesso con la sua opera narrativa. Perciò è constatazione non ingiusta, e non difficile ad ammettersi appunto oggi che meglio si sa conferire un ruolo più preciso e una grandissima importanza alla sua figura complessiva di scrittore, che nel teatro Giovanni Verga non ha attinto quelle altissime vette dove lo ha posto giustamente la sua opera narrativa. Ma non bisogna dimenticare di sottolineare che si tratta di due operazioni culturali diverse, fatte nel complesso in periodi storici diversi: alla nascita e all'apogeo del verismo quella narrativa, al tempo della sua crisi quella teatrale.

Natale Tedesco

Bibliografia essenziale

Per una lettura critica del teatro di Verga, è utile consultare:

L. Capuana, *Libri e teatro*, Catania, Giannotta, 1892

Id., *Gli « ismi » contemporanei*, ivi, 1898

C. Levi, *Il teatro di G.V.*, in « La Nuova Antologia », 16 luglio 1920

G.A. Borgese, *Il teatro di V.*, nel numero unico « Siciliana », gennaio 1923

S. D'Amico, *Il teatro di V.*, nel numero unico di « Lunario Siciliano », aprile 1929

P. Marletta, *Appunti per una critica del teatro verghiano*, in « Atti di R. Acc. Peloritana », vol XLII, Messina 1940

G. Mariani, *Sul teatro di V.*, Roma, Gismondi, 1953

N. Sapegno, *A proposito del teatro di V.*, in « Arena », Roma, a. I, nn. 1-2, 1953

N. Tedesco, *A proposito di una ripresa: « La lupa » di G.V.*, in « Realtà del Mezzogiorno » a. II, n. 5, 1962

Id., *« La lupa » di Verga tra storia dellà cultura e dello spettacolo ed esame testuale (La posizione del « Marzocco » e la polemica Ojetta-Capuana)*, in *Fra Sette ed Ottocento in Sicilia. Ricerche letterarie*, Palermo, Gino, 1969

Id., *Significato, svolgimento e caduta del teatro verghiano*, relazione al Convegno di studi verghiani (Palermo, 9-13 ottobre 1973), poi in *Il Teatro di Verga e altri saggi*, Palermo, Gino, 1974

S. Ferrone, *Il teatro di Verga*, Roma, Bulzoni, 1972

R. Jacobbi, in *Teatro da ieri a domani*, Firenze, La Nuova Italia, 1972

A. Barsotti, *Verga drammaturgo*, ivi, 1974

N. Tedesco, *Boudet, Capuana e Verga di fronte ai Fasci siciliani*, in AA.VV., *I fasci siciliani*, vol. II, Bari, De Donato, 1976

M. Guglielminetti, *Fra epica e commedia: il dramma sociale*, in « Sigma », a. IX, nn. 1-2, 1976

N. Tedesco, *Il cielo di carta. Teatro siciliano da Verga a Joppolo*, Napoli, Guida, 1980.

Tutto il teatro

CAVALLERIA RUSTICANA

Scene popolari

Recitata per la prima volta a Torino dalla Compagnia diretta da Cesare Rossi, il 14 gennaio 1884. Interpreti principali Eleonora Duse, Flavio Andò, Cesare Rossi e Tebaldo Checchi.

A Giuseppe Giacosa

PERSONAGGI

Turiddu Macca
Compar Alfio di Licodiano
La Gnà Lola, *sua moglie*
Santuzza
La Gnà Nunzia, *madre di Turiddu*
Lo Zio Brasi, *stalliere*
Comare Camilla, *sua moglie*
La Zia Filomena
Pippuzza

La piazzetta del villaggio, irregolare. In fondo a sinistra, il viale alberato che conduce alla chiesuola, e il muro di un orto che chiude la piazzetta; a destra una viottola, fra due siepi di fichidindia, che si perde nei campi. Al primo piano a destra, la bettola della Gnà Nunzia, colla frasca appesa all'uscio; un panchettino con su delle ova, pane e verdura, in mostra; e dall'altra parte dell'uscio una panca addossata al muro. La bettola fa angolo con una stradicciuola che mette nell'interno del villaggio. All'altra cantonata la caserma dei carabinieri, a due piani, collo stemma sul portoncino. Più in là, sulla stessa linea, lo stallatico dello zio Brasi, con un'ampia tettoia sul davanti. Al primo piano, a sinistra, una terrazza con pergolato. Poscia una stradicciuola. Infine la casetta della zia Filomena.

SCENA I

Lo Zio Brasi attraversa la scena dalla sinistra con un fascio di fieno in capo, che va a deporre sotto la tettoia. Comare Camilla sulla terrazza, ripiegando della biancheria di bucato. Donne lungo il viale per andare in chiesa. Un contadino seduto sotto la tettoia, col mento fra le mani, canticchiando. Suona la messa. La Zia Filomena esce dalla bettola della Gnà Nunzia, portando roba sotto il grembiale.

COMARE CAMILLA. Spesa, zia Filomena?

ZIA FILOMENA. Oggi è Pasqua, colla grazia di Dio!

Entra in casa.

COMARE CAMILLA (*a Santuzza che arriva agitata dalla prima viottola a sinistra, col viso nascosto nella mantellina*). O comare Santa, che andate a confessarvi?

Santuzza leva il capo verso di lei, e tira via senza rispondere.

ZIO BRASI (*a comare Camilla, dalla porta dello stallatico*). Tu rientra in casa, e bada ai fatti tuoi, linguaccia!

Comare Camilla rientra in casa. A un carabiniere ch'è affacciato sul terrazzino della caserma:

Mi vuol sempre cimentare, quel diavolo di mia moglie!

Al contadino ch'è sotto la tettoia:

Venite qua, compare Peppi.

Lo conduce via nello stallatico.

SANTUZZA (*sull'uscio della bettola*). O gnà Nunzia!

GNÀ NUNZIA (*affacciandosi*). O tu!... Che vuoi?

Il carabiniere rientra.

SANTUZZA. Non temete, me ne vado subito. Ditemi soltanto se c'è vostro figlio Turiddu.

GNÀ NUNZIA. Sin qui vieni a cercarmi mio figlio Turiddu?... Non c'è.

SANTUZZA. Ah, Signore benedetto!

GNÀ NUNZIA. Lo sai che nei vostri pasticci io non voglio entrarvi!

SANTUZZA (*scostando la mantellina*). Ah, gnà Nunzia, non mi vedete la faccia che ho? Fate come Gesù Cristo a Maria Maddalena... Ditemi dov'è vostro figlio Turiddu, per carità!

GNÀ NUNZIA. È andato a Francofonte per il vino.

La Zia Filomena s'affaccia all'uscio della sua casetta colle mani sul ventre.

SANTUZZA. No! Ier sera era ancor qui. L'hanno visto a due ore di notte.

GNÀ NUNZIA. Che vieni a dirmi!... In casa non è tornato stanotte... Entra.

SANTUZZA. No, gnà Nunzia. In casa vostra non ci posso entrare.

ZIO BRASI (*dalla tettoia*). O zia Filomena, oggi che è la Santa Pasqua, e fanno pace suocera e nuora, abbiamo da abbracciarci e baciarci anche noi?

ZIA FILOMENA. — Zitto, scomunicato!

Rientra in casa.

GNÀ NUNZIA (*a Santuzza*). Parla dunque! Cos'è successo a mio figlio Turiddu?

SANTUZZA. Non gridate forte, gnà Nunzia!

Pippuzza (*dalla stradicciuola in fondo a destra, con un paniere infilato al braccio*). Volet'ova, gnà Nunzia?

Gnà Nunzia. A tre due soldi, se ti contenti. Guarda, ne ho tante.

Pippuzza. Allora mi contento di mangiarmele coi miei figliuoli, e far la Pasqua anch'io, piuttosto.

Per andare.

Zio Brasi. O che non siete stata a confessarvi, gnà Nunzia?

Gnà Nunzia. Via, perché oggi è Pasqua, un soldo l'uno! Ne piglio dodici; ma uno me lo darai per giunta, in regalo. Mettile insieme alle altre, là... Senza romperle, bada! E te' i danari. Un pugno di palanche ti porti via, guarda!

Zio Brasi. Senti, senti Pippuzza, cerchiamo di far negozio anche noi. Vieni qua, a casa mia.

La conduce nella prima stradicciuola a sinistra.

Gnà Nunzia (*a Santuzza*). Parla dunque! Che sai di mio figlio Turiddu?

Santuzza. Niente so.

Gnà Nunzia. Dov'è stato questa notte, che non è tornato a casa?

Santuzza (*scoppiando a piangere col viso nella mantellina*). Ah, gnà Nunzia! che chiodo c'è qui dentro nel mio cuore!

Gnà Nunzia. Dunque lo sai dov'è stato Turiddu?

Compar Alfio (*dalla prima stradicciuola a destra, con un fiasco in mano*). Che ne avete ancora di quello buono da sei soldi, gnà Nunzia?

Gnà Nunzia. Vado a vedere. Turiddu doveva portarne oggi da Francofonte.

Compar Alfio. Vostro figlio Turiddu è ancora qui. L'ho visto stamattina. Non ha il berretto rosso di bersagliere?

Comare Camilla si affaccia di nuovo sulla terrazza.

Santuzza (*levando il fiasco di mano a compare Alfio e dandolo alla gnà Nunzia*). Intanto andate a vedere se ce n'è ancora.

La gnà Nunzia rientra nella bettola.

Compar Alfio. Si capisce che siete di casa, ormai, comare Santa.

Comare Camilla. Siete venuto a far la Pasqua colla gnà Lola vostra moglie, compar Alfio?

COMPAR ALFIO. Sì, almeno le feste principali.

ZIA FILOMENA (*dall'uscio, colla mantellina sul braccio, a comare Camilla*). Che non ci venite a messa voi?

ZIO BRASI (*accorrendo dalla sinistra*). Viene! viene! O compar Alfio, che potete pigliarlo un viaggio per Militello?

COMPAR ALFIO. S'è per domani, sì, zio Brasi. Oggi son venuto a far la Pasqua a casa mia.

ZIA FILOMENA. "Il Carnevale fallo con chi vuoi. Pasqua e Natale falli con i tuoi."

COMARE CAMILLA (*a compar Alfio*). E vostra moglie, che vi vede soltanto a Pasqua e a Natale, cosa dice?

COMPAR ALFIO. Io non lo so cosa dice. Questo è il mio mestiere, comare Camilla. Il mio mestiere è di fare il vetturale e di andare sempre in viaggio di qua e di là.

GNÀ NUNZIA (*ritornando col fiasco colmo e colla mantellina ripiegata, che lascia sul panchetto della verdura*). È meglio di quell'altro, compar Alfio; me lo direte poi, quando l'avrete bevuto, buon pro vi faccia. Diciotto soldi.

ZIA FILOMENA. Non è bene quello che avete detto, compar Alfio; chè avete la moglie giovane.

COMPAR ALFIO. Mia moglie sa che la berretta la porto a modo mio;

battendo sulla tasca del petto

e qui ci porto il giudizio per mia moglie, e per gli altri anche.

Due carabinieri in tenuta escono dalla caserma e si allontanano pel viale della chiesa.

— I miei interessi me li guardo io, da me, senza bisogno di quelli del pennacchio. E in paese tutti lo sanno, grazie a Dio!

Suona la messa una seconda volta.

ZIA FILOMENA (*facendosi il segno della croce*). Lontano sia!

Chiude l'uscio a chiave, e si mette la mantellina in capo, avviandosi verso la chiesa.

COMARE CAMILLA. Vengo anch'io, vengo anch'io, zia Filomena.

Via dalla terrazza.

ZIA FILOMENA (*a compare Alfio*). Piuttosto andate a dire a vostra moglie che suona la messa, scomunicato!

COMPAR ALFIO. Corro a governare le mie bestie, e vado a dirglielo. Non dubitate, son cristiano anch'io.

GNÀ NUNZIA (*a compare Alfio*). Diciotto soldi.

COMPAR ALFIO. Vengo, vengo, pittima! Lasciatemi contare i denari.

COMARE CAMILLA (*dalla prima stradicciuola a sinistra, con la mantellina in capo, va a dare la chiave a suo marito*). Eccovi la chiave, se mai. E voi non venite al solito quando stanno per terminare le funzioni in chiesa.

Via verso la chiesa colla zia Filomena.

Lo zio Brasi rientra nello stallatico. Dell'altra gente attraversa la piazzetta alla spicciolata per andare in chiesa.

COMPAR ALFIO (*alla gnà Nunzia*). E diciotto, a voi! Buon pro vi facciano.

S'avvia per andarsene dond'è venuto.

GNÀ NUNZIA. O dove l'avete visto mio figlio Turiddu, compar Alfio?

SANTUZZA (*piano, dandole una strappata alla veste*). Non gli dite nulla, per carità!

COMPAR ALFIO (*tornando indietro*). L'ho visto dalle mie parti, all'alba, mentre arrivavo a casa mia. Egli andava correndo, come avesse fretta, e non si accorse di me. Volete che ve lo mandi, se l'incontro?

GNÀ NUNZIA. No, no.

Compar Alfio via. A Santuzza:

Perché mi hai fatto segno di star zitta?

Santuzza non risponde e china il capo.

GNÀ NUNZIA. Ah!... Cosa ti salta in mente?

SANTUZZA (*celandosi il viso nel grembiale, e scoppiando in lagrime*). Ah, gnà Nunzia!

GNÀ NUNZIA (*stupefatta*). La gnà Lola?... La moglie di compar Alfio?...

SANTUZZA. Come farò adesso che Turiddu mi abbandona?...

GNÀ NUNZIA. O poveretta me! Cosa mi vieni a dire!... Non può essere; ti sbagli; compar Alfio si sbaglia anche lui!... Poi ci sono tanti che hanno il berretto rosso di bersagliere...

SANTUZZA. No, non si sbaglia compar Alfio. Era lui, Turiddu!

GNÀ NUNZIA. Come lo sai?

SANTUZZA. Lo so... Compare Turiddu, prima d'andar soldato... si parlavano colla gnà Lola.

GNÀ NUNZIA. Bè! Poi al suo ritorno la trovò maritata con compar Alfio di Licodiano, e si mise il cuore in pace.

SANTUZZA. Ma essa no! Essa non se lo mise il cuore in pace.

GNÀ NUNZIA. O come sai quest'altra cosa?

SANTUZZA. Lo so, che si affacciava ogni volta, quando lo vedeva passare dinanzi la mia porta, e me lo rubava cogli occhi quella scomunicata! e cercava di attaccar discorso con lui anche! — Compare Turiddu, che ci venite a fare da queste parti? Non lo sapete che non ci fu la volontà di Dio? Ora lasciatemi stare che son di mio marito. — La volontà di Dio era per tentarlo! Egli si metteva a cantare sotto la mia finestra per far dispetto a lei che s'era maritata con un altro. Tanto è vero che l'amore antico non si scorda più. Io come lo sentivo cantare, quel cristiano, sembrava che il cuore mi scappasse via dal petto. Ero pazza, sì! Come potevo dir di no, quand'egli mi pregava: — Apri, Santuzza, s'è vero che mi vuoi bene!... — Come potevo? Allora gli dissi: — Sentite, compare Turiddu, giuratemi innanzi a Dio, prima! — Egli giurò. Dopo, come lo seppe lei, quella mala femmina, diventò gelosa a morte; e si mise in testa di rubarmelo. Mi cambiò Turiddu di qua a qua

col gesto della mano.

Egli nega, perchè gli faccio compassione; ma d'amore non mi ama più!... Ora che sono in questo stato... che i miei fratelli quando lo sapranno m'ammazzano colle sue mani stesse! Ma di ciò non m'importa. Se Turiddu non volesse bene a quell'altra, morirei contenta. Ieri sera venne a dirmi: — Addio, vado per un servizio. — Colla faccia tanto buona! Signore! com'è possibile avere in core il tradimento di Giuda con quella faccia? Più tardi una vicina che veniva pel filato mi disse di aver visto compare Turiddu lì dalle nostre parti, dinanzi all'uscio della gnà Lola.

GNÀ NUNZIA (*facendosi la croce*). O figlia di Dio, cosa mai vieni a contarmi la santa giornata ch'è oggi!...

SANTUZZA. Ah! che giornata spuntò oggi per me, gnà Nunzia!

GNÀ NUNZIA. Senti, va a buttarti ai piedi del Crocifisso.

SANTUZZA. No, in chiesa non ci posso andare, gnà Nunzia.

GNÀ NUNZIA (*spiegando la mantellina e mettendosela sul capo*). Le funzioni sacre non voglio perderle anch'io però.

SANTUZZA. Voi andateci, chè vi terrò d'occhio la bottega... Non temete, non sono ladra anche!

GNÀ NUNZIA. Ma che vuoi fare?

SANTUZZA. Non lo so. L'aspetterò qui

accennando la panca accanto all'uscio

come una poveretta di limosina.

GNÀ NUNZIA. Qui? in casa mia?

SANTUZZA. Non dubitate, in casa non entrerò. Non mi scacciate anche dalla porta, gnà Nunzia, se volete fare come il Signore misericordioso, che andate a pregare in chiesa. Lasciatemi qui, vi dico! Lasciate che parli con lui quest'ultima volta, per l'anima dei vostri morti!

GNÀ NUNZIA (*s'avvia verso la chiesa brontolando*). O Signore, pensateci voi!

ZIO BRASI (*accorrendo dallo stallatico*). Aspettate, aspettate, gnà Nunzia; noi che abbiamo bottega aperta e arriviamo sempre gli ultimi.

La gnà Nunzia è andata via. — Lo zio Brasi a Santuzza:

Ah, voi non andate neppure alle funzioni di Pasqua, comare Santa? Volete che recitiamo insieme il santo rosario?

SANTUZZA. Lasciatemi stare.

ZIO BRASI. Eh!... che non vi mangio, diavolo!... Come se non si sapesse...

SANTUZZA. Lasciatemi stare.

PIPPUZZA (*dalla prima viottola a sinistra, affannata*). Che ci arrivo alle funzioni, zio Brasi?

ZIO BRASI. Se corri, ci arrivi.

Pippuzza via. — Lo zio Brasi a Santuzza:

Vedete, io faccio come il campanaro, che chiama la gente in chiesa, ma lui se ne sta fuori.

Guardando verso la viottola in fondo, a destra.

Ah! ecco perchè volevate che vi lasciassi stare!... Eccolo il merlo... Ora me ne vado anch'io...

Via verso la chiesa.

SCENA II

Turiddu Macca in fretta dalla viottola in fondo a destra e Santuzza che balza in piedi al vederlo.

TURIDDU. Oh, Santuzza!... che fai qui?
SANTUZZA. Vi aspettavo.
TURIDDU. Dov'è mia madre?
SANTUZZA. È andata in chiesa.
TURIDDU. Allora vacci anche tu: chè qui ci abbado io.
SANTUZZA. No, non ci vado in chiesa.
TURIDDU. Il giorno di Pasqua!
SANTUZZA. Lo sapete che non posso andarci.
TURIDDU. Allora cosa vuoi fare?
SANTUZZA. Voglio parlarvi.
TURIDDU. Qui? In mezzo alla strada?
SANTUZZA. Non me ne importa.
TURIDDU. La gente che può vederci!
SANTUZZA. Non me ne importa.
TURIDDU. Che hai?
SANTUZZA. Ditemi donde venite.
TURIDDU. Oh, oh! Che vuol dire questa cosa?
SANTUZZA. Dove siete stato questa notte?
TURIDDU. Ah! devo dire dove sono stato?
SANTUZZA. Perchè andate in collera se vi domando dove siete stato? Non me lo potete dire?
TURIDDU. Sono stato a Francofonte, sono stato.
SANTUZZA. Non è vero. Ieri sera a due ore di notte eravate ancora qui.
TURIDDU. Allora sono stato dove mi pare e piace.
SANTUZZA (*lasciandosi cadere la mantellina sulle spalle*). O compare Turiddu, perchè mi trattate in tal modo? Non mi vedete in faccia? Non vedete che piglio morte e passione?
TURIDDU. Colpa tua; che ti sei messa in capo non so che cosa; e vai a svergognarmi con questo e con quello; e a spiare dei fatti miei, come se fossi ancora un ragazzo; e non sono più padrone di fare ciò che voglio?
SANTUZZA. No, non sono andata a domandare. L'hanno detto qui, or ora, che vi hanno visto all'alba sull'uscio della gnà Lola.
TURIDDU. Chi l'ha detto?
SANTUZZA. Compar Alfio stesso, suo marito.

TURIDDU. Lui! Ah, è questo il grande amore che mi porti? che vai a mettere di queste pulci nell'orecchio di compar Alfio? e risichi di farmi ammazzare?

SANTUZZA (*cadendo ginocchioni a mani giunte*). Ah! compare Turiddu, come potete dirlo?

TURIDDU. Alzati, non mi fare la commedia! Alzati o me ne vado.

SANTUZZA (*rialzandosi lentamente*). Ah, ora ve ne andate? Ora che mi lasciate come Maria Addolorata?

TURIDDU. Cosa vuoi che faccia se non credi più alle mie parole? A ciò che ti dicono gli altri invece, sì, ci credi! Non è vero niente, ti ripeto: Compar Alfio ha sbagliato. Andavo pei fatti miei. Guarda, ti sei messa in capo questa storia della gnà Lola, giusto quando c'è qui in paese suo marito! Vedi quanto sei sciocca?

SANTUZZA. Suo marito è giunto stamattina soltanto.

TURIDDU. Ah, sai anche cotesto? Brava! Mi fai la spia in tutto e per tutto! Non sono più padrone di nulla!

SANTUZZA. Sì, compare Turiddu, siete padrone di scannarmi colle vostre mani stesse come un agnello, se volete che vi leccherei le mani come un cane.

TURIDDU. O dunque?

SANTUZZA. Ma la gnà Lola, no, vedete! Quella lì mi vuol far dannare l'anima.

TURIDDU. Lascia stare la gnà Lola ch'è per casa sua.

SANTUZZA. E lei perchè non mi lascia stare, me? Perchè mi vuol rubare voi, che non ho altro?

TURIDDU. Bada che ti sbagli.

SANTUZZA. No, che non mi sbaglio! Non le correvate dietro prima d'andar soldato?

TURIDDU. Acqua passata! Ora la gnà Lola è maritata per casa sua.

SANTUZZA. Che importa! Non le volete bene ancora, quantunque sia maritata? Ed essa non vi ha rubato a me per gelosia? E non mi sento qui dentro il fuoco per voi che mi tradite?

TURIDDU. Taci, taci.

SANTUZZA. No, non posso tacere, che ho la rabbia canina in cuore! Ora come farò se voi mi abbandonate?

TURIDDU. Io non ti abbandono, se tu non mi metti colle spalle al muro. Ma te l'ho detto: voglio essere padrone di fare quel che mi pare e piace. Sinora, grazie a Dio, catena al collo non ne ho.

SANTUZZA. Cosa intendete di dire?

TURIDDU. Intendo che sei una matta con questa gelosia senza motivo.

SANTUZZA. Che colpa ci ho io? Vedete come son ridotta? La gnà Lola è meglio di me, lo so! Ha il collo e le mani cariche d'oro! Suo marito non le fa mancare nulla, e la tiene come la Madonna sull'altare, quella scomunicata!

TURIDDU. Lasciala stare!

SANTUZZA. Vedete se la difendete?

TURIDDU. Non la difendo. A me non me ne importa se suo marito la tiene come la Madonna sopra l'altare. Quello che m'importa è di non passare per uno che non sia padrone di fare quello che gli pare e piace. Questo no!

SCENA III

La Gnà Lola dalla prima viottola a destra. Turiddu e Santuzza.

GNÀ LOLA. Oh, compare Turiddu! Che l'avete visto andare in chiesa mio marito?

TURIDDU. Non so, comare Lola, arrivo in questo momento.

GNÀ LOLA. Mi disse: vado dal maniscalco pel baio che gli manca un ferro, e subito ti raggiungo in chiesa. Voi, che state a sentirle di qua fuori le funzioni di Pasqua, facendo conversazione?

TURIDDU. Comare Santa qui, che stava dicendomi...

SANTUZZA. Gli dicevo che oggi è giornata grande; e il Signore, di lassù, vede ogni cosa!

GNÀ LOLA. E voi che non ci andate in chiesa?

SANTUZZA. In chiesa ci ha da andare chi ha la coscienza netta, gnà Lola.

GNÀ LOLA. Io ringrazio Iddio, e bacio in terra.

Si china a toccare il suolo colla punta delle dita che poscia si reca alle labbra.

SANTUZZA. Ringraziatela, gnà Lola, quand'è così. Chè alle volte si dice: "Quello, nella terra su cui posa i piedi, non è degno di metterci il viso".

TURIDDU. Andiamo via, gnà Lola, che qui non abbiamo nulla da fare.

GNÀ LOLA. Non v'incomodate per me, compare Turiddu, che la strada la so coi miei piedi, e non voglio guastare i fatti vostri.

TURIDDU. Se vi dico che non abbiamo nulla da fare!

SANTUZZA (*trattenendolo per la giacchetta*). No, abbiamo da parlare ancora.

GNÀ LOLA. Buon pro vi faccia, compare Turiddu! E voi restate qui pei fatti vostri, chè io me ne vo pei fatti miei.

Via per andare in chiesa.

SCENA IV

Turiddu e Santuzza.

TURIDDU (*furibondo*). Ah! vedi cosa hai fatto?

SANTUZZA. Sì, lo vedo!

TURIDDU. L'hai fatto apposta dunque?

SANTUZZA. Sì, l'ho fatto apposta!

TURIDDU. Ah! sangue di Giuda!

SANTUZZA. Ammazzami.

TURIDDU. L'hai fatto apposta! l'hai fatto apposta!

SANTUZZA. Ammazzami, non me ne importa, via!

TURIDDU. No, non voglio manco ammazzarti!

Per andare.

SANTUZZA. Mi lasci?

TURIDDU. Sì, questo ti meriti.

Suona la campana dell'elevazione.

SANTUZZA. Non mi lasciare, Turiddu! Senti questa campana che suona?

TURIDDU. Non voglio essere menato pel naso, intendi?

SANTUZZA. Tu puoi camminarmi coi piedi sulla faccia. Ma essa, no!

TURIDDU. Finiamola! Me ne vado per troncare queste scenate!

SANTUZZA. Dove corri?

TURIDDU. Dove mi pare... Vado a messa.

SANTUZZA. No, tu vai a far vedere alla gnà Lola che m'hai piantata qui per lei; che di me non t'importa!

TURIDDU. Sei pazza!

SANTUZZA. Non ci andare, Turiddu! Non andare in chiesa

a far peccato oggi! Non mi fare quest'altro affronto di faccia a quella donna.

Turiddu. Tu piuttosto! Vuoi farmi l'affronto di mostrare a tutto il mondo che non son padrone di muovere un passo; che mi tieni sotto la tua scarpa come un ragazzo!...

Santuzza. Che te ne importa di quel che dice lei, se non mi vuoi far morire disperata?...

Turiddu. Sei pazza!

Santuzza. Sì, è vero, son pazza! Non mi lasciare con questa pazzia in testa!

Turiddu (*strappandosi da lei*). Finiamola ti dico! mannaggia!

Santuzza. Turiddu! per questo Dio che scende nell'ostia consacrata adesso, non mi lasciare per la gnà Lola!

Turiddu via.

Ah! mala Pasqua a te!

SCENA V

Compar Alfio in fretta, dalla viottola in fondo a destra, e Santuzza a metà della scena.

Santuzza. Oh, il Signore che vi manda, compar Alfio!

Compar Alfio. A che punto è la messa, comare Santa?

Santuzza. Tardi arrivate. Ma vostra moglie c'è andata per voi con Turiddu Macca.

Compar Alfio. Cosa volete dire?

Santuzza. Dico che vostra moglie va attorno carica d'oro come la Madonna dell'altare, e vi fa onore, compare Alfio!

Compar Alfio. Oh, a voi che ve ne importa?

Santuzza. Me ne importa per voi che, mentre girate il mondo a buscarvi il pane e a comprar dei regali per vostra moglie, essa vi adorna la casa in altro modo!

Compar Alfio. Cosa avete detto, comare Santa?

Santuzza. Dico che mentre voi siete fuorivia, all'acqua e al vento, per amor del guadagno, comare Lola, vostra moglie, vi adorna la casa in malo modo!

Compar Alfio. Pel nome di Dio, gnà Santa, che se siete ubbriaca di buon'ora la mattina di Pasqua, vi faccio escire il vino dal naso!

Santuzza. Non sono ubbriaca, compar Alfio, e parlo da senno.

COMPAR ALFIO. Sentite! S'è la verità che m'avete detto, allora vi ringrazio, e vi bacio le mani, come se fosse tornata mia madre istessa dal camposanto, comare Santuzza! Ma se mentite, per l'anima dei miei morti! vi giuro che non vi lascerò gli occhi per piangere, a voi e a tutto il vostro infame parentado!

SANTUZZA. Piangere non posso, compar Alfio; e questi occhi non hanno pianto neppure quando hanno visto Turiddu Macca che m'ha tolto l'onore, andare dalla gnà Lola vostra moglie!

COMPAR ALFIO (*tornando calmo tutto ad un tratto*). Quand'è così, va bene, e vi ringrazio, comare.

SANTUZZA. Non mi ringraziate, no, chè sono una scellerata!

COMPAR ALFIO. Scellerata non siete voi, comare Santa. Scellerati son coloro che ci mettono questo coltello nel cuore, a voi e a me. Che se gli si spaccasse il cuore davvero a tutti e due con un coltello avvelenato d'aglio, ancora non sarebbe niente! Ora, se vedete mia moglie che mi cerca, ditele che vado a casa a pigliare il regalo pel suo compare Turiddu.

Via dalla prima viottola a destra.

La gente comincia a tornare dalla chiesa, e si disperde a destra e a sinistra. Turiddu Macca, la gnà Lola, comare Camilla, la gnà Nunzia, la zia Filomena vengono avanti senza badare a Santuzza che resta verso la viottola in fondo a destra, imbacuccata nella mantellina. Solo lo zio Brasi, che viene l'ultimo, accorgendosi di lei:

ZIO BRASI. O comare Santa, che va in chiesa quando non c'è più nessuno!

SANTUZZA. Sono in peccato mortale, zio Brasi!

Via verso la chiesa.

SCENA VI

Lo Zio Brasi rientra un momento nello stallatico. Comare Camilla s'avvia a casa sua. La Zia Filomena mette la chiave nella toppa. La Gnà Nunzia entra nella bettola per togliersi la mantellina.

TURIDDU (*alla gnà Lola che s'avvia a casa anche lei*). Comare Lola, che ve ne andate così, senza dirci niente!

Gnà Lola. Vado a casa perchè sono in pensiero per mio marito, che non l'ho visto in chiesa.

Turiddu. Non ci pensate, che capiterà qui in piazza. Ora abbiamo a bere un dito di vino tutti qui, amici e vicini, alla nostra salute, e far la buona Pasqua. Qua, gnà Camilla! e anche voi, zia Filomena!

Zia Filomena. Vengo, vengo.

Entra in casa a lasciare la mantellina e torna subito.

Gnà Lola. Vi ringrazio, compare Turiddu, ma sete non ne ho.

Turiddu. Non mi fate quest'affronto, comare!.... Allora vuol dire che siete in collera con me?...

Gnà Lola. Per qual motivo dovrei essere in collera con voi?

Turiddu. Questo dico io: per qual motivo dovreste essere in collera con me che non vi ho fatto nulla?... E poi il giorno di Pasqua ha da essere come il bucato, se abbiamo dei torti l'un coll'altro. Ora manderemo a chiamare compar Alfio vostro marito, e ha da bere con noi lui pure.

Zio Brasi (*avvicinandosi*). Allegria! Allegria!

Comare Camilla. A queste allegrie vi ci trovate sempre voi!

Ripiega la mantellina e se la mette sul braccio.

Turiddu (*chiamando verso l'interno della bettola*). O madre! Che ne avete ancora di quel buono?

Gnà Nunzia (*s'affaccia brontolando*). Sì, di quel buono che dovevi portar oggi da Francofonte!...

Turiddu. Via, via, oggi ch'è Pasqua! Non mi fate il muso lungo anche voi. Vi spiegherò più tardi. Vedete gli amici qui che aspettano?

Zia Filomena. O gnà Nunzia, a questa vendita oggi non ci guadagnate nulla!

Turiddu. Pago io, pago io coi miei denari!

La gnà Nunzia rientra.

Zio Brasi. Chi ne ha ne spende!

Gnà Lola. Chi sa quante ne avete fatte di queste galanterie colle donne di laggiù, fuorivia, mentre eravate soldato! Si vede che ci avete pratica!

Turiddu. Ma che donne! ma che donne! Io la testa l'avevo sempre qui, al mio paese.

Comare Camilla. Questa poi andate a contarla ai morti.

TURIDDU. Parola mia, comare Camilla! I bersaglieri, sapete bene, sono come il miele per le donne... con quelle piume. Bel moretto di qua, occhiate che volevano dire dall'altra parte... Ma io non ero di quelli che, dice il dettato, *Lontan dagli occhi, lontan dal cuore.*

GNÀ LOLA. O gli uomini! Chi li crede?

TURIDDU. Dite le donne, piuttosto! che prima vi fanno mille giuramenti; e poi, quando un povero diavolo se n'è andato lontano, che il cuore l'ha lasciato via, e la testa anche, e non mangia, e non dorme più, pensando sempre a una cosa, tutt'a un tratto gli arriva come una schioppettata la notizia: — Sai? la tale si marita! — Come se vi pigliasse un accidente!

ZIA FILOMENA. *Matrimoni e vescovati dal cielo destinati.*

GNÀ LOLA. Voi che ci credete? Che ci credete che pensano sempre a una cosa quando son via, in mezzo alle altre donne? e non le guardano neppure? Lo volete vedere che subito poi si mettono il cuore in pace colla prima che gli capita?

TURIDDU. Scusate, scusate...

GNÀ NUNZIA (*tornando col boccale e un bicchiere*). Di quello che c'è rimasto. Colpa sua!

COMARE CAMILLA. Allegria! Allegria!

ZIO BRASI. Ora s'ha da berci su, come avete detto voi.

TURIDDU. L'ho detto e lo faccio. Voi, madre, che non ne volete?

GNÀ NUNZIA. No, non ne voglio.

Rientra in casa brontolando.

TURIDDU. È in collera perchè so io... Vecchi benedetti! che non si vogliono rammentare di quel che hanno fatto in gioventù! Alla vostra salute, gnà Lola! Voi, comare Camilla! Bevete, zio Brasi. Oggi vogliamo uccidere la malinconia.

SCENA VII

Compar Alfio, dalla destra, Turiddu, lo Zio Brasi, la Gnà Lola, Comare Camilla e la Zia Filomena.

COMPAR ALFIO. Salute alla compagnia.

TURIDDU. Venite qua, compar Alfio, chè avete a bere un dito di vino con noi, alla nostra salute l'uno dell'altro.

Colmandogli il bicchiere.

COMPAR ALFIO (*respingendo il bicchiere col rovescio della mano*). Grazie tante, compare Turiddu. Del vostro vino non ne voglio, che mi fa male.

TURIDDU. A piacer vostro.

Butta il vino per terra e posa il bicchiere sul deschetto. Rimangono a guardarsi un istante negli occhi.

ZIO BRASI (*fingendo che qualcuno lo chiami dalla stalla*). Vengo, vengo.

TURIDDU. Che avete da comandarmi qualche cosa, compar Alfio?

COMPAR ALFIO. Niente, compare. Quello che volevo dirvi lo sapete.

TURIDDU. Allora sono qui ai vostri comandi.

Lo Zio Brasi di sotto la tettoia fa segno a sua moglie di andarsene a casa. Comare Camilla via.

GNÀ LOLA. Ma che volete dire?

COMPAR ALFIO (*senza dar retta alla moglie e scostandola col braccio*). Se volete venire un momento qui fuori, potremmo discorrere di quell'affare in libertà.

TURIDDU. Aspettatemi alle ultime case del paese, che entro in casa un momento a pigliare quel che fa bisogno, e son subito da voi.

Si abbracciano e si baciano. Turiddu gli morde lievemente l'orecchio.

COMPAR ALFIO. Forte avete fatto, compare Turiddu! e vuol dire che avete buona intenzione. Questa si chiama parola di giovane d'onore.

GNÀ LOLA. O Vergine Maria! Dove andate, compar Alfio?

COMPAR ALFIO. Vado qui vicino. Che te ne importa? Meglio sarebbe per te che non tornassi più.

ZIA FILOMENA (*s'allontana balbettando*). O Gesummaria!

TURIDDU (*chiamando in disparte compar Alfio*). Sentite, compar Alfio, come è vero Dio so che ho torto, e mi lascierei scannare da voi senza dir nulla. Ma ci ho un debito di coscienza con comare Santa, chè son io che l'ho fatta cadere nel precipizio; e quant'è vero Dio, vi ammazzerò come un cane, per non lasciare quella poveretta in mezzo alla strada.

COMPAR ALFIO. Va bene. Voi fate l'interesse vostro.

Via dalla viottola in fondo a destra.

SCENA VIII

Turiddu e la Gnà Lola.

GNÀ LOLA. O compare Turiddu! In questo stato mi lasciate anche voi?

TURIDDU. Non ci ho più nulla a fare con voi. Adesso è finita fra noi due. Non avete visto che ci siamo abbracciati e baciati per la vita e per la morte con vostro marito? O madre.

GNÀ NUNZIA (*affacciandosi*). Che c'è ancora?

TURIDDU. Vado per un servizio, madre. Non ne posso fare a meno. Datemi la chiave del cancello, che esco dall'orto per far più presto. E voi, madre, abbracciatemi come quando sono andato soldato, e credevate che non avessi a tornar più, chè oggi è il giorno di Pasqua.

GNÀ NUNZIA. O che vai dicendo?

TURIDDU. Dico così, come parla il vino, che ne ho bevuto un dito di soverchio, e vado a far quattro passi per dar aria al cervello. E se mai... alla Santa, che non ha nessuno al mondo, pensateci voi, madre.

Entra in casa.

SCENA IX

La Gnà Nunzia attonita; la Gnà Lola in gran turbamento; Comare Camilla che fa capolino dalla cantonata; la Zia Filomena sull'uscio di casa; lo Zio Brasi presso la tettoia.

GNÀ NUNZIA. O cosa vuol dire?

ZIO BRASI (*accostandosi premuroso*). Gnà Lola, tornate a casa, tornate!

GNÀ LOLA (*turbatissima*). Perchè devo tornare a casa?

ZIO BRASI. Non sta bene in questo momento che vi troviate qui, in piazza! Se volete essere accompagnata... Tu, Camilla, resta qui con comare Nunzia, se mai.

ZIA FILOMENA (*avvicinandosi*). O Gesummaria! Gesummaria!

GNÀ NUNZIA. Ma dov'è andato mio figlio?

COMARE CAMILLA (*accostandosi all'orecchio di suo marito*). O ch'è stato?

Zio Brasi (*piano*). Non hai visto, sciocca, quando gli ha morsicato l'orecchio? Vuol dire, o io ammazzo voi, o voi ammazzate me.

Comare Camilla. O Maria Santissima del pericolo!

Gnà Nunzia (*sempre di più in più smarrita*). Ma dov'è andato mio figlio Turiddu? Ma che vuol dire tutto questo?

Gnà Lola. Vuol dire che facciamo la mala Pasqua, gnà Nunzia! E il vino che abbiamo bevuto insieme ci andrà tutto in veleno!

Pippuzza (*accorre dal fondo gridando*). Hanno ammazzato Turiddu! Hanno ammazzato compare Turiddu!

Tutti corrono verso il fondo vociando; la gnà Nunzia colle mani nei capelli, fuori di sè. Due carabinieri attraversano correndo la scena.

TELA

IN PORTINERIA
Scene popolari in due atti

Recitata in Milano al Teatro Alessandro Manzoni dagli attori della Compagnia Nazionale, il 16 maggio 1885. Interpreti principali, Olga Lugo ed Enrico Reinach.

PERSONAGGI

Battista, *portinaio*
Giuseppina, *sua moglie*
Màlia, Gilda, *modista* (*loro figlie*)
Carlini, *operaio*
Assunta, *serva*
Don Gerolamo, *prete*
La Signora
Il Dottore
Luisina, *giornalaia*
Angiolino, *cuoco*
La Modella
Il Postino

In Milano. — Epoca presente.

ATTO PRIMO

La corte di una vecchia casa. A destra la tromba del pozzo, a sinistra la porta di un magazzino, in fondo il portico e l'androne. Sotto il portico, a destra, l'uscio a vetri della portineria, a sinistra la scala, in mezzo il cancello dell'androne. Al di là del cancello, a destra, l'uscio per cui si entra in portineria, in fondo la porta che dà sulla strada.

Sull'imbrunire. Nella via passa di tanto in tanto della gente, e cominciano ad accendere i lampioni. Si ode la Luisina strillare: Secolo! Pungolo! Corriere della sera!

SCENA I

Giuseppina e Luisina.

GIUSEPPINA (*attraversando il portico, dalla sinistra, e chiamando verso la portineria*). Ehi, Màlia, è ora di accendere il gas.

LUISINA (*venendo dalla strada, in fondo*). *Pungolo e Corriere!* — Sora Giuseppina? Ehi, sora Giuseppina?

GIUSEPPINA. Ehi?

LUISINA (*passandole i giornali attraverso il cancello*). Ecco!

Sottovoce:

Badi poi che la sua Gilda c'è un certo tizio che le corre dietro.

GIUSEPPINA. La Gilda? Oh, Madonna!

LUISINA. Sicuro! Li ho visti vicino al ponte, che essa gli faceva una gran scena! ed era fuori della grazia di Dio! Parlava di buttarsi nel naviglio, nientemeno!

GIUSEPPINA. Ah, Signore! Cosa viene a dirmi!...

LUISINA. Alle volte, non si sa mai... È meglio aprirle gli occhi. Dico bene?

GIUSEPPINA. La ringrazio, sora Luisina.

LUISINA. Siamo mamme, cara lei! Però mi raccomando, non mi tradisca!

Esce strillando:

Secolo! Pungolo! Corriere della sera!

SCENA II

Màlia e Giuseppina; indi il Postino e poi Carlini.

MÀLIA (*venendo in corte dalla portineria, collo streghino acceso*). Mamma, anche la scala?

GIUSEPPINA. Sì, sì...

Brontolando tra sè:

Ora l'accomodo io!

IL POSTINO (*dalla porta di strada, in fondo*). Posta!

Entra in portineria dall'uscio al di là del cancello, mentre Giuseppina vi entra da quello sotto il portico.

CARLINI (*uscendo dal magazzino, e andando a lavarsi le mani alla fontanella della tromba*). Oh, sora Màlia!... buona sera!

MÀLIA (*con un sorriso dolce e timido*). Buona sera, sor Carlini.

CARLINI. Bene, bene! Adesso va meglio, eh? Vedo che comincia a uscir di casa...

Asciugandosi le mani col fazzoletto.

Vuole che l'aiuti?

MÀLIA. No, grazie... non si incomodi...

CARLINI (*togliendole lo streghino di mano*). Lasci fare, lasci fare a me.

Accende il lampione sotto il portico.

IL POSTINO (*nell'andarsene, dall'androne, verso la portineria*). Io non ne so nulla, cara lei. Le mettono alla posta, e noi le portiamo.

Esce.

MÀLIA. Grazie della gentilezza, sor Carlini!... Grazie tante.

CARLINI. Niente, niente. Son contento di vederla guarita. È un po' pallida ancora, ma passerà.

MÀLIA (*con un sorriso triste*). Sì, adesso sto meglio... Il dottore dice che va meglio...

CARLINI. Bene, bene, mi fa tanto piacere.

MÀLIA (*timidamente affettuosa*). Dice davvero, sor Carlini?

CARLINI. Sì, proprio, di tutto cuore.

MÀLIA (*arrossendo e chinando il capo*). M'era parso invece... che non gliene importasse più di me...

CARLINI. O cosa le viene in mente adesso?
MÀLIA. Un pezzo che non si fa vedere, in casa!...
CARLINI. Che vuole?... tanto da fare nel magazzino!...
MÀLIA. Io lo vedo sempre, lì!...
CARLINI. Anch'io, anch'io... Sua sorella però, non s'è vista tornare ancora!...
MÀLIA. Tanto da fare dalla sarta anche lei, povera Gilda!
CARLINI. Vede, ho i miei fastidii!... Ciascuno ha i proprii fastidii in capo. Non voglio venire a seccar la gente anche!
MÀLIA. Oh, che dice mai!...
CARLINI. Nulla... non dico nulla... Non glielo posso dire...
MÀLIA. Tutti le vogliono bene qui, invece!...
CARLINI. Grazie, bontà sua. Vuol dire che lei è sempre la stessa... Ma sua sorella, cos'ha, dica?...
MÀLIA. Ma... nulla... non saprei...
CARLINI. Avrà i suoi fastidii anch'essa... Prima non era così!...
MÀLIA (*guardandolo negli occhi, con un vago turbamento*). Perchè?...
CARLINI. Niente...

Offrendole un garofano che si è tolto dall'occhiello.

Lo vuole questo fiore?
MÀLIA (*con effusione contenuta, facendosi rossa*). Oh, sor Carlini!... grazie!...
CARLINI. Lei è tanto buona!... si merita questo e altro!... Son proprio contento di vederla guarita!...
MÀLIA (*tra lieta e commossa, ma sempre timida e imbarazzata*). Lei piuttosto!... lei!...

Odorando il garofano.

Grazie!... Che bella sera!...
CARLINI. Ha fatto anche un bel caldo, oggi!
MÀLIA (*confusa, vedendo venir gente*). Riverisco, buonasera!...

Scappa su per la scala.

SCENA III

La Modella dalla porta di strada, Carlini al di qua del cancello; poi Giuseppina uscendo dalla portineria, e infine Assunta e Màlia dalla scala.

LA MODELLA (*facendo capolino in portineria, dall'uscio al di là del cancello*). Di grazia, il sor Flori, quello che fa il pittore?

Pausa.

Ha lasciato detto nulla, se venivano a cercarlo?

Pausa.

Partito!... così all'improvviso!... È un bel mobile! glielo mandi a dire! Un bel figuro! glielo mandi a dire, da parte della modella!...

Se ne va sbattendo l'usciale della portineria.

CARLINI. Piss!... piss!...

LA MODELLA (*voltandosi indispettita*). Stupido!

Esce dalla porta in fondo.

GIUSEPPINA (*venendo in corte dalla portineria*). Va là! va là anche te!...

CARLINI (*ridendo*). Roba di contrabbando, eh, sora Giuseppina?

GIUSEPPINA. Non me ne parli! Non me ne parli che è una vera porcheria! Tutto il giorno quella processione!... tanto che glielo dissi, a quel pittore delle mie ciabatte! Caro lei, questa è una casa onesta... Ho due ragazze da marito...

CARLINI. Ah, vede bene!...

GIUSEPPINA. E lui ora, mi pianta l'alloggio, vede?

CARLINI. Meglio! buon viaggio!

GIUSEPPINA. Sicuro! per quello che ci perdo!... cinque lirette appena, Natale e ferragosto, cascasse il mondo! e poi la mesata magra, stirare e far le stanze...

CARLINI. Però, scusi, alle volte... la sora Gilda non doveva mandarla da un giovanotto a far le stanze...

GIUSEPPINA. La mandavo quand'era uscito! Non posso mica farmi in quattro! La Màlia in fondo a un letto... la porta da guardare!... Però quando vidi che non ci era da fidarsi... Bene, dissi bene! vuoi stare nella polvere e il sucidume? bene!

ASSUNTA (*scendendo dalla scala insieme alla Màlia, col paniere delle bottiglie e una bugìa in mano*). Le hanno scritte anche sul libro! Se manca una bottiglia c'è una scena. Vogliono anche la pelle!

GIUSEPPINA. Si diceva di quel pittore, sora Assunta! Seguita la processione anche dopo ch'è partito! Un'altra ch'è venuto a cercarlo, adesso!...

ASSUNTA. Una bella porcheria!

GIUSEPPINA. Dico bene! Con due ragazze che ci ho in casa!...

A Màlia, bruscamente:

Cosa stai ad ascoltare?

MÀLIA (*mortificata*). Vado, mamma.

Rientra in portineria.

ASSUNTA. Una bella porcheria! Affittano a chicchessia per pigliare quei quattro soldi, e poi vogliono la pelle della gente di servizio!

GIUSEPPINA. E io? Con due ragazze che ho, e imparano la malizia!

CARLINI. Certo! specie la sora Gilda!

GIUSEPPINA. Perchè? cos'ha da dire, lei?

CARLINI (*mortificato*). Io?... niente, scusi.

GIUSEPPINA. Perchè le piace figurare colle sue compagne? È naturale, alla sua età...

CARLINI. Scusi tanto; sarà benissimo. Lei è la mamma; ha da pensarci lei.

Esce.

ASSUNTA. Il sor Carlini parla nel suo interesse; perchè le vuol bene, sora Giuseppina. Una bella ragazza come la Gilda... Bisogna aprire gli occhi.

GIUSEPPINA (*sospirando*). A chi lo dice, cara lei!

ASSUNTA. Con tanti sfaccendati che c'è intorno!...

GIUSEPPINA. A chi lo dice! a chi lo dice! Sapesse che pensiero!... Guardi un po' adesso cosa mi succede!... che alla Gilda le ronzano già i mosconi intorno, e le mandano le lettere col bollino da cinque!

Mostrandole la lettera che ha recato il postino.

ASSUNTA. Volevo ben dirle! Bisogna aprire gli occhi!

GIUSEPPINA. Guardi un po' lei che ci vede meglio in questi sgorbi.

Dandole la lettera.

Glieli farò aprire io gli occhi!

ASSUNTA (*leggendo tra sè la lettera*). Dice così, in sostanza, ch'è una stupida... una brutta stupida, che non è altro, dice... E si crede non so che cosa... Ma quel bel mobile del suo spasimante ora la pianta col danno e le beffe, per tornarsene al suo paese, e ben gli stia!... Brutta sfacciata, che ne ha tanto piacere, lei... quest'altra... (*restituendole la lettera*). Dev'essere una donna che scrive.

GIUSEPPINA. Vede? Ah, Signore! Ora l'aggiusto io, appena torna a casa!

ASSUNTA. No, con prudenza, se no fa peggio. Che vuole? un visetto come quello della sua Gilda, che dà subito nell'occhio!...

GIUSEPPINA. Sì, non lo dico perchè è mia figlia; ma essa con uno straccetto di vestito figura meglio di una principessa... Tutti risparmi delle sue mani, però; che suo padre, benedett'uomo, in casa non fa regnare un quattrino.

ASSUNTA. Badi, badi! Eccolo qui!

SCENA IV

Battista e dette.

BATTISTA (*venendo di fuori, dopo esser passato dalla portineria*). E così? non si desina oggi? La Gilda è ancora a spasso?

GIUSEPPINA. Ecco! Lui non vuol sapere altro! Chi ha i guai invece se li tenga!

BATTISTA. Che c'è? che c'è?

GIUSEPPINA. Niente c'è! A te cosa importa? che t'importa della moglie? che t'importa delle figliuole? Sempre fuori cogli amici! tutto il giorno dal Brusetti!...

ASSUNTA. Riverisco, riverisco.

Riprende il paniere e la bugìa che ha lasciato sullo scalino, e scappa in cantina.

BATTISTA. Ho inteso! Riverisco anch'io!

Per andarsene.

GIUSEPPINA. È questa la maniera?

BATTISTA. Vuoi proprio leticare? Io no, veh!

GIUSEPPINA. Tu no! Tu è meglio darti bel tempo fuori di casa! E chi ha da tribolare qui, ci stia.

BATTISTA. Hai finito?

GIUSEPPINA. Con due figliuole da maritare! Vergogna!

BATTISTA. Hai finito? Anche le figliuole da maritare adesso?

GIUSEPPINA. Vergogna! Non ci pensi neppure!...

BATTISTA. Devo andare intorno a cercare i mariti per le figliuole, anche? Devo pigliare pel collo la gente che passa?

GIUSEPPINA. No, no, non importa! Che se capita una disgrazia poi!...

BATTISTA. Ehi?

GIUSEPPINA. Sissignore! Non pensi che la Gilda è grandicella?... con tanti rompicolli che c'è intorno!... e anche qui, in casa!...

BATTISTA. Devo stare a covare le figliuole? Mi tocca fare il carabiniere anche?

GIUSEPPINA. No, non lo stare a fare il carabiniere. Li chiamerai dopo i carabinieri, quando ti capita quel che ti meriti!

BATTISTA. Ehi! ehi, dico!

GIUSEPPINA. Tè! vuoi saperlo? A tua figlia cominciano a ronzarle i mosconi intorno!... Tè! piglia!

BATTISTA. Io? Io, piglio? Punto primo, la mia figliuola sa il suo dovere! punto secondo, se non lo sa glielo insegno io! Colle cattive glielo insegno! Non sono mica di quelli che chiudono gli occhi! I mosconi so scacciarmeli io di torno!... colle cattive, intendi?

GIUSEPPINA. Caro te, è inutile far lo spaccamonte qui, dietro il cancello! È inutile farmi gli occhiacci!

BATTISTA. Foss'anche Domeneddio, intendi? Farò una cosa che la metteranno sui giornali! La sora Gilda l'avrà da far con me!

SCENA V

La Signora, venendo di fuori, poi Assunta dalla cantina e detti.

LA SIGNORA. Cos'è, Battista? cos'è questo chiasso? Vi par d'essere all'osteria?

BATTISTA (*cavandosi il berretto*). Scusi tanto, sora padrona!... mia moglie, qui, che mi diceva...

LA SIGNORA. Bella maniera! Badate piuttosto che stasera aspetto gente. Venite di sopra, a dare una mano, qualcuno di voi.

BATTISTA. Sissignora, subito.

La Signora va su per la scala. Battista buttando il berretto a terra.

È una galera, tale e quale!

ASSUNTA. Cos'è stato, sor Battista?

BATTISTA. Nulla, mi lasci crepare.

Esce di casa.

ASSUNTA. Che c'è, sora Giuseppina?

GIUSEPPINA. Ecco il bel costrutto, con lui! Chi ha i fastidi se li tenga, e se gliene parlano poi, ecco che monta in furia!

ASSUNTA. Gli ha detto qualche cosa?

GIUSEPPINA. Eh, cosa vuole che gli dica? Lui altro che gridare non sa! Più tardi ci sarà l'inferno, colla Gilda!

ASSUNTA. Senta... perchè non la marita?

GIUSEPPINA. Magari maritarla! ma trovare con chi poi...

ASSUNTA. Scusi, e il sor Carlini perchè le bazzica in casa?

GIUSEPPINA. Quello è per la Màlia. Un pezzo che me ne sono accorta.

ASSUNTA. No, sora Giuseppina, adesso è per la Gilda. Anzi si lamenta di lei, che non è più quella di prima.

GIUSEPPINA. O Madonna! Cosa mi viene a dire?

ASSUNTA. Sicuro, lo so di positivo.

GIUSEPPINA. E la Màlia che se l'era messo in testa!...

ASSUNTA. Sta a vedere se lui poi...

GIUSEPPINA. Sì, sì, anche lui! Veniva ogni sera, mentre era malata...

ASSUNTA. Veniva per la Gilda, cara lei!

GIUSEPPINA. No, no. Faccio finta di niente, ma ci vedo!

ASSUNTA. Bene, sarà come dice lei. Vuol dire che vicino a quell'altra poi...

GIUSEPPINA. È una bella porcheria!

ASSUNTA. Son cose che succedono, sora Giuseppina!

GIUSEPPINA. Sarà benissimo, ma è una bella porcheria!

ASSUNTA. E poi... dica lei stessa... la sposerebbe una ragazza malaticcia, com'è sempre la Màlia, dica?

GIUSEPPINA. Ah, meschina me!

ASSUNTA. Siamo povere genti, bisogna pensare anche a questo.

GIUSEPPINA. Ma la Màlia cosa dirà?

ASSUNTA. Cosa vuole che dica?... Già, se non può accasarsi lei, è meglio lasciare il posto a sua sorella. Le pare?

GIUSEPPINA. A me mi pare che sarà un gran colpo per quella figliuola!...

ASSUNTA. Cara lei, bisogna esser signori per fare ciò che accomoda meglio. Ma che mi scherza? Un povero diavolo che campa a giornata!... Un galantuomo però, la vede bene!

GIUSEPPINA. Un galantuomo... sarà...

ASSUNTA. La vede bene s'è un galantuomo! se si tira indietro di sposare le sue ragazze, l'una o l'altra... Che ne dice?

GIUSEPPINA. Che vuole?... Sono mamma... sono come quello che non sa che fare... di qua mi pungo, di là mi dolgo...

ASSUNTA. Brava, perch'è mamma! Le si presenta un buon partito... Non se ne trovano tanti fra i piedi oggi!

GIUSEPPINA. Va benissimo, ma io penso a quell'altra poveretta, che se l'era messo in testa...

ASSUNTA. Ragazzate, cara lei! Cose che succedono tutti i giorni! Vuole che lo dica la sora Màlia stessa? Non ci penserà più neanche lei, adesso. Vuole che la chiami, eh?

GIUSEPPINA. No, non ora!...

ASSUNTA. Lasci fare! Così per discorrere...

Chiamando verso la portineria:

Ehi, sora Màlia!

a Giuseppina:

Così, per sentire che ne dice...

SCENA VI

Màlia dalla portineria, e detti.

ASSUNTA. Dica lei, sora Màlia, dica lei stessa. Sarebbe contenta di veder maritare sua sorella?

MÀLIA (*sorpresa, guardando sbigottita or l'una or l'altra delle due donne*). Io?... ma perchè?...

Assunta (*a Giuseppina*). Lasci fare! (*a Màlia*) di veder che sua sorella sposa un buon giovane, uno che sarebbe come un fratello anche per lei?... il sor Carlini, là!

Màlia (*quasi le mancasse il fiato*). Il sor Carlini, mamma?

Assunta. Sì, che ne dice?

Màlia. Io?... Devo dirlo io?...

Giuseppina. No... son discorsi in aria ancora...

Assunta. No, no, so quello che dico! mi lasci parlare. La sora Màlia è tanto una brava ragazza! tanto che vuol bene alla sorella! Sarà contenta di veder maritare sua sorella almeno! Qui si fanno le cose d'amore e d'accordo.

Giuseppina. Poi ci dev'essere la volontà di mio marito.

Assunta. Suo marito farà quel che vuol lei. Ora bisogna che dica la sua anche la sora Màlia.

Màlia (*premendosi il petto colle mani, balbettando dall'angoscia*). Ma cosa devo dire io?

Assunta. S'è contenta anche lei d'avere per cognato il sor Carlini.

Màlia. Io... sì... s'è contento lui... e anche la Gilda...

Assunta (*a Giuseppina, trionfante*). Vede, vede se la sua ragazza è una perla!

Giuseppina (*baciando Màlia, con le lagrime agli occhi*). Tè! che voglio dartelo proprio di cuore!

Màlia (*vacillando, e scostandola colle mani tremanti*). Oh, mamma!...

Siede sullo scalino, pallidissima.

Giuseppina. Cos'hai?

Màlia. Nulla... il mio solito male... qui...

Assunta. Vede, vede se quella è una ragazza da maritare!

Giuseppina. Oh, Signore Iddio!

Màlia. Non è nulla mamma... Non ti spaventare...

Assunta. Su, su... che torna il sor Carlini...

Màlia. Non è nulla... Non gli dite nulla, per carità!

SCENA VII

Carlini e detti.

Carlini. O cos'ha la sora Màlia?

Màlia lo guarda accorata un breve istante negli occhi, e china il capo facendo un gesto vago, senza aprir bocca.

ASSUNTA. Niente... è la coda di quella lunga malattia...

GIUSEPPINA. Colpa sua, di lui!

MÀLIA. No, mamma!... no!

CARLINI. Colpa mia? Che le ho fatto?

ASSUNTA. Ma no! È che non sta bene in gamba ancora, e ogni piccola cosa...

GIUSEPPINA. Questa, vede, è un angioletto! messa al mondo per portare la croce!

CARLINI. Lo so. È vero...

GIUSEPPINA. Lo sa. E per questo le ha piantato i chiodi anche lei!

MÀLIA. Mamma, basta!...

CARLINI (*discolpandosi, colle mani in croce sul petto*). Sora Giuseppina!

ASSUNTA. Basta, ora è accomodata ogni cosa. Vuol bene a sua sorella, ed è contenta che sia felice almeno lei.

CARLINI. Perchè? cos'è successo?

ASSUNTA. Via, non faccia più misteri. La sora Giuseppina, qui, sa tutto.

CARLINI. Chi gliel'ha detto?...

ASSUNTA. Sono stata io, caro lei! Le ho detto quello che mi canta ogni volta. Perchè viene a seccarmi allora?

GIUSEPPINA (*a Carlini*). Però, se aveva quell'intenzione, perchè mi ha scaldato il capo a quest'altra poveretta?

CARLINI. Io? può dirlo lei stessa, sora Màlia!...

MÀLIA (*dolcemente e con tristezza*). Sì... sì... è vero...

ASSUNTA. Alle volte qualche parola, di quelle che non vogliono dir nulla, così nel vedersi tutti i giorni... Ma la sora Màlia è tanto una buona ragazza!...

CARLINI (*con calore*). Quanto a questo sono il primo io a dirlo! Una ragazza che si fa voler bene per forza!

GIUSEPPINA. Intanto mi tocca tenermela malata!

CARLINI. Vorrei essere un signore, guardi! Vorrei essere un signore per pigliarmela così com'è... e mantenerla magari a medici e speziali! glielo dico qui in faccia!

GIUSEPPINA. Lo so ch'è un galantuomo; per questo l'ho lasciato bazzicare in casa.

ASSUNTA (*a Giuseppina*). Vede? Se l'è venuto in casa, ci è venuto col buon fine!

GIUSEPPINA (*a Carlini*). Almeno mi vorrà bene a quell'altra?

CARLINI. A tutt'e due gliene vorrò! Voglio che mi abbiate come un altro figliuolo, sora Giuseppina!

SCENA VIII

Angiolino dalla sinistra; poi Gilda e detti.

ANGIOLINO. Ehi? ehi, Assunta?
ASSUNTA. Che c'è?
ANGIOLINO. La padrona! presto!
ASSUNTA. Vengo! vengo! Non ho le ali per volare!... col paniere pieno, anche!
ANGIOLINO. Oh, la bella compagnia! Anche la sora Màlia!
MÀLIA. Riverisco, sor Angiolino.
ANGIOLINO. Bene. È guarita? Mi rallegro.
GIUSEPPINA. Vede? Ne ha viste tante, poveretta!
ANGIOLINO (*voltandosi verso l'interno*) Pronto! Comandi!

Rientra.

ASSUNTA. Accidenti!

Ripiglia il paniere e la bugìa, e s'avvia su per la scala.

GIUSEPPINA. Vengo anch'io, se no mi tocca sentirle. *A Màlia:*
Tieni d'occhio la porta, e bada al desinare intanto.
MÀLIA. Sì, mamma.

Giuseppina ed Assunta vanno via.

CARLINI. Vada, vada, sora Màlia. Non stia qui a prendere il fresco.
MÀLIA (*con un sorriso umile e triste*). Mi manda via anche?
CARLINI. No. Dico per lei, che le può far male.
MÀLIA (*con una tinta d'amarezza*). Non mi fa nulla... Che le fa a lei?...
CARLINI (*imbarazzato*). Ce l'ha con me adesso? Dica?
MÀLIA (*con dolcezza rassegnata*). No, sor Carlini... no...
CARLINI (*prendendole la mano*). Vorrei che sua sorella avesse il suo cuore, vede!
MÀLIA (*tirandosi indietro, colle lagrime agli occhi*). Mi lasci stare adesso!...

Vivamente, vedendo entrare la Gilda dalla porta di strada:

Mi lasci!...
CARLINI. Oh! Buona sera, sora Gilda!

Gilda entra in portineria senza rispondere.

Non risponde? Cos'ha?

Màlia (*giungendo le mani*). Senta!... Non dica nulla alla Gilda almeno!... Di me non dica nulla!... È mia sorella, capisce!...
Carlini (*commosso*). Oh, sora Màlia!... Lei...
Màlia. Basta. Siamo intesi.

Dolcemente.

Riverisco, sor Carlini.

S'avvia verso la portineria.

Gilda (*che ne esce in quel punto, di cattivo umore, colla secchia vuota*). Ah, vi credevo tutti a spasso. In casa non c'è una goccia d'acqua.
Màlia. La mamma è andata di sopra. Dai a me!...
Gilda. Non far la brava adesso! Va, va!
Màlia (*insistendo per toglierle la secchia di mano*). Ma no...
Gilda (*bruscamente*). Va, ti dico! Va!

Màlia rientra in portineria, mortificata.

SCENA IX

Carlini e Gilda.

Carlini (*facendo per aiutarla, però ancora imbronciato*). A menare la tromba ero buono anch'io, se me l'avesse detto...
Gilda. No, grazie, non s'incomodi.
Carlini. Lasci, lasci fare a me.

Menando la tromba

che almeno son buono per questo...
Gilda. Perchè dice così?
Carlini. Perchè... perchè... Basta, lo sa!
Gilda (*impazientita*). Io non so nulla, caro lei.
Carlini. Ah, no? Non ne vuol sapere?
Gilda. Badi ora, che riversa...
Carlini. Mi tratta come un cane oggi, guardi!
Gilda. Sa, non ho voglia di fare le solite scene, adesso!
Carlini. O cos'ha infine? Me lo dica, cos'ha?
Gilda. Nulla, cosa mi vede?
Carlini (*riscaldandosi*). Vedo che mi tratta come un cane!

Da un pezzo che non è più quella di prima! Ed io, bestia, che le voglio sempre bene!...

GILDA. Badi, che possono udire...

CARLINI. Non me ne importa. Lo sanno tutti.

GILDA. Eh? Che significa questo discorso?

CARLINI. Che la sua mamma sa ogni cosa adesso... ed è contenta, lei!...

GILDA. Ah!... Beata lei, allora!

CARLINI (*mortificato*). Lo dica chiaro e tondo dunque che non gliene importa più nulla di me!... Mentre mi pareva d'aver preso il terno al lotto!...

GILDA. Eh, per esser contenti ci vorrebbe davvero il terno al lotto per tutt'e due.

CARLINI. Perchè non siamo ricchi, eh?... I suoi genitori non ne hanno colpa se non l'hanno fatta nascer ricca...

GILDA. E neppure io ne ho colpa.

CARLINI. E allora, cosa vuol dire?

GILDA. Nulla. Mi lasci stare!

CARLINI. Basta volersi bene!...

GILDA. Bella consolazione!

CARLINI. Vede come mi tratta?

GILDA. Dico, bella consolazione!

CARLINI. Eh, una volta non parlava così!... Vuol dire che ci ha altro pel capo!

GILDA. Senta! Mi lasci in pace oggi!

CARLINI. Ah!... Bene!... La lascio!...

GILDA. Bene.

CARLINI. La lascio!... Ma prima voglio dirle il fatto mio!...

GILDA. Oh! sono stufa, sa!

CARLINI (*rimasto un momento sconcertato, strappandosi il berretto di capo*). Ecco!... Sono un asino!... Una vera bestia!...

Vedendo venir la Màlia rientra nel magazzino, sbattendo l'uscio.

SCENA X

Màlia e Gilda.

GILDA (*irritata a Màlia*). Ah! Eri lì ad ascoltare!...

MÀLIA. No... Ti giuro...

GILDA. Non me ne importa, sai!

MÀLIA. Oh, Gilda!... che t'ho fatto?

GILDA. Non me ne importa! Va pure a dirglielo al sor Carlini!

MÀLIA. Io?...

GILDA. Sì, ti pare che non lo sappia? Guarda, sei pallida!

MÀLIA (*accorata*). Oh Gilda!... come mi tratti male!

GILDA. Vedi, sono cattiva anche!

Asciugandosi gli occhi stizzosamente.

Lasciami rompere il collo, ch'è meglio per tutti quanti!

MÀLIA (*vivamente, mettendole la mano sulla bocca*). Zitta! Non dir così!

GILDA. Lasciami! Son arcistufa! Non ne posso più di questa vita!

MÀLIA. Ma perchè? Cos'hai?

GILDA. Nulla. Non te lo posso dire.

MÀLIA (*con un lieve tremito nella voce*). Pensa alla mamma, poveretta, che ha avuti tanti dispiaceri!... Gliene ho dati tanti, con questa grama salute!...

GILDA. Vorrei esser morta io, invece!

MÀLIA. ...Pensa a lui... che ti vuol tanto bene!...

GILDA. Grazie. Bontà sua!

MÀLIA. Dice che gliene volevi anche tu... allora...

GILDA. Allora, era allora.

MÀLIA (*sbigottita*). Oh, Gilda!...

GILDA. Allora era allora. Ho altro per il capo adesso.

MÀLIA. Poveretto!... Come farà?

GILDA. Come farà?

Prendendole la fronte fra le mani, e guardandola fiso negli occhi.

Tu sei una santa!... Perdonami!

Asciugandosi di nuovo gli occhi stizzosamente.

MÀLIA (*abbracciandola tutta tremante*). No, Gilda, no!...

Chinando il viso.

Ti dirò tutto!... come se fossi in punto di morte... Sai che sono stata in punto di morte!... Lui non mi ha detto una parola... una parola sola... mai!... Veniva a vedermi perchè ero ammalata... E nient'altro, ti giuro!... ti giuro!... Gli facevo soltanto compassione, ecco... Mentre io, sciocca...

Scoppia a piangere col viso tra le mani.

GILDA (*commossa, quasi colle lagrime agli occhi*). Vedi! vedi se sono stata cattiva!

MÀLIA (*rossa in viso e tentando di sorriderle fra le lagrime*). Ma non ci penso più ora!... Vedi che ne rido io stessa?... Purchè siate felici!...

GILDA. No, non può essere... Diglielo tu che sei buona, e te lo meriti il bene...

MÀLIA (*sbigottita, trasalendo*). Oh no!... Io no!...

GILDA (*bruscamente*). Digli quello che vuoi... Non me ne importa.

MÀLIA (*supplichevole*). Ma perchè? perchè?...

GILDA. Vuoi sapere il perchè?... No... non posso dirtelo, a te che sei una santa!

MÀLIA (*a mani giunte*). Oh Gilda!...

GILDA. Digli che ho promesso ad un altro... Che è finita ormai...

MÀLIA (*alla Giuseppina che sopravviene*). Ah!... Mamma! mamma!...

SCENA XI

Giuseppina e dette, poi Carlini.

GIUSEPPINA (*a Gilda, irritata*). Ah! Sei qui finalmente!

GILDA. Mamma, sentite! Lasciatemi stare oggi! Non sono in vena d'ascoltare la predica!

GIUSEPPINA. Te la darò io la predica! Sentirai! Sentirai tuo padre appena torna a casa!

MÀLIA. Mamma, per carità!...

GILDA. Lasciatemi stare, o faccio qualche pazzia!

GIUSEPPINA. Così mi rispondi? Così rispondi a tua madre, per giunta?

GILDA. Che c'è infine? Che c'è?

GIUSEPPINA (*spiegazzandole in viso la lettera*). Ecco! Ecco cosa c'è!

MÀLIA (*vedendo venir Carlini, supplichevole*). Mamma!... Guarda che vien gente!...

GILDA. Fatele dinanzi a tutti le scene!

GIUSEPPINA. Sentirai tuo padre!... Appena torna a casa!...

CARLINI (*frapponendosi*). Via, sora Giuseppina!...

GILDA (*a Carlini*). Mi lasci stare anche lei!

GIUSEPPINA. Stupida!... Che sei una stupida c'è!... E hai quel che ti meriti, guarda!

Gilda (*agitatissima, strappandole di mano la lettera*). Ah così? Volete così?...

Entra correndo in portineria.

Carlini (*a Giuseppina*). Vede, come mi tratta?

Màlia. Per carità, sor Carlini!...

Giuseppina (*a Carlini*). Non cominci a far scene anche lei, benedetto Iddio!

Carlini. Le scene!... Le farò!... Con chi mi tocca farle le farò!... Arriverò bene a scoprire quel che c'è sotto!...

Màlia. Senta! senta!...

Carlini. Cosa vuole che senta? Non vede ch'è bell'e finita? Segno che c'è qualche altra cosa sotto!

Màlia (*agitatissima*). No!... Glielo dirò io!... Devo dirglielo io il perchè...

Carlini. Lei non me l'avrebbe fatto questo servizio!... Dopo tanto che le volevo bene!... Tanti giuramenti, qui, in questo stesso posto!...

Gilda in questo momento passa dall'androne e scappa correndo fuori di casa.

Màlia (*a Carlini*). Ecco!... Ecco il motivo... Mamma, devo dirglielo a lui solo!... Ecco cos'è... In causa mia!... Per amor mio!... È mia sorella, vede!... Mi vuole tanto bene!... E credeva che anch'io... a lei... (*a Giuseppina*) Mamma, non ho coraggio dinanzi a te...

Giuseppina (*a Màlia, accennando del capo, accorata*). Va là! va là! che tu sei nata proprio per portare la croce!

Entra in portineria.

Màlia. Capisce?... Ha capito quello che voglio dire?...

Carlini. No, no, sono pretesti, creda!

Màlia. Teme che io pensi sempre a lei... Teme di darmi un gran dolore...

Giuseppina (*correndo come pazza dalla portineria verso la strada e gridando*). Ferma! ferma!... La mia Gilda!... La mia figliuola!...

Màlia. Ah! sor Carlini, ah!...

Fa per correre anche lei e cade sotto il portico, svenuta.

TELA

ATTO SECONDO

Interno della portineria. A destra un caminetto; più in là la scala che mette alla soffitta; a sinistra una grande finestra e l'usciale che dà in corte. Sul davanti presso il camino una poltrona, un'ottomana, e qualche seggiola; a sinistra un attaccapanni e il tavolone da sarto, su cui è appeso uno specchio; un cassettone e la scansia delle lettere, accanto all'uscio d'ingresso; un paravento dietro la poltrona; un becco di gas acceso sul camino. — In fondo, attraverso i vetri della finestra e dell'usciale si vedono l'androne della casa, a destra, e a sinistra il portico e la corte, pure illuminati a gas.

SCENA I

Màlia seduta sulla poltrona, pallida e rifinita, abbandonando di tratto in tratto il capo sui guanciali posti dietro le sue spalle. Assunta in piedi, accanto a lei; il Dottore sull'uscio, per andarsene, accompagnato dalla Giuseppina.

DOTTORE (*colla mano sulla gruccia dell'uscio, stringendosi nelle spalle, piano a Giuseppina*). Cosa vuole che le dica? È giovane e può tirare in lungo. Ma a buon conto, se vuol vedere il prete...

GIUSEPPINA (*sbigottita, giungendo le mani*). Oh, Signore!

ASSUNTA (*a Màlia che li segue cogli occhi inquieta*). Dia retta a me! Dia retta a me!

DOTTORE (*c. s. a Giuseppina*). No. Dico perchè so quel che succede poi: se campa, è la Madonna che fa il miracolo; se muore, l'ha ammazzata il medico. Con queste malattie di cuore non c'è da scherzare, da un momento all'altro. Io me ne lavo le mani.

Esce.

MÀLIA. Mamma, cos'ha detto il medico?

GIUSEPPINA (*afflitta, tentando di dissimulare*). Nulla, figliuola mia. Che va bene... va benone...

MÀLIA (*scuotendo il capo*). No, mamma, non mi sento bene.

GIUSEPPINA (*cercando di rassicurarla, però colle lagrime nella voce*). Non dubitare che la Madonna farà il miracolo. Oggi è la festa di San Giorgio; gli ho fatto voto che se guarisci, quest'altro anno andremo tutti insieme a fare il San Giorgio.

MÀLIA (*assentendo dolcemente col capo, come per illudersi anche lei*). Sì mamma!

GIUSEPPINA. Sai... lo zio prete ha mandato a dire che vorrebbe farti una visita...

MÀLIA (*sgomenta, fissandola in viso cogli occhi inquieti*). Ah!... lo zio prete?... Non viene quasi mai! Vuol dire che sto peggio, mamma?

GIUSEPPINA. Ma no, cara! No!...

ASSUNTA. O Dio! Signore! Preti e medici dicono sempre così... per farsi merito... Dieno retta a me, invece! Qui ci vuole la sonnambula. Con tre lire e una ciocchetta di capelli appena, la sonnambula vi vede dentro e fuori come in uno specchio, quello che avete e quello che non avete, e vi spiattella subito il suo bravo consulto in due parole.

MÀLIA. È vero, mamma?

ASSUNTA. Sì, sì, lasciate fare a me.

Va a prendere le forbici dal banco.

Lasci che le tagli una ciocca di capelli, e in due salti vado e torno colla risposta della sonnambula.

GIUSEPPINA (*fermandole le mani*). No, no, sora Assunta! Dicono che non è bene tagliare i capelli agli ammalati.

ASSUNTA. Eh, che diavolo!

GIUSEPPINA. Sì... Dicono che la testa se ne va via dietro ai capelli...

ASSUNTA. Sciocchezze! La Dorina, mia nipote, che la conoscete tutti, sana e salva, non se n'è tagliati tante volte, per guarire dal brutto male? Anzi la sonnambula le fece trovare al Municipio un orecchino che aveva perso questo carnevale...

MÀLIA (*rassegnata*). Fate come volete... Fate tutti come volete...

ASSUNTA. Qui, che non si vedono... Mi lasci fare... Faccia conto che sieno per l'innamorato...

A Giuseppina:

Le prometto che la sonnambula gliela rimette subito in gamba meglio di lei e di me... O almeno, s'è destinata, non vi rovinate a spendere, tutta la famiglia, e a guastarle lo stomaco con quelle porcherie...

Esce.

SCENA II

Màlia e Giuseppina, indi il Postino, la Signora e Angiolino.

MÀLIA (*dopo qualche istante di silenzio*). Mamma, che ora è?

GIUSEPPINA. Il *Secolo* non l'ho sentito ancora.

MÀLIA. La sora Luisina sarà andata a fare il San Giorgio anche lei.

GIUSEPPINA (*accarezzandola sui capelli*). Quest'altr'anno, se Dio vuole, ci andremo tutti insieme a fare il San Giorgio.

MÀLIA (*chinando il capo due o tre volte dolcemente*). Sì, mamma...

IL POSTINO (*entrando*). Posta!

Lascia lettere e giornali sulla tavola ed esce.

GIUSEPPINA (*distribuendo la posta nelle varie caselle della scansia*). Vuoi vedere le figure dell'*Illustrazione*?

MÀLIA. No, mamma. . Sono stanca.

GIUSEPPINA. Così, stando a sedere. Dicevo per distrarti.

Sfoglia il giornale. Pausa.

MÀLIA (*pensierosa*). Mamma... perchè vuol venire a vedermi lo zio prete?

GIUSEPPINA (*accorata*). Ma per nulla, figliuola mia... Non affliggerti, ora!...

MÀLIA (*rassegnata*). No, mamma... fallo venire, se vuoi...

GIUSEPPINA. C'è tempo... c'è tempo.

Pausa.

MÀLIA (*inquieta*). Mamma, va a vedere che ora è.

GIUSEPPINA. Adesso vado.

Vedendo entrare la Signora.

La Signora.

LA SIGNORA (*facendo capolino dall'uscio*). E così, come va questa ragazza?

GIUSEPPINA. Come Dio vuole, signora mia! Eccola lì.

MÀLIA. Riverisco, sora padrona!

LA SIGNORA. Buona sera, cara! C'è stato oggi il medico?

GIUSEPPINA. Sissignora, è venuto adesso. Dice sempre le stesse cose. Che posso farci, Madonna santa?... Di lassù deve venire il miracolo!

LA SIGNORA. Sì, sì, poveretta. Buona sera.
MÀLIA. Grazie, signora. Buona sera.

La Signora esce.

GIUSEPPINA (*teneramente*). Vedi, vedi, lo dicono tutti che il Signore farà il miracolo.
MÀLIA. Sì, mamma.
GIUSEPPINA. Hai bisogno di niente ora?
MÀLIA. No... di niente.
GIUSEPPINA. Allora vado.

Vedendo entrare Angiolino.

Vado a vedere un momento, mentre c'è qui il sor Angiolino.

Esce.

ANGIOLINO. Buona sera. Come va adesso?
MÀLIA. Bene. Grazie, sor Angiolino.
ANGIOLINO. La cera non c'è malaccio. Tanto meglio. L'Assunta è andata per lei dalla sonnambula.
MÀLIA. Sì, Dio gliene renda merito.
ANGIOLINO. Niente, niente. Lei si merita questo e altro.
MÀLIA. Dio glielo renda... di tante gentilezze... a tutti loro del vicinato...
ANGIOLINO. Lo sa! lo sa che le vogliono tutti bene nel vicinato! Magari Assunta le portasse una buona notizia, adesso!
MÀLIA. La Madonna farà il miracolo.
ANGIOLINO. Sì, poveretta. Il Purgatorio l'ha avuto qui, lei!

A Giuseppina che rientra:

Diceva, sora Giuseppina, magari la sonnambula mandasse una buona risposta!
GIUSEPPINA. Magari!
ANGIOLINO. Se ne son viste tante! Lei è giovine e guarirà. Mangiare, bere e stare allegri: ecco quel che ci vuole! Scappo perchè ho da fare. Riverisco.
MÀLIA. Riverisco, sor Angiolino.
GIUSEPPINA. Buona sera, buona sera.

Angiolino esce. Màlia s'asciuga gli occhi col fazzoletto.

GIUSEPPINA. Perchè piangi adesso, sciocca?
MÀLIA. Niente, mamma... Sono contenta anzi... Perchè

vedo che mi vogliono bene... Ora che son tanto malata tutti quanti mi vogliono bene.

GIUSEPPINA. Sì, cara! sì!

MÀLIA (*accorata*). Ma guarirò, è vero?... È vero, mamma, che guarirò?... Non sto tanto male poi, è vero?

GIUSEPPINA. No! Ma no!

MÀLIA (*accennando del capo affettuosamente, con un sorriso dolce e triste*). Anch'io vi voglio bene!... A tutti quanti vi voglio bene!...

GIUSEPPINA. Sta quieta ora, che il dottore ha detto di non pensare a nulla.

MÀLIA. Come posso fare, mamma?

GIUSEPPINA. E tu fallo!

Pausa. Giuseppina prepara la minestra al caminetto.

MÀLIA. Mamma, il babbo starà ancora molto a tornare?

GIUSEPPINA. No, no... anche lui!... Chetati ora!

MÀLIA. Non gli dir nulla... Ha tanti dispiaceri qui!... Sta fuori per questo, che non ci regge, poveretto!... Tu no, mamma!

Sorridendole dolce e triste:

Tu ci sei avvezza, a tribolare!... In causa mia, anche, povera mamma!...

GIUSEPPINA (*colle lagrime agli occhi*). Guarda ora che mi fai andare in collera!

MÀLIA. No... Sto zitta!

Pausa.

MÀLIA. Mamma, il riso l'hai messo a bollire?

GIUSEPPINA. Sì, sì, l'ho messo.

MÀLIA. Io non posso aiutarti, vedi...

GIUSEPPINA. Quest'altra adesso!

MÀLIA. Dico perchè quando sarò guarita voglio far tutto io in casa, e tu ti riposerai, povera mamma!

GIUSEPPINA. Sì, figliuola mia.

MÀLIA (*sorridendo dolcemente, quasi sottovoce*). Voglio star sempre in casa... Con te e col babbo... sempre!... capisci?... finchè sarò vecchia...

GIUSEPPINA. Sì, sì, sta quieta.

MÀLIA (*chinando il capo, con verecondia*). Capisci... Non vi lascerò mai... Non mi mariterò...

GIUSEPPINA. Oh Signore! che discorsi!... apposta per tormentarti!...

MÀLIA. No... non mi tormento.

Pausa.

MÀLIA (*scoppiando a piangere*). Mamma, quando non ci sarò più, e non mi vedrai più qui, come farai tutta sola?

GIUSEPPINA (*scoppiando in lagrime anche lei*) Ah! senti, Màlia!...

MÀLIA (*stringendole la mano, e tenendosela vicina*). No, mamma. Sto quieta, guarda!

Pausa.

MÀLIA. La Gilda ha mandato oggi a vedere come stavo?

GIUSEPPINA (*afflitta*). Sì, poveretta. Ha mandato del denaro anche.

MÀLIA. Perchè non me la fate vedere mia sorella?

GIUSEPPINA (*sospirando*). Ah, Signore! se stesse in me!...

MÀLIA (*supplichevole*). Bisogna perdonarle...

GIUSEPPINA (*piangendo*). Sì... quanto a me le ho perdonato... Ne ho troppi dispiaceri!...

MÀLIA. Glielo dirò io al babbo... quando starò un po' meglio... Allora sarà contento, pover'uomo, e mi farà la grazia!...

GIUSEPPINA (*abbracciandola*). Cara! cara!... Un vero angioletto sei!...

MÀLIA (*scostandola, alterandosi maggiormente in viso*). No, no così... Mi manca il fiato...

Dopo un momento d'esitazione.

E il sor Carlini non s'è fatto vedere oggi, mamma?

GIUSEPPINA. È andato in campagna cogli amici, a fare il San Giorgio.

MÀLIA (*sorridendo dolcemente*). Se guarisco, quest'altro anno andremo tutti insieme a fare il San Giorgio. Non è vero?

GIUSEPPINA. Sì, figliuola cara!

MÀLIA. E il sor Carlini anche lui...

GIUSEPPINA. Sì, sì, anche lui.

Vedendo entrare Don Gerolamo.

Oh, ecco qui tuo zio! Riverisco, Don Gerolamo.

Màlia sbigottisce e si scompone in viso.

SCENA III

Don Gerolamo e dette.

DON GEROLAMO. Buona sera, buona sera. E così? Come va questa figliuola?

GIUSEPPINA. Come Dio vuole. Vede, poveretta!...

DON GEROLAMO. Ho sentito che stava poco bene, e son venuto apposta.

MÀLIA. Mamma, perchè piangi?

DON GEROLAMO (*a Giuseppina*). Perchè piangi, sciocca? Vedi che tua figlia ha più giudizio di te? Bisogna fare la volontà di Dio, e pigliarsela in santa pace. Sentiamo, cos'ha detto il medico?

GIUSEPPINA. Tutti impostori, cugino mio! È un pezzo che va e viene senza concludere nulla!

DON GEROLAMO. Il vero medico è lassù, il medico per l'anima e pel corpo. Lasciate fare a Lui, che sa quello che fa.

GIUSEPPINA. Oh, Don Gerolamo, come parla bene!

DON GEROLAMO. E quell'altra disgraziata, ch'è anch'essa sangue vostro?

GIUSEPPINA. Ah, poveretta me! Che spina, che crepacuore anche quell'altra!

DON GEROLAMO. Sicuro! sicuro! Quando la incontro mi sento il rossore al viso... Vesti di seta, penne sul cappello, scarrozzate come una signora... Insomma un disonore per tutto il parentato! Suo padre che non ci pensa?

GIUSEPPINA. Non vuole più vederla. Non vuole che se ne parli... Come se fosse morta, vede!

DON GEROLAMO. Avrebbe fatto meglio ad aprir gli occhi prima!

GIUSEPPINA. Sì, Don Gerolamo! Quello che gli dicevo!...

DON GEROLAMO. Anche lui non le ha dato il buon esempio! Sempre quel viziaccio, eh! Basta, che il Signore gli tocchi il cuore a tutt'e due!

GIUSEPPINA. Il cuore l'ha buono, povera Gilda!... Ci ha soccorso quanto ha potuto, durante la malattia di sua sorella...

MÀLIA. Mamma, vorrei parlare da sola a solo allo zio prete... No, mamma! non piangere di nuovo!

GIUSEPPINA (*col grembiule agli occhi*). No, no... vado qui un momento, sulla porta... Vedi, non piango...

Esce.

DON GEROLAMO. Brava! brava! Tu sei stata sempre una buona figliuola. Il Signore può farti la grazia di guarire, ma è sempre meglio trovarsi pronti a fare il suo volere. Tutti possiamo morire da un momento all'altro.

MÀLIA. Sissignore...

DON GEROLAMO. Ora di', che sto ad ascoltarti.

MÀLIA. Sissignore... sì...

DON GEROLAMO. Cos'hai da confessare?

MÀLIA. Non so... Non so come dire...

DON GEROLAMO. Vediamo, vediamo. Cosa ti sta sulla coscienza? Qualche mancanza verso i genitori o verso il prossimo? Qualche peccatuccio di gioventù?...

MÀLIA. Sissignore... Ho un cruccio qui... sul cuore... che mi pesa... e non so come dirlo...

DON GEROLAMO. Dio t'ascolta ed è misericordioso, figliuola mia. Diglielo a Lui e domandagli perdono.

MÀLIA. Sì, gli domando perdono... di tutto cuore!...

DON GEROLAMO. Bene. Ora di' cosa è stato?

MÀLIA (*smorta e affilandosi in viso*) C'era un giovane... che gli volevo bene...

DON GEROLAMO. Questo non è peccato, se c'era la volontà di Dio e dei genitori.

MÀLIA. Nossignore... non sapevano nulla... Egli lavorava nel magazzino, qui in corte... E così, vedendolo ogni giorno... Poi quando m'ammalai la prima volta, prese a venire anche la sera... Lì, dov'è adesso vossignoria...

Tace un istante soffocata dalla commozione.

Veniva a leggere il giornale... o portava qualche regaluccio... e si stava chiacchierando tutti insieme, colla mamma e la Gilda, quand'essa tornava dalla maestra...

Tace un istante, sopraffatta dalla commozione.

DON GEROLAMO. Bene, avanti.

MÀLIA (*quasi le mancasse il fiato, e facendo un gesto vago*). Aspetti un momento... Scusi...

DON GEROLAMO. Povera figliuola!... Su, coraggio!...

MÀLIA. Sissignore... Allora... allora lui vedendo la Gilda ch'è bella e sana...

Accennando col capo e guardando il prete cogli occhi lucenti di lagrime e un nodo alla gola.

Capisce?... Capisce, vossignoria?

DON GEROLAMO (*scrollando la testa*). Sì, figliuola! Sì!

MÀLIA. Il Signore mi perdonerà, è vero, se non ho potuto rassegnarmi subito a fare il suo volere... se non ho potuto togliermelo dal capo, quel giovane?

DON GEROLAMO. Ah, poveretta, ancora?

Màlia chiude gli occhi e accenna di sì.

Bisogna distaccarsi da ogni cosa quaggiù, figliuola mia, se Lui vuol farti la grazia di chiamarti in Paradiso.

MÀLIA (*rassegnata, colle mani in croce*). Sissignore... Farò il possibile...

DON GEROLAMO. È tutto qui? Non c'è altro?

MÀLIA. Nossignore... No...

DON GEROLAMO. Bene, bene. Sta su allegra che Dio ti perdona, come io ti assolvo e benedico.

Posandole la mano sul capo. Indi chiama.

Giuseppina?

Giuseppina entra asciugandosi gli occhi.

MÀLIA (*sorridendo dolcemente*). Vedi, mamma?... non è nulla!...

GIUSEPPINA (*abbracciandola teneramente*). Figlia! Figlia mia! Di', ora come ti senti?

MÀLIA. Bene, mamma. Mi sento bene.

DON GEROLAMO (*accomiatandosi*). Che il Signore vi assista!

A Giuseppina che l'accompagna verso l'uscio, piano:

È un angioletto, poverina!... Ma voi avreste dovuto tenere gli occhi aperti... con due ragazze in casa...

GIUSEPPINA. O Madonna!... Come ho da fare?...

DON GEROLAMO. Basta. basta. Se mai, Dio non voglia, al funerale penso io. Mandatemi a chiamare in parrocchia, all'occorrenza...

SCENA IV

Battista e detti.

BATTISTA (*col berretto in testa, in tono burbero, al prete*). Riverisco!

DON GEROLAMO. Buona sera, Battista.

BATTISTA (*come sopra*). Riverisco!

Don Gerolamo esce.

Cosa viene qui a fare costui?

MÀLIA. Babbo...

GIUSEPPINA. È venuto così... trovandosi a passare...

BATTISTA. Alla larga! Gente che porta la jettatura! Non voglio che le portino la jettatura alla mia figliuola!

Chinandosi ad accarezzare Màlia e pigliandole il mento fra le dita.

Cara! Come va adesso?

MÀLIA. No, babbo... Non mi sento bene...

GIUSEPPINA. Don Gerolamo è venuto per lei... sapendola così malata!...

BATTISTA (*amareggiato, sbuffando e volgendo loro le spalle*). Bella risorsa! Bell'aiuto avere il parente prete! Mesi e mesi che siamo nei guai, e non è venuto una volta a dirci crepa!

MÀLIA. No, babbo! non parlar così!...

GIUSEPPINA. Vedi, la tua figliuola che non sta mica bene!

BATTISTA. No! no! Non mi fate venire la bocca amara adesso! Cara la mia figliuola! È qui il tuo babbo, sai! Non dubitare!... Quell'altro impostore del medico va e viene e non conclude nulla!... È buono soltanto a spillarci i denari, lui!... Lui e lo speziale!... Peggio di due mignatte! Dà retta al tuo babbo che ti vuol tanto bene! Non sei ancora confinata in un letto, grazie a Dio... Guarirai, te lo dico io!

MÀLIA. No... non mi sento bene, babbo!...

BATTISTA. Guarirai! guarirai! Dà retta a me! Sei giovane, e ti rimetterai in gambe. Il peggio è per noi vecchi, che in gambe non ci siamo più. Ora viene l'estate, e guarirai!

MÀLIA. Davvero, babbo?

BATTISTA. Te lo dico io! Per vederti guarita mi farei in quattro, guarda!... Senti, quelli che tornano dalla scampagnata!...

GIUSEPPINA. No, no, è la sora Assunta.

SCENA V

Assunta e detti.

Assunta (*entrando frettolosa con una boccetta in mano*). Allegri! allegri! Ve l'avevo detto!

Giuseppina. Oh Signore! Cos'ha risposto?

Assunta (*ancora tutta scalmanata*). Ha detto così, che non è nulla... Che sta benone e guarirà fra pochi giorni, con due cucchiaiate di quest'affare rosso qui, una la mattina e una la sera... Il male viene da debolezza e languori di stomaco. Come chi dicesse un sacco vuoto che non può reggersi in piedi. Quando si sarà rinforzata poi, starà meglio di voi e di me.

Màlia. Oh mamma!

Giuseppina. Il Signore l'ascolti, quella buona donna!

Battista. Ma che roba è? Qualche altra porcheria?...

Assunta. Porcheria?... Il *tocca e sana*, caro lei!

Battista. Il *tocca e sana*! il *tocca e sana!* Ce n'ho un comò pieno lì!... Tutte storie, imposture!

Assunta. Storie? Son storie che conta la sonnambula? Per tre lire che spendete!...

Battista. Non so... Io tre lire le spendo volentieri, se fosse vero, per la mia figliuola. Mi leverei il pane di bocca addirittura!

A Giuseppina:

Ma i denari dove li hai presi?

Giuseppina. I denari li avevo.

Battista. Allora, quando ti ho chiesto tre soldi per la pipa, perchè mi hai detto che non ne avevi?

Giuseppina. Me li ha mandati poi la Provvidenza.

Battista. La Provvidenza?... La Provvidenza che manda soldi?

Assunta. Insomma, i denari li ha avuti da chi poteva darglieli. E ora le dico ch'è tempo di finirla, e che la Gilda ha mandato a dire che vuol vedere sua sorella.

Màlia (*supplichevole*). Sì, babbo!

Battista. Io?... La Gilda?... Io non ho più figlia!...

Màlia (*c. s., colle lagrime agli occhi*). Sì, babbo! sì!

Battista (*accalorandosi*). Io non ho più figlia! È morta e seppellita! Ci ho fatto su la croce!

Gesticolando e facendo la croce in terra

Ingrata! Io di figlie ci ho questa sola qui!

Abbracciando Màlia.

Non ne ho altre!

Piange.

ASSUNTA. Vede? Vede che il cuore le dice di finirla?

BATTISTA. Perchè mi vede angustiato? Perchè vede che infine il sangue non è acqua? No! no!... Ingrata!... Ecco come ci ha lasciati!... soli a tribolare con questa poveretta!... Mi vergogno anche ad uscire di casa... a trovarmi cogli amici dal Brusetti...

MÀLIA. Oh, babbo!

ASSUNTA (*piano a Màlia*). Stia cheta, stia cheta, lo lasci cantare.

BATTISTA (*sbuffando e andando su e giù per la stanza*). No! Non sono di quelli che chiudono gli occhi! Sono un povero diavolo, ma il mio onore non lo voglio toccato!

ASSUNTA. Eh, caro lei, chi glielo tocca?

Piano a Giuseppina che piange in silenzio:

La sua Gilda è qui vicino, dal sor Ambrogio, e aspetta che la chiami. Ora gliela faremo in barba a lui!

SCENA VI

Carlini, la sora Luisina e detti.

CARLINI (*entrando gaiamente*). Ehi, sora Màlia! San Giorgio anche per lei!

Dandole delle arance.

Prenda, prenda pure senza cerimonie...

MÀLIA (*tutta contenta, animandosi in viso*). Oh!... Oh!...

BATTISTA. Beati voi!

LUISINA. Buona sera, buona sera.

GIUSEPPINA. Ben tornati!

MÀLIA. Oh sor Carlini!... Grazie!... grazie tante!... Che bei fiori!

Accennando ad un mazzolino che Carlini ha all'occhiello.

CARLINI. Vuole anche questi? Ecco.

Si toglie il mazzolino dal petto e glielo dà.

MÀLIA (*volgendosi alla madre, giuliva*). Mamma, guarda!

LUISINA (*dando anche lei delle arance a Giuseppina*). Aranci di Palermo; li abbiamo comperati apposta.

MÀLIA (*con dolcezza vereconda*). Si rammenta, sor Carlini, che anche allora mi regalava dei fiori... quando stavo un po' meglio?... È un buon augurio...

CARLINI. Sì, di tutto cuore!

MÀLIA. Questi ora li metto nell'acqua... se no muoiono, è vero? Mamma, dà qua il bicchiere.

GIUSEPPINA (*cercando sul comò un bicchiere vuoto*). Quante gentilezze, sor Carlini!

CARLINI. La bella scampagnata eh, sora Luisina?

A Màlia:

Se ci fosse stata anche lei!...

MÀLIA. Io?... Cosa vuole...

LUISINA. Siamo stati proprio bene. Risotto, manzo a lesso, il fritto, un vino sincero che andava bene... Doveva venire almeno il sor Battista.

BATTISTA. Eh, cara lei! Ci ho altro pel capo adesso!

ASSUNTA. Passerà, passerà, vedranno!

CARLINI (*ridendo e cavando di tasca un'arancia per l'Assunta*). Brava. Ecco anche a lei... per la buona parola...

ASSUNTA (*ridendo*). Mi piace il sor Carlini, perchè sa pigliarsela colle donne, e non viene mai con le mani vuote.

CARLINI (*ridendo*). Dice davvero che le piaccio? Ah, se avesse vent'anni meno!

ASSUNTA. Lo sappiamo, lo sappiamo ch'è anche un mostro, un donnaiolo!

CARLINI (*rabbuiandosi*). No, no!... Sono stato scottato!... Come va oggi, sora Màlia?

MÀLIA. Bene, grazie, sor Carlini!

LUISINA. Poveretta! Tanto tempo che non piglia una boccata d'aria! Ma ora torna la bella stagione!

Volgendosi agli altri.

Avete visto che bel sole?

MÀLIA (*con un sorriso triste, guardando la finestra*). Sì...

BATTISTA. Quello che le dico sempre! La tormentano in mille modi. Chi dice bianco e chi dice nero. Come può ripigliare fiato?... Ci tormentano tutti quanti!

LUISINA. Poveretti! Ne avete viste!

BATTISTA. Tante! Ne ho il cuore pieno.

ASSUNTA. Ora è finita. Ci si è messa la sonnambula!

GIUSEPPINA. Magari, Madonna santa!

ASSUNTA. Ve lo dico io! Vuoteremo presto una bella bottiglia alla sua salute!

LUISINA (*accomiatandosi*). Allora buona sera! Vado a prendere il mio uomo, qui, dal Brusetti.

ASSUNTA. Venga anche lei, sor Battista, un momento. Andiamo a bere alla salute della sua figliuola.

BATTISTA. Mi lasci stare. Non ne ho voglia adesso.

GIUSEPPINA. No, no, lo lasci stare.

ASSUNTA (*piano a Giuseppina*). Ve lo levo dai piedi, e così vado a chiamare la sua Gilda.

A Battista:

Venga! venga! Non si faccia pregare per fare un brindisi alla salute della sua figliuola.

BATTISTA. Cara! S'è per la mia figliuola, non so che dire... E tratto io! A condizione che pago io per tutti!

Piano a Giuseppina:

Dammi qualche soldo.

GIUSEPPINA. Ma...

BATTISTA. Vuoi dirmi ancora che non ne hai?

Giuseppina gli dà i denari.

Venga anche lei, sor Carlini.

CARLINI. No, grazie, ne ho abbastanza. Faccio un po' di compagnia alle sue donne piuttosto.

BATTISTA. Bene, bene. Torno subito.

Esce con Luisina.

ASSUNTA (*a Giuseppina e Màlia piano*). Aspetti un momento. Torno subito.

Esce.

SCENA VII

Carlini, Màlia e Giuseppina.

MÀLIA. Come è buono lei, sor Carlini, a restare qui solo con noi!...

CARLINI. Niente, niente. Lo fo volentieri. Sono un po' stracco anche, ma ci siamo divertiti. Peccato che non abbia potuto venire anche lei coi suoi genitori!

MÀLIA. Quest'altro anno, se guarisco, la mamma dice che andremo tutti insieme...

GIUSEPPINA. Sì, sì.

MÀLIA. Sarà contento anche lei, sor Carlini, che vi andremo tutti insieme?

CARLINI. Contento, contentissimo. Lo sanno che sono contento di star con loro! Ho avuto dei dispiaceri... dei crepacuori anche!... Ma pazienza! Qui almeno c'è gente che mi vuol bene!

GIUSEPPINA. Perchè se lo merita!

CARLINI. E anch'io, sa! Vede questa poveretta? Mi piglierei il suo male per vederla guarita.

MÀLIA. Oh, sor Carlini!...

CARLINI. No, no, me lo lasci dire.

MÀLIA. Dio glielo renda!... come lei desidera!...

CARLINI (*accorato, scrollando le spalle*). Ma che! Ma che!...

GIUSEPPINA (*a Màlia*). E tu calmati. Non ti stancare.

MÀLIA. No, mamma... lasciami parlare... Mi fa bene anzi... Ora ch'è qui il sor Carlini...

CARLINI. Sì, sì, la lasci dire.

MÀLIA (*a Carlini timidamente dopo aver esitato un istante*). Oggi, sa... c'è stato lo zio prete...

CARLINI. Oh, perchè?

MÀLIA. ...Perchè... dice... possiamo tutti morire da un momento all'altro...

CARLINI. Non dia retta. Dicono sempre così. Ma lei guarirà. Creda a me che guarirà!

GIUSEPPINA. Dio l'ascolti, sor Carlini! Non le pare? Da un po' in qua essa ha miglior cera!...

CARLINI. È vero... è vero...

GIUSEPPINA (*a Màlia*). Vedi? Lo dicono tutti. Sta su allegra dunque! Non ti angustiare!

MÀLIA. Sì, mamma.

GIUSEPPINA (*a Carlini*). Mentre c'è lei che le fa un po' di compagnia, vado un momento sulla porta a prendere una boccata d'aria.

MÀLIA. Povera mamma!

GIUSEPPINA (*piano a Màlia*). No, vado a vedere se arriva la Gilda. Ho paura che la sora Assunta mi faccia qualche pasticcio con quel benedett'uomo di tuo padre.

A Carlini:

Con permesso.

Esce.

SCENA VIII

Màlia e Carlini.

Màlia (*timida e imbarazzata*). Davvero?... non s'annoia a stare con una povera malata?

Carlini. Che dice mai? Sa che ci sto tanto volentieri con lei.

Màlia (*quasi colle lagrime agli occhi*). La ringrazio!... Di tutto cuore la ringrazio, sa!...

Carlini. Ma di che?

Màlia. Niente... La ringrazio... Mi lasci ringraziarla...

Carlini (*sospirando e accennando col dito*). Il cuore ce l'ha almeno lei... lì!

Màlia (*con un sorriso triste*). Dicono ch'è tanto malato anche!

Carlini (*alzando le spalle*). Li lasci dire... Non sanno quel che si dicano, alle volte.

Màlia. Mi rincrescerebbe tanto... di morire adesso!...

Carlini. Ma cosa le viene in mente ora?

Màlia (*con le lagrime che le fanno nodo alla gola*). E anche a lei gli rincrescerebbe... è vero?

Carlini. Non parli così, o me ne vado!

Màlia (*pigliandogli la mano, affettuosamente*). No, sono contenta anzi!... Tanto contenta!...

Carlini. Bene, bene, così!

Màlia (*dopo un breve silenzio, timidamente, chinando il capo*). Lo zio prete dice che devo togliermi dal capo ogni cosa...

Carlini. Chiacchiere! Lo lasci dire anche lui. A me invece il cuore dice che guarirà presto. Ne ha avuto abbastanza lei pure!

Màlia. Sì, sì!...

Carlini. Ne ha passati dei guai! E anche i suoi genitori, poveretti! Tanti dispiaceri che sono piovuti in questa casa!

Màlia. Oh!... tanti!

Carlini. Prima la sua malattia, poi la storia di sua sorella!... Si rammenta, eh, che colpo!

Màlia. Povera Gilda!

Carlini. Che le mancava qui, in casa sua? Tutti che le volevano bene!... tanto bene!... Ah, sora Màlia, quel tiro che m'ha fatto non posso mandarlo giù!... O cos'ha?

MÀLIA (*scomponendosi sempre più in viso*). Nulla...

CARLINI. Dopo tanto che le volevo bene!... E anch'essa diceva... Diceva, almeno!... Chi lo sa poi?... Essa era in giro per Milano tutto il giorno, ed io qui a lavorare nel magazzino... Lavoravo contento, pensando... Ecco, stasera poi la vedo!... Si stava felici e contenti tutti... Si rammenta?

MÀLIA. ... Sì, mi rammento...

CARLINI. Ah! sua sorella non ha il cuore che ha lei, sora Màlia! Siete nate tutte e due dalla stessa madre, ma il cuore che ha lei, sua sorella non ce l'ha!... Mi struggevo per lei, mi sarei cavato il sangue dalle vene per farla contenta... Ma essa, via!... per un nastro, per un vestito nuovo, per un altro che sapesse abbindolarla meglio di me colle belle paroline... Come un Giuda mi ha tradito!

MÀLIA (*abbattuta e sfigurata in viso*). Basta! basta!

CARLINI. No! Mi lasci sfogare! Lei è buona e sa compatirmi. Ne ho inghiottito tanto dell'amaro! Ne ho il cuore grosso così!... Ho bisogno d'alleggerirmi il cuore... Adesso che le parlo, vede, mi sembra di spiattellare il fatto mio a sua sorella! Era proprio qui... vicino a lei!... Qui l'ho persa la mia bella pace! L'ho avuto qui il boccone amaro!... Ma cos'ha? Le vien male?

MÀLIA. No... no... senta!...

CARLINI. Scusi, scusi tanto, sora Màlia! Lei mi compatisce e sa quel che voglio dire!...

Vedendo il pallore della Màlia, che s'abbandona sui guanciali.

Ma ohi? Che succede? Chiamo la sua mamma?

SCENA IX

Assunta, poi Gilda, Giuseppina e detti.

ASSUNTA (*entrando vivamente*). È qui! è qui!

GILDA (*correndo ad abbracciare la Màlia*). Màlia! Màlia!

MÀLIA (*tra le braccia della sorella, balbettando e piangendo di gioia*). Ah!... ah!...

GIUSEPPINA (*col grembiule agli occhi*). Signore benedetto!

ASSUNTA. Ve l'avevo detto che gliela facevo in barba!

GILDA (*a Màlia*). Oh! Come sei ridotta, poverina!

GIUSEPPINA. Adesso sta un po' meglio. Se l'avessi vista! È un pezzo che il medico va e viene...

ASSUNTA. Non è nulla, non è nulla! Sono stata a consultare la sonnambula e dice che non è nulla.

GIUSEPPINA (*a Gilda*). Vedi, il sor Carlini...

GILDA. Buona sera, sor Carlini.

CARLINI (*che è rimasto imbarazzato, un po' in disparte*). Riverisco... Buona sera...

MÀLIA (*colla voce rotta*). Oh Gilda!... Come sono contenta ora!...

ASSUNTA. Io vado sulla porta, perchè non vorrei che arrivasse quel guastamestieri del sor Battista. Se mai lo terrò a bada, e voialtri, appena mi sentite parlar forte, scappate sotto il portico.

GIUSEPPINA. Va bene, va bene. Intanto bado al desinare.

SCENA X

Giuseppina presso il caminetto, Gilda e Carlini accanto alla Màlia.

MÀLIA (*come sopra, tenendo Gilda per mano*). Mamma!... Eccola qui, infine!

GILDA. Come sei pallida!... Che viso hai!...

MÀLIA. Il vederti!... Tanto tempo senza!...

GIUSEPPINA. Sì, sì, non ti stancare.

GILDA. Non ti stancare. Noi staremo qui, vicino a te; ma tu sta cheta.

MÀLIA. Bene... Sta qui...

GILDA. Sì, sono qui... Verrò anche domani...

MÀLIA. Domani?... Chissà!... Non lasciarla sola la mamma...

CARLINI. Stia tranquilla, sora Màlia. Siamo tutti qui, vede?

GIUSEPPINA (*alla Gilda*). Vedi che buon amico il sor Carlini!

GILDA. Sì, lo so.

CARLINI. No, non ho fatto niente. Loro si meriterebbero questo e altro. Per loro mi butterei nel fuoco.

MÀLIA. Grazie!... grazie!... Non so dirle altro...

CARLINI. Quando la gente se lo merita!... Bisognerebbe esser senza cuore a piantarli nei guai... E un po' di quella roba in petto ce l'ho anch'io!... Bene o male ce l'ho anch'io!...

Vedendo che la Gilda non gli dà retta.

E lei è stata sempre bene, sora Gilda?

GILDA. Sì, grazie. E lei?

CARLINI. Io? Come vuole... Come un povero diavolo... Come uno che non importa... Non importa a nessuno...

GIUSEPPINA. Oh! Che dice mai?

CARLINI. Eh! So quel che dico!... Chi vuole che gliene importi?

Alla Gilda:

Lei però è sempre bella e fresca come una rosa!

GILDA. Eh, caro lei!...

CARLINI. Sì, sì, dico quel che penso... Parliamo spesso di lei qui, con sua sorella e la sua mamma... Non è vero, sora Giuseppina?

GILDA. Bontà sua. Non me lo merito.

CARLINI. Già!... Il cuore non si cambia da un momento all'altro... Vengono le amarezze, vengono i dispiaceri, ma il cuore è sempre quello!...

GILDA. Dispiaceri ne abbiamo tutti.

CARLINI. Che dispiaceri vuole aver lei? Lei bella, lei senza fastidii, lei portata in palma di mano!...

GILDA. Lasciamo stare questi discorsi.

CARLINI. Come? Non è contenta?

GILDA. Sì... Lasciamo stare.

MÀLIA. Mamma, vuoi darmi la medicina della sonnambula?

CARLINI (*premuroso*). A me, a me! Dieno qui il bicchiere.

GIUSEPPINA. Ci ho messo i fiori adesso.

MÀLIA. Portali qua, mamma... Voglio darli alla Gilda...

GILDA. No, non privartene, poverina.

MÀLIA (*dandole i fiori*). Prendili... Me li ha dati lui...

CARLINI. Son poca cosa... Non son degni... Lei ne avrà avuti tanti di più belli, lo so...

GILDA. Non volevo dir questo... anzi, la ringrazio tanto.

CARLINI. Ognuno dà quello che ha... Quando si dà con tutto il cuore, basta.

GIUSEPPINA (*a Màlia dandole la medicina*). Ecco la medicina... Non la vuoi più adesso?

MÀLIA (*sempre più abbattuta*). Non so... Sollevami il capo, mamma...

CARLINI (*affrettandosi ad aiutarla*). Ecco, ecco!

MÀLIA (*respingendolo colle mani tremanti*). No!... Lei, no!...

GIUSEPPINA. Perchè, poveretto? è così buono!

Màlia scuote il capo dolorosamente, e lo china sul petto, mentre delle lagrime le scendono giù per le guance.

CARLINI (*chino su di lei*). Dica, la vuole la medicina?

MÀLIA. No... Mi lasci stare...

CARLINI (*a Giuseppina*). S'è stancata troppo. L'avete fatta parlare...

GIUSEPPINA (*a Màlia*). Più tardi eh? Vuoi riposare un momento ora?

Màlia fa cenno di sì, chiudendo gli occhi.

GILDA. Povera Màlia!... Signore Iddio!...

CARLINI. Lei non ha visto niente! Oggi poi è stata una giornataccia!... E anche la sua visita!... Che vuole? È naturale... Mi sono sentito rimescolare io pure, appena l'ho vista entrare...

GILDA. Oh... Non merito tanto...

CARLINI. Che vuol farci, è così... Penso a quei bei tempi che si era tutti qui, felici e contenti... Lei non se ne rammenta neppure forse...

GILDA. Oh!... a che giova ormai?...

CARLINI. Ecco! Non vuol nemmeno sentirne parlare!...

MÀLIA. Basta, basta, per carità!...

GILDA. Basta, sor Carlini!... Vede, quella poveretta!...

Volgendosi alla Màlia che si scompone sempre più in viso, ed è rimasta immobile col capo chino sul petto.

Màlia! Màlia!

Gridando.

Ah, mamma!... la Màlia!

CARLINI (*correndo tutto sossopra*). Presto! presto! La medicina!

GIUSEPPINA (*accorrendo colle mani nei capelli*). Màlia!... Figlia!... Figlia mia!...

TELA

LA LUPA

Scene drammatiche in due atti

Recitata per la prima volta al teatro Gerbino di Torino dagli attori della Compagnia Andò-Leigheb, il 26 gennaio 1896.

PERSONAGGI

La Gnà Pina, detta *La Lupa*, ancora bella e provocante, malgrado i suoi trentacinque anni suonati, col seno fermo da vergine, gli occhi luminosi in fondo alle occhiaie scure, e il bel fiore carnoso della bocca, nel pallore caldo del viso.

Mara, sua figlia, giovanetta delicata e triste - quasi la colpa non sua le pesasse sul capo biondo, e non osasse fissare in viso alla gente i begli occhi timidi.

Nanni Lasca, bel giovane - tenero con le donne, ma più tenero ancora del suo interesse; sobrio e duro al lavoro, come chi mira ad assicurarsi uno stato. - Fronte bassa e stretta, sotto i capelli ruvidi - denti di lupo, e begli occhi di cane da caccia.

Bruno, contadinotto sano ed allegro, che piglia il tempo come viene di lassù, e le ragazze come càpitano nell'aia.

Cardillo, forte e paziente al pari di un bue, di cui ha il pelo fulvo, che sembra mangiargli il volto - ed anche il giudizio.

Neli, giallo e allampanato, rôso dalla malaria, che lo butta stremato in un canto, dopo ogni giornata di lavoro.

Compare Janu, il capoccia - serio e contegnoso come conviene all'età e all'ufficio suo - fedele alle buone usanze antiche sin nel taglio della barba, che porta a guisa di due lasagnette grigie al sommo delle guance. - Sputagrave e sentenzioso meglio di Ponzio Pilato.

La Zia Filomena, vecchietta arzilla e indurita al lavoro. - Parla come un oracolo, e ne sa più del capoccia.

Grazia, ragazza che sembrerebbe un uomo, tanto è piatta e abbronzata, se non fosse il riso delle labbra fresche e degli occhi nerissimi.

Lia, contadina quasi senza età e senza sesso anche lei, sciupata dagli stenti - e sorridendo nonostante alla vita e all'amore.

Malerba, il buffone della compagnia - faccia di scimmia, dal ghigno malizioso.

Nunzio, ragazzo magro e nero come un grillo.

Nel contado di Módica.

ATTO PRIMO

Nell'aia, sull'imbrunire. A destra la capanna dei mietitori, a sinistra una gran bica; mucchi di covoni e di attrezzi rurali sparsi qua e là. In fondo l'ampia distesa della pianura, carica di messe, già velata dalla sera, e il corso del fiume, tra i giunchi e le canne palustri. Si odono passare in lontananza delle voci, delle canzoni stracche, il tintinnio dei campanacci delle mandre che scendono ad abbeverare, e di tanto in tanto l'uggiolare dei cani, sparsi per la campagna, sulla quale scorrono delle folate di scirocco, con un fruscìo largo di biade mature. Negli intervalli di silenzio sembra sorgere e diffondersi il mormorio delle acque e il trillare dei grilli, incessante. La luna incomincia a levarsi, accesa – sbiancandosi man mano, in un alone afoso.

SCENA I

Bruno, Malerba, Neli, Cardillo, Grazia e Lia stanno seduti in crocchio, dopo cena, ascoltando una fiaba che narra la Zia Filomena. - Compare Janu sull'uscio della capanna, fumando. - Nunzio sbocconcella pian piano un tozzo di pan bigio, accoccolato sulle stanghe della treggia, in fondo all'aia.

FILOMENA (*narrando*). La Maga dunque...

CARDILLO (*levando il capo a ogni soffiar di vento*). Sentite che scirocco? Domani si vuol sudare il pane!

FILOMENA (*seccata*). Mi lasciate narrare la fiaba?

CARDILLO (*con una spallucciata*). A voi.

FILOMENA. La Maga dunque se ne stava nel palazzo incantato, tutto d'oro e di pietre preziose, e come passava un viandante, s'affacciava alla finestra per tirarlo in peccato mortale. Giovani e vecchi, vi cascavano tutti!... religiosi anche, e servi di Dio!...

BRUNO (*ridendo*). Bene, bene!

FILOMENA. Voi che cosa avreste fatto? Se vi ho detto che era una Maga!... e di vecchia si faceva giovane!... bianca e rossa come una ragazza di quindici anni!... con due occhi in fronte che erano due stelle!...

MALERBA (*ghignando*). Bene, bene, ditemi dove sta di casa!

FILOMENA. Dove sta? All'inferno! E volete sapere che ne faceva di quei poveri disgraziati, poi? Con un colpo di bacchetta, paff! li mutava in asini o in maiali, con rispetto parlando. Finchè un santo eremita, che venne a saperlo, disse: Qui bisogna che vada io, se no finisce il mondo...

CARDILLO (*colla sua aria bonacciona*). Uno che si pigliava le corna altrui, quel santo eremita, e se le metteva in testa!

MALERBA (*sghignazzando*). Eh! eh! avrà voluto provare anche lui!...

FILOMENA (*scandalizzata*). Così parlate dei santi? Allora non dico più nulla.

MALERBA. Infine non me ne importa. Son storie che si raccontano.

FILOMENA. Storie? Saranno storie! Però accadevano allora, quando c'era il timor di Dio!

BRUNO (*in tono di scherzo*). No, no, ci credo! Quando vi guardo negli occhi, comare Grazia, ci credo alla Maga!

Le scocca un bacio da lontano, colle dita.

JANU (*gravemente, togliendosi la pipa di bocca*). Maga o non Maga, sapete come dice il proverbio? "L'uomo è il fuoco, la donna è la stoppa: viene il diavolo e soffia!".

BRUNO (*alle ragazze, facendo per abbracciarle*). Soffia tu, che soffio io! Ora son io la stoppa, com'è vero Dio!

GRAZIA (*lo respinge ridendo*). Tenetevi le vostre mani, però!

CARDILLO (*col fare di un puledro messo a un tratto in allegria*). È la favola della Maga che ci ha messo il pizzicore addosso! Facciamo quattro salti!

BRUNO (*al ragazzo*). Su, su, Nunzio! Mano alla zampognetta!

NELI (*brontolando*). Quattro salti? Vi ringrazio tanto!... Come se fossi stato a spasso, tutta la giornata!...

JANU. Come se fossi stato a spasso! Te la pago la giornata, sì o no?

NELI. Me la pagate... me la pagate... Ora ho le ossa rotte. Vi ringrazio tanto.

CARDILLO. Non gli badate a quel poltronaccio. Su, Nunzio, suonaci il ballo tondo. Qui non si spende nulla.

BRUNO (*allegro*). Comare Grazia, su!... Gnà Lia! Ora comincia il festino!

Nunzio si alza, cava fuori la zampognetta dalla bisaccia appesa alle stanghe della treggia, e comincia a suonare, dondolandosi goffamente ora su di un piede e ora sull'altro.

Malerba (*a Grazia e Lia*). Ehi, ragazze!... Si fanno pregare anche loro! Benedetta la gnà Pina che porta l'allegria dove va lei!

Sghignazzando

Quella sì che non si fa pregare!

Bruno (*chiamando ad alta voce verso il fondo della scena*). O gnà Pina!... Che diavolo fa sino a quest'ora? Ci voleva tanto a raccogliere quelle quattro spighe?

Torna a chiamare c. s. in tono di scherzo.

O venite qua, gnà Pina bella!

SCENA II

Nanni Lasca, dalla sinistra in fondo, con una forca sulle spalle, e i suddetti.

Nanni (*in tono di scherzo anche lui, ficcando la forca nella bica*). Ohi! non gridare al lupo, se no viene e ti mangia!

Bruno. Ah, che ne hai fatto della gnà Pina?

Nanni. Io? Non ne ho fatto niente. L'ho forse legata alla cintola la gnà Pina?

Cardillo (*col suo riso grossolano*). No. È lei che ti corre dietro le calcagna!

Nanni. Ho altro pel capo adesso! Dopo una giornata di mietere! Vengo da governare le bestie.

Malerba (*chiamando lontano, colle mani alla bocca, in tono di scherzo*). Venite qua dunque, gnà Pina bella!... Gioia mia!...

Janu. Zitto, linguaccia!

Malerba (*sempre in tono di scherzo*). Gioia mia! Gioia vostra! Ce n'è per tutti colla gnà Pina!

Cardillo. Intanto il suono si perde. A noi, zia Filomena!

Comincia per ischerzo a ballare di faccia a lei.

Date voi il buon esempio... Per mostrare a queste ragazze come si faceva ai vostri tempi!

Filomena (*si alza vispa ed allegra*). Ai miei tempi si diceva: "Vile chi si pente!".

Si mette a ballare di contro a Cardillo.

Il buon panno sino alla cimosa!

Continua a ballare dirimpetto a compare Janu, per invitarlo, dopo che Cardillo ha terminato.

Facciamoglielo vedere, compare Janu, il buon panno antico!

JANU. Eh! Panno vecchio ormai!... che volete farci!

GRAZIA (*eccitandolo, con gaiezza*). Vile chi si pente, compare Janu!

JANU (*risolvendosi infine*). E va bene!

Si alza e comincia a dondolarsi goffamente di faccia alla zia Filomena; poi, quando costei torna a sedere, va ad invitare allo stesso modo la Grazia.

Ora a te, che hai la lingua lunga, cutrettola!

Grazia balla con compare Janu, e dopo che costui è tornato a sedere, va ad invitare Bruno come hanno fatto gli altri, ballando di contro a lui.

BRUNO (*saltando in giro allegramente, e facendo scoppiettare le dita*). Ohi! Ohilà!

NANNI (*ridendo*). O Bruno, questo lavoro non te lo paga oggi compare Janu!

BRUNO (*continuando c. s.*). Non me ne importa! Lo fo per amore! Ohilà! ohilà!

Dopo che Grazia è tornata a sedere accanto alla zia Filomena, va ad invitare Lia, sgambettando dinanzi a lei.

Ohilà!

NELI (*brontolando, sdraiato sulla paglia*). Bel gusto!... Divertitevi!

MALERBA (*facendosi avanti e tirando Bruno per un braccio*). A me ora! Un po' per uno!

BRUNO (*svincolandosi*). Va al diavolo! Ohi! Ohilà!

SCENA III

La gnà Pina dal fondo a destra, con un fascio di manipoli sul capo, e i precedenti.

MALERBA (*correndo colle braccia aperte verso la gnà Pina che ha buttato il fascio di spighe in un canto, e s'avanza sorridente, rassettandosi il fazzoletto in capo*). O gnà

Pina!... benedetta! gioia mia!... cuore mio!... Venite qua che vogliamo fare un terremoto!

Pina (*ridendo*). No... Voglio ballare con compare Nanni...

Con civetteria facendo una bella riverenza a Nanni Lasca

se son degna di questo onore...

Malerba (*ironico*). Ah, dev'essere proprio lui? Lo sappiamo che vi piace! Un pezzo che lo sappiamo! Buon pro vi faccia!

Pina (*sdegnosa*). E a voi chi vi parla adesso?

Malerba (*canzonatorio*). Parla a te, Nanni! Non vuoi sentirci di quell'orecchio?

Bruno (*ridendo*). Nanni Lasca non vede e non sente.

Pina (*a Nanni, tra scherzosa e ironica, canticchiando nel passargli accosto*).

« *O voi che avete occhi e non vedete,*
allora di quegli occhi che ne fate? »

Cardillo. Su, su, Nanni!... poltronaccio!

Nanni (*brontolando*). Avete voglia, voialtri! Prima una giornata colla falce in pugno!... E poi pigiarsi le budella anche! Come se v'invitassero a maccheroni e stufato, adesso!

Janu (*ridendo*). Nanni Lasca non fa niente per niente, gnà Pina.

Pina (*a Nanni con civetteria*). E voi sapete che vi dico? *Chi non mi vuole non mi merita.*

Va ad invitare Cardillo e balla con grazia dinanzi a lui, tenendo distese le due cocche del grembiule colla punta delle dita, e piegando il capo sull'omero.

Cardillo (*eccitandosi*). Tanto peggio per Nanni Lasca!... Mi sento diventare un leone con voi!... Fossi anche morto nel cataletto, guardate!

Malerba (*accendendosi anche lui al veder ballare la Pina*). Un po' anche a me, gnà Pina!... Non mi tengono le catene!... Chi non vi vuole non vi merita!... Perdete il ranno ed il sapone con quella bestia di Nanni Lasca!...

Grazia (*ridendo*). Vile chi si pente, compare Nanni!

Nanni (*pigliando fuoco infine lui pure, e risolvendosi ad alzarsi, con un risolino goffo*). Sangue di...! Corpo di...! Se mi pigliate per quel verso! Via, eccomi qua.

Pina. *Chi tardi arriva male alloggia*, compare Nanni!

Gli volta le spalle con una risata, e se ne va a destra colle altre donne.

NANNI (*piccato*). Ora che mi avete scaldato le orecchie? Ora non mi tengo più! Mi sento un Mongibello!

SCENA IV

Mara dal fondo a destra, con un covone di spighe sul capo, e detti.

NANNI (*andando incontro a Mara, che va a deporre il covone accanto a quello di sua madre*). Vostra madre mi ha lasciato nel meglio, gnà Mara! Almeno venite qua voi. Voglio fare il ballo tondo! Voglio sudare una camicia!

MARA (*ravviandosi, in aria timida*). Vi ringrazio, compare Nanni...

NANNI. Non volete neanche voi?... perchè ve lo dico io?

MARA (*sempre più imbarazzata*). No, scusatemi... non ballo.

NANNI. Che avete? le gambe molli? O avete il cuore duro?

MARA (*a capo chino, rossa fino ai capelli*). No... Vi ringrazio anzi... Scusatemi, compare Nanni.

NANNI (*tra piccato e scherzoso*).

« Cuore duro, cuore di sasso!
La voglia in corpo mi lasciate adesso?... »

MALERBA (*canzonatorio a Nanni*). Ma no! ma no! Vuoi che si piglino pei capelli con sua madre?

PINA (*a Malerba, bruscamente*). Finiamola! Lasciate in pace mia figlia!

MALERBA. Chi ve la tocca?

A Nanni dandogli uno spintone per ischerzo.

Lasciala in pace!...

NANNI (*ridendo*). Ah! Si fa questo giuoco, adesso?

Ricambia la spinta a Neli.

A te!

NELI (*che sta per cadere, si rivolta irato*). Eh... Io che c'entro!

Poi si sfoga con Bruno, dandogli un urtone.

Divertitevi tra voi!

BRUNO. Ah sì? Ah sì?

Tenta di abbracciare Grazia.

Ora tocca a voi, bellezza!

GRAZIA (*lo schiva ridendo, e respinge Malerba dall'altra parte*). Non mi piace questo giuoco.

Lia scappa essa pure.

MALERBA (*finge di barcollare, avanzandosi verso la gnà Pina colle braccia aperte*). Allora la gnà Pina, che le piace...

PINA (*respingendolo sdegnosa*). Tenete le mani a casa, voi!

MALERBA (*ironico*). Perchè? Ho le mani sudice forse? Bisogna lavarsi le mani con voi, ora?

PINA. Avete le mani e la lingua, sporche!

MALERBA. Guarda la gnà Pina che patisce il solletico, adesso! Vuol dire che il diavolo si fa eremita, adesso!

PINA. Vuol dire che siete una bestia.

MALERBA (*c. s. sardonico*). Una bestia! Sissignora! Per questo non volete che vi tocchi! Toccala tu, Nanni, che hai le mani pulite!

NANNI (*ridendo*). Non gli date retta, gnà Pina. È il vino che lo fa parlare.

PINA (*accorata*). E voi che vi fa parlare, l'aceto?... che sputate amaro quando vi parlano gli altri?

NANNI. Perchè? Che vi ho detto?

PINA (*tristemente*). Niente... Lasciamo andare...

Cambiando tono, e con dolcezza ancora un po' triste.

Vi avevo portato un pugno di ciliege, lassù dalla vigna... Non importa che sputiate amaro con me... Le ho colte per voi. Le volete?

Gli offre le ciliege raccolte nel grembiule.

NANNI. Sì, vi ringrazio... se volete darmele...

BRUNO. A pigliare è sempre pronto lui!

NANNI. Piglia anche tu... Malerba...

PINA (*buttando per aria le ciliege*). Tutti quanti! pigliate!...

NANNI (*sorpreso*). O bella! perchè?

PINA (*quasi colle lagrime agli occhi, ma contenendosi*). E voi, perchè?

Gli volta le spalle corrucciata.

NELI (*raccattando le ciliege, carponi*). Peccato! la grazia di Dio!

MALERBA (*sbracciandosi a impor silenzio*). Sss! Sss!

JANU. Che c'è?

Si odono uggiolare i cani per la campagna.

MALERBA (*scoppiando in una risata buffa*). Niente. Avete fatto ribellare i cani...

JANU. Ora piglio un pezzo di bastone per te e per loro!

CARDILLO. I cani abbaiano alla luna.

BRUNO. I cani e gl'innamorati.

Rivolto a Grazia, in aria galante.

Vediamo, chi ci avete in testa, voi?

GRAZIA (*schermendosi con civetteria*) Io? Nessuno.

LIA. E neppure io.

MALERBA. O gnà Pina, perchè non parlate voi? L'avete con la luna, che le contate le vostre pene?

NANNI (*canticchiando in tono di scherzo*).

« Chi ha la doglia se la tiene.
Chi sospira è fra le pene. »

PINA (*con una tinta d'amarezza*). La luna c'è per tutti lassù, compare Nanni.

CARDILLO. O gnà Mara, parlate voi almeno! Ditelo voi chi ci avete in testa.

NANNI (*ridendo, a Mara*). Non ballate! non parlate!... Che diavolo avete dunque?

MARA (*senza dar retta*). Mamma, devo andare al fiume per l'acqua?

PINA (*bruscamente*). Va, va!

NANNI. Eh, che male c'è? Avete la roba, grazie a Dio!... e gli anni pure, per maritarsi...

MARA (*voltandogli le spalle*). Io non voglio maritarmi.

Entra nella capanna.

SCENA V

Tutti, meno Mara.

MALERBA (*facendo portavoce delle mani alla bocca, grida dietro a Mara*). Allora badate che ve lo fa vostra madre questo servizio!...

PINA (*irritata*). Voi che c'entrate nei fatti miei?

MALERBA. Dico che siete in gamba, meglio di vostra figlia! E non vi piace la vedovanza... Oh no!

PINA (*minacciosa*). Se ce l'avete con me, e cercate di attaccar briga, guardate che li ho i denti per mordere!

MALERBA. Sì, lo so che ce li avete! Tanto che vi mangiate i cristiani!... pelle e ossa!... soltanto a guardarli, Dio ce ne scampi e liberi!

CARDILLO. Va, va, che ti lasceresti mangiare volentieri anche tu!

MALERBA. E tu? E Nanni Lasca?

Cambiando tono, con sorriso ironico.

Prima lui, che ha le mani pulite! Un pezzo che lo sappiamo!

NANNI (*ridendo*). No, io ho la pelle dura! Non mi lascio mangiare.

PINA (*a Malerba*). E quello che vi fa vostra moglie non lo sapete voi?

MALERBA. Senti la lupa, adesso!

JANU. Finitela! Finitela, voialtri! Si chiacchiera per ridere, per passare il tempo.

NANNI (*accostandosi a Pina, in tono di scherzo*). Che gli fa? che gli fa, la moglie di Malerba?

PINA (*corrucciata*). Niente. E neppure io vi ho fatto niente, a voi che sputate amaro e avete la pelle dura... Ma il cuore l'avete peggio, anche!

NANNI (*le volta le spalle canticchiando*).

« *Cuore duro, cuore tiranno...*

BRUNO (*a Grazia con galanteria*).

« *Mi dice il cuore che tiranna siete,*
o mi scordaste, e che più non mi amate... »

GRAZIA (*risponde sullo stesso tono, sorridendo, ma come parlando alle altre donne*).

« *Non ci credete, no, non ci credete,*
ragazze, alle parole inzuccherate... »

CARDILLO. Bravo! Ora ciascuno deve dir la sua!

NANNI. Comincia tu, Neli.

NELI. Io non so niente.

MALERBA. Aspettate!... la dico io!

FILOMENA. Voi tacete! Ci sono delle ragazze! Le sappiamo le vostre belle canzoni!

BRUNO (*a Lia*). Allora comare Lia!

LIA (*ritrosa*). No, non ne so.

GRAZIA. Neppure io.

CARDILLO. Gnà Pina, voi.

PINA. No, non ho voglia.

GRAZIA. Ne sapete tante!

NANNI. Vuol farsi pregare, adesso!

PINA (*saettandogli una occhiata, e tornando a chinare il capo*). Bene, dirò quella che mi viene in mente.

Dolcemente, quasi parlando fra sè, coi gomiti sui ginocchi e il capo fra le mani.

« *Garofano pomposo, dolce amore,*
dimmelo tu come ti debbo amare!
Tu di nascosto m'hai rubato il cuore,
ed io qui venni se mel vuoi ridare.
E n'ho toccati tanti cuori duri!
Solo il tuo non si lascia intenerire!
Ora men vado a governo d'amore...
Il mio lo lascio a te. Non ti scordare. »

BRUNO. Bene! brava! Guarda come l'ha trovata, quel diavolo di donna!

MALERBA (*a Nanni, in tono canzonatorio*). Ora a te, garofano pomposo!

NANNI (*ridendo goffamente*). No... non ne so di così belle... Sono una bestia.

CARDILLO. Se non rispondi adesso, o sei proprio una bestia, o vuol dire che non ci senti da quell'orecchio.

LIA. Ora vuol farsi pregare lui.

NANNI (*si risolve infine ad alzarsi, mezzo ridendo e mezzo seccato, collo sguardo errante e vago, accompagnando goffamente ogni verso in cadenza col gesto dell'indice teso*).

« *Vedi e taci, se bene aver tu vuoi.*
Porta rispetto al luogo dove stai.
Non fare più di quello che tu puoi.
Pensa la cosa, prima che la fai. »

MALERBA (*a Pina, sghignazzando e forbendosi la bocca col rovescio della mano*). Avete sentito, gnà Pina? Dunque mettetevi il cuore in pace!

PINA (*alzandosi infuriata e buttandogli in faccia una scodella*). Te! senti questa, tu!

MALERBA. Ah! Lupa maledetta! Giuoca colle mani anche!

Fa per slanciarsi su lei.

JANU. Ehi! Ehilà! Basta!

Un tafferuglio: tutti vociano insieme, gli uomini trattenendo Malerba da una parte e le donne la gnà Pina dall'altra.

NELI (*salvandosi dalla ressa*). Finisce sempre così, come all'opera di Pulcinella!

SCENA VI

Mara, accorrendo dalla capanna, e detti.

MARA (*spaventata, quasi piangente*). Mamma! Mamma mia! Che fu?

NANNI (*a Malerba*). Lasciala stare in pace. Sei tu che la stuzzichi ogni momento.

MALERBA (*ancora irritato*). E tu che la difendi!... perchè ti fa gli occhi dolci, la lupa!... buon pro ti faccia!

PINA (*a Malerba mostrandogli il pugno da lontano*). Com'è vero che mi chiamano la Lupa!

JANU (*dando loro sulla voce*). Avete mangiato e bevuto, e ora il vino vi dà alla testa!

Alla gnà Pina:

A voi, scacciamo la tentazione! Andate al fiume per l'acqua, piuttosto! Vi rinfrescherà il sangue.

PINA (*va a prendere la brocca, minacciando sempre Malerba*). M'avessero a sbattezzare, vedi!

MARA. Mamma! mamma! per carità!

La gnà Pina s'avvia colla brocca al fiume dalla sinistra.

MALERBA. Lupaccia maledetta! Se la piglia con questo e con quello perchè non può sfogarsi con Nanni Lasca!

JANU (*spingendolo verso il fondo a destra*). Tu, pensa alle bestie! Vedi se hanno mangiato l'orzo, e dà la paglia fresca, prima di andare a dormire. Hai inteso?

MALERBA (*brontolando, nell'andarsene*). Ho inteso! ho intesol Però fareste meglio non pigliando a giornata di queste Marie Maddalene!... che vengono a seminare zizzania!... e a cercarsi gl'innamorati! E con questo vi lascio! Benedicite e buona sera.

Esce.

NELI (*avviandosi dietro a lui*). Benedicite, benedicite.

NANNI (*a Mara che è rimasta in disparte, asciugandosi gli occhi col grembiule*). Non gli badate, gnà Mara; sapete che è una bestia Malerba.

MARA (*accorata*). Perchè devono pigliarsela sempre con lei? Non hanno altro che fare?

NANNI. Vi dico che è una bestia. Lasciatelo cantare dunque.

MARA (*c. s. e quasi in tono di rimprovero*). Vorrei vedervi voi, se parlassero così di vostra madre!...

NANNI. Ve la pigliate con me adesso?

MARA. No! me la piglio colla mia disgrazia...

NANNI. Bene, ma io non c'entro... e voi non c'entrate nemmeno. Sapete come si dice: dalla spina, nasce la rosa...

MARA (*accennando col capo, amaramente*). Anche voi, adesso!... Sì!... quello che state dicendo!...

NANNI. Che dico di male?

MARA. Niente!... Lasciatemi stare anche voi!

Gli volta le spalle ed entra nella capanna.

NANNI (*stringendosi nelle spalle*). Bene. Non me ne importa.

FILOMENA (*a Grazia e Lia*). Andiamo, andiamo ch'è tardi, e il sole si alza presto, domani.

BRUNO (*fingendo di volere andar colle donne*). Pronto! Eccomi qua!

LIA (*scappa ridendo*). Gesummaria!

GRAZIA (*respingendolo*). Voi dalla vostra parte, tentazione!

FILOMENA (*brandendo una forca*). Vedete? C'è questa per voi.

Entra nella capanna con Grazia e Lia.

JANU (*spingendo Bruno e Cardillo verso il fondo a destra*). A cuccia! via, andiamo!

Bruno e Cardillo escono.

Chi è a guardare le pecore adesso?

NUNZIO (*raccogliendo la sua roba*). Io, vossignoria.

JANU. E perchè sei ancora qui, paneperso? Ti piacciono

le chiacchiere? Bada che se le pecore vengono a farmi del danno nell'aia ti rompo le ossa.

NUNZIO. Come ho da fare a guardarle anche di notte? Non me lo dicono prima se vogliono venire nell'aia.

JANU. Paneperso! Scansafatica!

NUNZIO. Scansafatica!... dite bene vossignoria!...

JANU. Va, va, che se no ti arriva qualche pedata.

NANNI. Va, che qui ci abbado io. Dormo qui al fresco.

Nunzio si allontana dal fondo a sinistra.

JANU. Bene, santanotte. Occhio alla roba dunque.

Esce dalla destra.

NANNI (*disponendo la sua roba per dormire*). Benedicite, benedicite.

Si ode la voce di Nunzio che si allontana cantando.

« Muta è la viaaaa...
È mezzanotte, e ora vo a trovarlaaaa... »

NANNI (*facendo eco alla canzone, mentre accomoda la paglia sotto una bisaccia per sdraiarvisi sopra*).

« La figlia bella dell'anima miaaaa... »

Sedendo sul giaciglio e stirando le braccia.

Ah!... E domani daccapo!

Si ode in fondo, tra i seminati, un fruscìo di foglie secche.

Ehi?... Chi è là?... Bestie feroci, o spiriti maligni?...

SCENA VII

La gnà Pina, dalla sinistra in fondo, recando sul capo la brocca d'acqua, e Nanni.

NANNI. O gnà Pina, siete voi? Che paura mi avete fatto!

PINA (*accigliata, nell'andare a deporre la brocca accanto all'uscio della capanna*). Scherzate sempre, voi! Vi piace burlarvi del prossimo!...

NANNI. Siete ancora in collera? Non ve lo siete rinfrescato il sangue, laggiù al fiume?

PINA (*come risolvendosi, dopo un istante d'esitazione, an-*

dando diritto a lui, risoluta, ma colle braccia cadenti in atto triste e desolato). Perchè ce l'avete con me, compare Nanni? Che vi ho fatto?

NANNI. Io? Perchè?... Che vi ho detto?

PINA (*siede accasciata su di un covone lì presso, quasi parlando fra sè e lamentandosi*). Se ho fatto del male, l'ho fatto a me stessa... Ma a voi non ho fatto nulla. E neanche a quella bestia di Malerba... Allora perchè m'ingiuria e mi carica d'improperi?... in presenza vostra, anche!

NANNI. Malerba scherza sempre. Non ci pensate più. Buonanotte.

PINA. Buonanotte a voi, che potete dormire!

NANNI (*sempre in tono quasi canzonatorio*). E voi, no?

PINA. Io no, compare Nanni. Lo sapete bene!

NANNI. Fatevi cantare la ninna nanna da qualchedun altro allora, e lasciatemi dormire, che ho sonno.

PINA. Benedetto il vostro santo patrono, che vi ha fatto di quella pasta!

NANNI (*ridendo*). O come son fatto?

PINA. Finta che avete occhi e non vedete, finta!

NANNI. No, al buio non ci vedo, gnà Pina.

PINA. S'è buio, tanto meglio!... che le parole non si perdono, al buio!... ma vanno diritte, come escono dal cuore. Le vostre tagliano peggio d'un coltello, compare Nanni!

NANNI. Non le capisco le parabole, gnà Pina.

PINA (*in tono d'amarezza*). Ah! che testa avete voi! E il cuore anche!... duro come un sasso!

NANNI. Non le capisco! non le capisco!

PINA. Non le capite!... E vi lasciate morire la gente dinanzi!... E voi voltate la testa dall'altra parte!...

NANNI. Ohi! ohi! Si parla già di morti e di feriti?

PINA (*dopo un breve silenzio, coi gomiti sui ginocchi e il mento fra le mani, quasi soffocata dalla passione dolorosa*).

> « *Garofano pomposo, dolce amore,*
> *dimmelo tu, come ti debbo amare!...* »

NANNI. Che non ne sapete altra canzone, gnà Pina?

PINA (*asciugandosi gli occhi febbrilmente*). Mi torna in bocca sempre quella... perchè ne ho il cuore pieno!... Finta che non lo sapete, voi! Finta che non mi vedete cuocere a fuoco lento! Mi chiamano la lupa... ma il lupo siete voi che vi lasciate morire la gente dinanzi...

NANNI. O che volete infine, gnà Pina?

PINA (*chinandosi su di lui, viso contro viso, con un suono rauco e inarticolato di belva*). Voglio te!...

NANNI (*scoppiando in riso*). Voi!... Perchè non mi date vostra figlia invece?... Datemi vostra figlia ch'è carne fresca invece...

PINA. Ah, compare Nanni!... Come vorrei vedervi piangere coi miei occhi!

NANNI. Scusate!... Dico per ischerzo... Sapete la canzone?

« Se vuoi dar retta al maestro di scuola,
lascia la madre e piglia la figliuola. »

PINA. Come potete scherzare adesso? Perchè vi divertite a calpestarmi coi piedi sulla faccia? Sono la lupa è vero... Sono una cosa vile... Vedete come divento soltanto a parlarvi?... un pezzo di cosa vile! Mi butterete via come un cencio poi... quando non mi vorrete più...

NANNI. No! no!...

« Pensa la cosa prima che la fai! »

PINA (*amaramente*). Quanto siete giudizioso! Pensate le cose prima, voi!

NANNI. Devo pensare ai fatti miei... Sono un povero diavolo che campa a giornata... Non posso mettermi in questo imbroglio... e avere poi chissà che fastidî.

PINA (*umilmente*). Che fastidî potreste avere con me?... Sapete quella che sono!...

NANNI. Sì, perchè lo so! Non me ne sbarazzo più, se mi metto in quest'imbroglio. E io devo pensare a maritarmi, capite? Non ho nulla... Solo il buon nome e la buona salute. Devo pensare a trovarmi un po' di dote, capite? Ditelo voi stessa... Gliela dareste vostra figlia a un cristiano che si fosse messo in quest'imbroglio?... con una come voi? Non vi offendete, ora...

PINA (*avvilita*). No, non mi offendo. Da voi non mi offende nulla, compare Nanni.

NANNI. Dunque lasciamo stare le chiacchiere che è tardi. E buona notte davvero, adesso.

Torna a distendersi sulla paglia, voltandosi dall'altra parte.

PINA (*quasi lamentandosi tra sè dopo essere rimasta alcuni istanti in silenzio, col capo tra le mani*). Anche questa mi fate?... Mettete il coltello in mano alla mia figlia stessa, anche?...

NANNI (*infastidito*). Io non vi faccio niente. Lasciatemi dormire, caspita!

PINA (*con voce sorda, come fuori di sè, balbettando*). Bene... volete sposare mia figlia dunque?

NANNI (*sorpreso, voltandosi a metà*). Diavolo! diavolo!... Dite sul serio stasera?

PINA (*come sopra*). Sì, dico sul serio.

NANNI (*ancora incredulo, ma levando il capo e sgranando gli occhi*). E voi davvero me la date in moglie?

PINA (*soffocata, chinando prima il capo due o tre volte senza poter parlare*). Sì... Posso negarvi niente a voi?... Sposerete mia figlia, giacchè così volete... Ed io me ne andrò... lontano... per non vedervi più.

NANNI (*dopo averla fissata un momento, dubbioso, torna a voltarsi dall'altra parte, quasi temesse d'esser preso a gabbo*). Va bene, se ne può parlare più tardi, quand'è così.

PINA (*come sopra*). E anche adesso, giacchè così volete... È meglio parlarne adesso.

NANNI (*vivamente, rizzandosi a sedere*). Dite proprio sul serio, gnà Pina?

PINA (*amara*). Vi pare che abbia voglia di scherzare in questo momento?

NANNI (*gongolante, alzandosi del tutto*). Bè, bè! quand'è così vi piglio in parola! E maledetto chi si pente, gnà Pina!

PINA (*accasciata*). Maledetto chi si pente.

NANNI. E domenica si va dal notaio, per fare le cose spicce... Però, badate che non ho niente.

PINA. Che volete che vi dica?...

NANNI. Il buon nome e la buona salute... Questo sì! Ma infine, la roba la date a vostra figlia.

PINA. Tutto quello che volete... Ormai non m'importa di nulla!... Lo troverò un cantuccio, dove cadere e morire, lontano dagli occhi vostri!...

NANNI. No, sarete sempre la padrona in casa vostra.

PINA. Non me ne importa, ormai! È finita... per sempre è finita!

NANNI. Resta a vedere cosa dice vostra figlia, adesso. Bisogna che dica la sua anche lei.

PINA (*colle lagrime agli occhi*). Oh! mia figlia è sangue mio!

Vorrà anche lei, non dubitate! Ora ve la chiamo io stessa. (*chiamando verso la capanna*) Mara!...

NANNI. Subito? Volete far le cose a precipizio?

PINA. Meglio cavarselo subito il dente che duole! Voi non cambiate certo...

NANNI. No, io non cambio. Ma c'è tempo... Domani...

PINA. Meglio cavarselo subito il dente che duole. Già non dormiamo più nè voi nè io con questa spina in mente!

NANNI. Bene, bene... fate come volete.

PINA (*respingendolo, quasi duramente*). Ma andatevene, ora, andatevene! Lasciatemi sola con mia figlia, ora! Voi non c'entrate tra madre e figlia.

Chiamando.

Mara!... Mara! Eccola che viene! Vedete che viene subito? Andatevene!

Nanni esce dalla sinistra.

SCENA VIII

Mara, e la gnà Pina.

MARA (*dalla capanna, ancora assonnata, ravviandosi i panni addosso*). Mamma, che volete?

PINA (*facendosi forza, per raffermare la voce tremante*). Ho... che compare Nanni... si è già spiegato infine... Dice che vuol sposarti...

MARA (*sorpresa, recandosi le mani al petto, quasi colpita al cuore*). Me?

PINA. Te! Non mi far la stupida! Io ho detto di sì... e ora devi dire se sei contenta anche tu...

MARA. Io, mamma?...

PINA (*masticando amaro*). Sei tu la sposa... Sei tu che devi parlare adesso...

MARA (*sempre più sbigottita*). Che volete che dica?... Così all'improvviso!... Se non lo conosco nemmeno quel cristiano!

PINA. Ah! non lo conosci? Da un mese che è qui a lavorare nello stesso podere!...

MARA (*smarrita, balbettando*). Non ci ho mai pensato con quest'idea... vi giuro!... vi giuro, mamma!

PINA. Bene... ora si è spiegato chiaro... È là, che aspetta la risposta.

MARA (*vivamente*). No! diteglielo voi!

PINA (*dura*). No? perchè?

MARA. Perchè non mi marito!... Non voglio maritarmi...

PINA (*sarcastica*). Cosa vuoi fare?... la monaca santa?

MARA (*come sopra*). Non voglio maritarmi!... Non lo voglio quel cristiano!...

PINA (*torva, quasi minacciosa*). Non lo vuoi? Perchè non lo vuoi?

MARA (*tutta tremante, fuori di sè dallo sbigottimento*). Perchè non può essere... (*fissandola con gli occhi in cui balena il sospetto atroce*). Sapete bene che non può essere!

PINA (*bieca, andandole quasi con le mani addosso*). Che vuoi dire? Parla chiaro!

MARA (*scoppia a piangere*). Mamma! Perchè mi tormentate adesso?... che vi ho fatto?

PINA. Ti fai anche pregare!... Vuoi che ti preghi io stessa? Sarebbe bella anche questa!

MARA. Lasciatemi andare, per carità! Diteglielo voi stessa, che non può essere questo matrimonio...

PINA. Io ho detto di sì. Dirai di sì anche tu, perchè così voglio!

MARA. Voi, mamma!

PINA. Io sono tua madre! Devo dartelo io il marito.

MARA. Voi, mamma!

PINA (*incalzandola, fiera e risoluta*). Io!... Te lo do io! Lo piglierai perchè te lo do io!

MARA (*supplichevole, a mani giunte*). No, mamma! non lo fate!

PINA. Dovessi trascinarti all'altare pei capelli...

MARA. Non fate questo, mamma!... non fate questo! Il Signore ci castiga!...

PINA (*afferrandola per le treccie e guardandola torva, viso contro viso*). Che dici? Parla! parla chiaro!

MARA (*strillando*). Mamma! mamma mia!

SCENA IX

Nanni e dette.

NANNI. No, gnà Pina!... colle buone!

PINA (*a Mara, ancora stravolta*). Vattene ora, vattene!

A Nanni bruscamente:

Voi non c'entrate tra madre e figlia!...

A Mara c. s.:

Vattene! Non mi fare dannare l'anima del tutto.

Mara piangendo rientra nella capanna.

NANNI. Che è stato?... Perchè?... Dice di no?

PINA (*ricomponendosi a poco a poco, ma ancora tutta tremante, con un sorriso amaro*). No... non temete per voi... Sono io che devo portare il carico adesso... son io!...

NANNI. Ma che avete? Parlate!... Siete tutta sottosopra...

PINA. Ah, vi par nulla quello che ho fatto?...

NANNI. Scusate... perdonate... Ma non c'è bisogno di guastarvi il sangue per questo. S'è cosa che si può fare, bene; se no, pazienza, e vi ringrazio lo stesso del vostro buon cuore.

PINA. Lasciatemi!... lasciatemi stare adesso!....

Scoppia in lagrime, col volto fra le mani.

NANNI. E piangete anche!... Ma ch'è successo? parlate.

PINA. Niente; lasciatemi sfogare il cuore. Sapeste che c'è qui dentro!

NANNI (*imbarazzato*). Sentite!.. mi dispiace proprio... s'è per causa mia... o per qualche parola che ho detto... proprio per ischerzo... (*confondendosi sempre più, con calore*). Ma finitela ora, caspita!

PINA. Adesso fate come il coccodrillo, voi!

NANNI. No, com'è vero Dio!... Finitela, com'è vero Dio!

PINA (*scuotendo il capo desolata*). Non posso!... non posso più! Ho fatto tutto quello che volete voi, ma ora non posso più!... Ah, quello che mi avete fatto fare, compare Nanni!...

NANNI. Non lo sapevo! Non voglio farvi fare le cose per forza, no!

PINA (*fissandolo cogli occhi ardenti e lagrimosi*). Lo vedete almeno se vi ho voluto bene?

NANNI. Sarei un ingrato se non lo vedessi. Mi date la figlia, mi date la roba! Che potete fare di più?

PINA (*col capo fra le mani*). Niente! niente!

NANNI. Avete un cuore grande come il mare!... Il vostro che non è vostro!... Vi spogliate anche della roba per darla a vostra figlia!...

PINA (*scuotendo la testa, col grembiule agli occhi*). Questo è nulla!... questo è nulla!...

NANNI. Sarà niente, ma è anche un bel tratto! Spogliarvi viva del fatto vostro!... mentre siete ancora in gamba!... meglio di vostra figlia!... Lo ha detto lo stesso Malerba...

In tono di scherzo, onde rabbonirla.

Fortuna che ci mettiamo il parentato fra di noi!... Eh! eh!...

Sempre più imbarazzato.

Via, finitela!... se no non so che dirvi più... Vedete che non so dire due parole? Mi fate fare qualche sciocchezza!

Ridendo goffamente.

Mando all'aria San Giovanni e il parentato!

PINA. Ah!... scherzate anche coi santi, voi!

NANNI (*mentre il riso gli muore sulle labbra, sempre più commosso e turbato di mano in mano lui pure*). No, no, dico sul serio... Siete un diavolo in carne ed ossa!... Ora finitela e asciugatevi gli occhi... Fatelo per amor mio!

PINA. Lo sapete quello che mi avete fatto fare?... che mi avete messo il coltello in mano voi stesso... e poi mi avete detto... Te', ora!... strappati il cuore tu stessa!

NANNI (*smarrendosi del tutto*). Basta ora, basta... Non posso vedervi piangere così!... Mi fate perdere la tramontana anche a me!... Basta ora!... fatelo per amor mio!

L'abbraccia.

PINA (*svincolandosi di scatto, tutta tremante e sconvolta*). No!... Lasciatemi!... Fate come il coccodrillo adesso!...

Rimangono a guardarsi negli occhi, pallidi entrambi.

NANNI (*smarrito, balbettando*). Perchè?... Perchè gnà Pina?...

PINA (*con voce sorda e rotta, quasi incalzandolo irata*). Fai come il coccodrillo!... infame!... scellerato!... per farmi impazzire del tutto!...

NANNI (*indietreggiando, come per fuggirla*). No!... gnà Pina!... Che volete?

PINA (*con voce sorda, afferrandolo pel braccio, fiera e risoluta*). Taci!... Ci sentono qui...

NANNI (*tentando di svincolarsi*). No, gnà Pina!

Cava dal petto l'abitino della Madonna con mano tremante.

Vi faccio lo scongiuro, guardate!

PINA. Lascia stare quell'abitino che non giova! Te l'ho fatto io tante volte lo scongiuro... e non è giovato!...

NANNI. No!... no, gnà Pina!... Andiamo diritto all'inferno adesso!...

Si ode stridere in alto la civetta.

Sentite, la civetta!

Imprecando col pugno rivolto al cielo.

Su te il malaugurio, bestiaccia!

PINA. Su me! Sono io la maledetta! Non me ne importa, ormai! L'inferno l'ho avuto qui! L'ho pagato prima il male che fo!

NANNI (*vinto, colle gambe molli, la faccia stravolta, senza aver più la forza di resisterle*). Ah, maledetto Giuda!...

PINA (*tirandoselo dietro pel braccio, a capo chino, torva, come una vera lupa*). Taci!... Non bestemmiare adesso!

Scompaiono dalla sinistra, in fondo. Silenzio; odesi lontano il mormorio del fiume, il fruscìo delle spighe, il trillare dei grilli, e di tanto in tanto, l'uggiolare dei cani, lugubre, nell'ora tragica. A un tratto passa di nuovo stridendo la civetta.

TELA

ATTO SECONDO

Cortile rustico. A destra l'uscio e la finestra della casa, sotto un pergolato. A sinistra il pozzo e la legnaia. Sedile di pietra fra l'uscio e la finestra. Nel muro in fondo, coronato d'erbacce e vetri rotti, la porta che si apre sulla via. Al di là veduta del villaggio in proscenio, sino al Monte dei Cappuccini, di cui si vede a sinistra un angolo del convento, e la gran croce di pietra dinanzi alla chiesa. Le finestre e i terrazzini delle case dirimpetto sono ornati a festa, con lampioncini di carta e coltroni colorati.

SCENA I

Mara, poi Nanni.

Mara è occupata ad ornare la casetta con ramoscelli di mortella e lampioncini di carta colorata. Entra Nanni dalla porta in fondo, e va ad abbracciarla, commosso.

MARA (*sorpresa e tutta contenta*). Ah! ah!... Che buono!...

In atto di gentil ritrosia.

Cosa fate adesso?... Possono vedere i vicini!

NANNI. Portami qua mio figlio; voglio baciare anche lui.

MARA. Siete stato a confessarvi?.

NANNI. Sì, lo vedi.

MARA (*sorridendo*). È questa la penitenza che vi ha dato il confessore?

NANNI. No, non è la penitenza... Sono contento... Chiama il bambino.

MARA. Sentiamo, che gli avete detto al confessore?

NANNI. Ah!... allora mi confesso con te adesso...

MARA (*come sopra*). Non me lo potete dire, sentiamo?

NANNI (*tornando ad abbracciarla*). Basta, ti voglio bene, e te lo meriti.

MARA (*cogli occhi luccicanti di riconoscenza*). Proprio proprio, me ne volete?

NANNI. Sciocca, adesso! sciocca! Fa bisogno?...

MARA (*quasi piangendo dalla contentezza*). Sì, vi credo, ora! vi credo! Avete la faccia che vi credo!

Chinandosi a baciargli la mano.

Benedetto!... le buone feste che mi date!... benedetto!...

Nanni (*commosso anche lui*). Basta, sciocca!... povera sciocca!... Basta ora!

Mara (*col cuore riboccante*). Voglio dirvelo! Mi avete dato tante pene! Tanto mi avete fatto penare, senza saperlo voi stesso!...

Nanni (*imbarazzato*). Io?...

Mara (*mettendogli una mano sulla bocca*). Sì, non mi dite altro. Non mi fate parlare...

Guardandolo amorosamente viso contro viso e scuotendo il capo.

Ma ora no, è vero? Ora volete bene a me sola?...

Nanni. Vedi!...

Mara. No, non andate in collera.

Sorridendogli amorevolmente.

Vedete che mi confesso io stessa con voi?... Prima ero io che non vi volevo... Sapete... m'ero messa una cosa in testa... una brutta cosa!...

Con impeto di tenerezza e le lagrime agli occhi.

Ma ora no! Ora siete il padre dei miei figli!... Siete il padrone!... tutto!... No, basta, non ne parliamo più. Ora il Signore mi ha fatto la grazia!

Nanni (*tra commosso e imbarazzato*). Bene, bene...

Mara (*tornando a baciargli le mani, una dopo l'altra*). Ora vi ringrazio!

Giungendo le mani con fervore e levando il viso al cielo.

Signore vi ringrazio!

Piange di consolazione nel grembiule.

Nanni. Bene. Questa è ora la conclusione, invece di essere contenta, come dici?

Mara (*con calore, asciugandosi gli occhi*). No, sono contenta! Voglio accenderle di tutto cuore le lampade a Maria Addolorata! Tutte le lagrime che ho pianto di nascosto voglio metterle in quelle lampade!

Torna a disporre i lampioncini alla finestra.

Nanni (*aiutandola, commosso anche lui, e collo stesso fer-*

vore religioso). Dio sia lodato!... Ce lo renderà bene alla raccolta! I seminati sono un paradiso!... Chiama il bambino che così si diverte anche esso, ti dico.

MARA (*tutta vibrante di emozione, mentre seguita a ornare di fiori la finestra*). Aspettate... Un momento... Termino qui prima... L'ho lasciato apposta dalla vicina... Stanno vestendolo per la processione... tutto di bianco!... Andrà cogli angioletti nella processione... con un canestro di fiori!... Ora ve lo faccio vedere. Anima pura! È lui che mi ha ottenuta la grazia!... Ora ve lo chiamo.

Chiamando dalla porta in fondo.

Agrippino!

SCENA II

Lia, poi Grazia, Neli e detti.

LIA (*entrando dalla porta in fondo*). Viene, viene!... lo vestono adesso...

Guardando attorno.

Oh! com'è bello qui! Sembra un giardino!

Chiamando fuori dell'uscio.

Venite qua, a vedere quello che ha fatto compare Nanni!

GRAZIA (*dopo avere ammirato anche lei*). Bello! bello! Anche la casa del sindaco, avete visto?... e la piazza lassù, tutta di verde! Sono venuti tanti forestieri a vedere!

NANNI. La gente è contenta. Avremo una buona annata, se Dio vuole.

Si odono nella via le ragazze che passano cantando le litanie.

LIA (*che è andata a vedere*). Le figlie di Maria. Vanno alla processione.

GRAZIA (*sull'uscio lei pure*). Anche la Caolina! Oh, guarda che sfacciata!

MARA. Se è pentita!... Vuol dire che la Madonna le ha aperto gli occhi!

NANNI. Vuol dire che è pentita. Tanto meglio.

NELI (*entrando dalla strada*). Mi manda compare Janu. Vi manda a dire...

Rimane a bocca aperta, ammirando.

Oh! oh!... Che fate qui?... Oh!

NANNI. Quello che possiamo... Di tutto cuore!

NELI. Compare Janu vi manda a dire... Sentite, lo stendardo della Confraternita dovete portarlo voi, dice.

MARA. Ah! ah! Vedete!

NANNI (*tra la confusione e la gioia*). Io? Se lo dice lui che è il capo... sono qua!... Lo porto anche in palma di mano lo stendardo!

GRAZIA. Ecco che si gonfia e fa il bell'uomo, ora!...

NANNI. No.... pel piacere... per l'onore...

MARA (*giubilante, rivolta alle amiche, in tono di scherzo*). È roba mia, veh! È mio marito!

NELI. Dice per dare il buon esempio. Gliel'ha ordinato il vostro confessore.

NANNI. Son qua, son qua! Per dare il buon esempio io son qua! mani e piedi, tutto quanto!

MARA. Voglio confessarmi anch'io con quel sant'uomo!... domani stesso!

NANNI (*commosso lui pure e sorridendo*). Tu?... A te l'assoluzione posso dartela io!...

LIA. Bene... sentite... se ne spendono dei denari oggi! Se ne fanno dei peccati tutto l'anno! Ma viene una giornata come questa poi!...

NELI. Ne avete spesi dei denari qui!... Tutti quei lumi! Ce ne vuole dell'olio!

MARA. Me lo caverei dagli occhi, guardate! Il Signore mi ha concesso tante grazie! Gli avevo fatto il voto, quando Nanni era stato in punto di morte, vi rammentate! La casa era tutta nera! Ne ho viste delle pene! Tante ne ho viste!

NANNI. Basta, quello che si promette ai santi, bisogna farlo. Bisogna farlo!

MARA. Ora è finita, Dio sia lodato. L'ha fatto per quel povero innocente! Qualche avemaria detta bene!...

NANNI. Voglio vederlo, vestito da angioletto...

MARA. Sì, venite, prima che incominci la processione.

Esce frettolosa e giuliva, insieme a Grazia e Lia.

NELI. Dunque gli dico di sì?

NANNI. Sì, sì... Quante volte?

NELI. Bene.

S'avvia per uscire.

NANNI. E sentite.... ditegli pure a compare Janu... la corona di spine in capo, la voglio di spine vere! che pungano! Non si deve far da burla dinanzi al Cristo morto!

NELI. Se vi piace così, meglio.

NANNI. Mi piace quel ch'è giusto. Siamo penitenti, sì o no?

NELI. Va bene; glielo dico.

Mentre fa per uscire s'imbatte nella Pina.

La gnà Pina! Oh! vostra suocera!

NANNI (*sorpreso e contrariato*). Ah!... Oh!

SCENA III

Pina e detti.

PINA (*entra timida e sorridendo umilmente, come a farsi perdonare la sua venuta*). Vi saluto... Buone feste... Sono venuta a portarvi le buone feste... Tanto tempo che non vi vedo...

NELI. Glielo dico sempre per la corona di spine?

NANNI (*irritato*). Quante volte? quante volte?

NELI. Dico se ci andrete sempre collo stendardo, ora che avete gente in casa?

NANNI. Sì! e tre volte!...

NELI. Bene, bene.

Esce stringendosi nelle spalle.

PINA (*che è rimasta in un canto, imbarazzata*). Sono stata malata anche... Tanto ch'è piovuto!... Ho preso le febbri... Ma del resto tutto va bene laggiù, grazie a Dio... I seminati sono già alti.

NANNI. E la vigna?

PINA (*facendosi animo, quasi incoraggiata da una buona parola*). Bene! bene! Anzi comincia a mettere i tralci... Dei bei tralci lunghi così!... Bene, ho detto, giacchè non ci pensano loro al podere, andiamo a portargli la buona notizia.

Smarrendosi di nuovo al vedere l'aria inquieta di Nanni.

E volevo dirvi pure che bisogna venire ad aiutare... Io non basto più da sola a strappar la gramigna... Vedete che mani?...

NANNI (*di cattivo umore*). Bastava mandarlo a dire.

PINA (*mortificata*). Vi dispiace che sia venuta?

NANNI. Non mi dispiace. È che adesso non c'è nessuno a guardare la casa, laggiù.

PINA. Ho lasciato detto al vicino Raja di tenerla d'occhio la casa, e il podere anche... Poi non c'è bisogno neppure. Sono tutti al paese, a godere la festa.

Guardando intorno.

Ecco, vi preparate anche voi.

NANNI. Basta, giacchè siete venuta, ora...

PINA (*timidamente*). Se vi dispiace, me ne torno indietro come sono venuta...

NANNI (*brontolando*). Se mi dispiace... se mi dispiace...

PINA (*quasi cercando le parole*). Volevo vedervi... vedere come state... Già voialtri non mi avreste cercata...

Accorata.

Potevo morire, senza che nessuno lo sapesse!

NANNI. Basta... giacchè siete qui, a vostra figlia diremo che siete venuta pel medico.

PINA (*amaramente*). Mia figlia? Che gliene importa di me a mia figlia?

NANNI. No, gliene importa; tacete.

PINA (*siede sotto il pergolato, come avesse le gambe rotte, e si volta dall'altra parte, per asciugarsi gli occhi di nascosto*). Sono come un cane... un cane senza padrone...

NANNI. Ora finitela, almeno!... Non vi fate trovare così! Se vi fate trovare con quella faccia sarebbe stato meglio non venire.

PINA (*levando verso di lui gli occhi lacrimosi*). Perchè? Che vi fo?

NANNI (*senza osar di guardarla, dandosi da fare intorno per nascondere il suo imbarazzo*). Niente...

PINA. Niente vi fo... Non voglio niente.

NANNI (*agitatissimo, dopo averla fissata un istante in silenzio, andandole incontro risolutamente, con voce bassa e concitata*). No!... sentite!... Oggi sono stato a confessarmi... Mi son messo in grazia di Dio...

PINA (*chinando il capo e aprendo le braccia in aria umile e sottomessa*). Bene, meglio per voi... Allora di che temete?

NANNI. Temo per vostra figlia... se vi trova qui!

PINA. Che male c'è se mi trova qui? Posso venire in paese, almeno le feste principali.

NANNI. Che male c'è!... che male c'è!... Voi lo sapete... e anche essa lo sa!...

Pina gli volta le spalle, senza dir nulla, e va a prendere la mantellina che ha lasciato sul sedile. Si ode di fuori un brusìo di folla.

NANNI (*fermandola bruscamente*). No... restate... Giacchè vi hanno vista i vicini... sarebbe peggio...

Corre alla porta e la spalanca, chiamando fra la gente che passa.

Oh! Cardillo! vieni a vedere... Che te ne pare?

CARDILLO. Che me ne pare?

Rimane sorpreso al vedere la Pina.

Oh! la gnà Pina!... Scusate, scusate...

Fa per andarsene.

NANNI. Bestia! se t'ho chiamato io stesso!...

CARDILLO (*sospettoso, guardando or lui e ora la Pina*). Bestia! meglio! Voglio esser bestia oggi piuttosto! Una giornata come questa!...

VOCI FESTANTI DI FUORI. Gli angioletti! — Ecco gli angioletti! — Viva Maria Addolorata!

CARDILLO (*scandalizzato*). Chiudete la porta almeno!

Mentre sta per uscire s'imbatte in Grazia, la quale entra premurosa.

GRAZIA. Compare Nanni! Non venite?...

Sorpresa anche lei e cambiando tono al vedere la Pina.

Oh!... Voi!...

Freddamente.

Vi saluto, gnà Pina.

PINA (*timida e umiliata*). Vi saluto.

GRAZIA (*a Nanni, con imbarazzo*). Vi mandava a chiamare vostra moglie... Ma ora le dico di aspettare un momento.

Per uscire.

NANNI. No, sentite...

GRAZIA. Scusate, devo andarmene.

Esce in fretta.

CARDILLO. Sapete colui ch'era pieno di peccati? Gliene aveva fatti tanti a Gesù Cristo! Ma quello che trovò scritto sul libro, quando dovette fare i conti col Padre

Eterno... Basta! è meglio non parlarne!... Oggi ch'è il Venerdì Santo, per giunta!... "Ti mancava anche questo scandalo per ribadire i chiodi al mio Figliuolo?" gli disse il Padre Eterno... E con questo vi lascio e vi saluto!

Esce chiudendo la porta in furia dietro di sè.

Nanni e Pina.

NANNI (*concitato*). Vedete?... Tutti quanti!...

Pina rimane immobile, senza saper che dire.

NANNI. E non rispondete neppure?

PINA (*colle lagrime agli occhi*). Cosa volete che dica?

NANNI (*eccitatissimo, parlandole quasi coi pugni sul viso, sottovoce*). Volete che ve la dica io? Quando sono stato malato... in punto di morte... non volevano neppure portarmi il viatico!

Prorompendo.

Ho visto la morte cogli occhi, vi dico!

PINA (*arretrandosi, tutta tremante*). Che devo fare? parlate.

NANNI (*andando su e giù per la scena, agitato*). Perchè siete venuta oggi? perchè?

PINA (*colle lagrime agli occhi*). Perchè? che vi fo?

NANNI. Mi fate... mi fate... che mi fate perdere la confessione!

PINA (*irrigidita dall'angoscia, balbettando tra le lagrime che la soffocano*). Sentite! E quello che mi fate a me, voi? ...quello che mi avete fatto?... Io non ve lo dico!... Mi vedete che parlo e rido... ma quello che ho in cuore non lo vedete!...

NANNI. Lo vedo, sì!... Questo è il peggio, che lo vedo! E anche vostra figlia! Vedeste come è ridotta... pelle e ossa! Non parla, non dice nulla... ma dentro si rode e si consuma. Ogni notte la sento che piange e si dispera!... in causa vostra!... Vorrei piuttosto che mi piantasse un coltello qui, quando mi guarda con quegli occhi, senza dir nulla!...

PINA (*col viso torvo, evitando di guardarlo*). E a me che mi pianta quegli occhi in faccia, appena arrivo!... e dà la poppa alla tua creatura!... dinanzi a me!...

Con voce sorda.

Vi ho fatto il letto colle mie mani, la prima notte!...

SCENA IV

Mara e detti.

MARA (*entrando di furia, sconvolta*). Ah!... era vero!... Siete qui, voi?

PINA. Sì... sono venuta a vedervi... per vedere come state...

MARA (*chinandosi a baciarle la mano, ma col pianto agli occhi*). Lo vedete come stiamo... bene.

A Nanni, rivolgendogli un'occhiata scintillante tra le lagrime.

Per questo non siete venuto a vedere vostro figlio... prima che andasse alla processione?...

PINA. La colpa è mia... perchè sono venuta, è vero?

NANNI. No, no... avete fatto bene.

MARA. Avete fatto bene, siete la padrona.

Breve pausa. Silenzio imbarazzato di tutti tre.

PINA. C'è anche la vigna da zappare; son venuta a dirvelo.

NANNI. Bene, andremo lunedì.

MARA. Ah! siete venuta a prenderlo?

PINA. Non posso far tutto io sola. C'è l'erba alta così. Se piove, l'erbacce si mangiano ogni cosa.

MARA (*con uno scoppio di amarezza*). Ormai, in questa casa ci piove e ci grandina, madre mia!

PINA. È per me questo discorso?

NANNI. No, no! che dite...

PINA. Io faccio tutto quello che posso. Ho sudato sangue sulla vostra terra. . all'acqua e al vento... Il pane che vi mangio, non ve lo rubo, no!

Mara senza rispondere si mette a piangere col grembiule agli occhi.

NANNI (*irritato*). Ecco, ora! ecco!

MARA. Lasciatemi piangere. Non vi dico nulla!...

PINA (*amaramente*). Non c'è bisogno di parlare alle volte.

NANNI (*a Mara*). Puoi venire anche tu alla vigna, per dare una mano.

MARA. Che verrei a fare? Non vi servo a nulla!... Non posso aiutarvi...

Accennando amaramente alla sua gravidanza.

nello stato in cui sono!... col castigo di Dio addosso!...

Pina. Ah, il castigo di Dio?

Mara (*prorompendo*). Perchè ve la pigliate con me? Pigliatevela col Signore piuttosto! Pigliatevela con voi stessa che avete voluto maritarmi!

Pina. E questa è la ricompensa! La bella accoglienza che mi fai!

Mara (*eccitata, cogli occhi accesi e lagrimosi*). Cosa devo fare? Volete che canti e rida, mentre c'è il Cristo morto per le strade?

Nanni. Basta! leviamo l'occasione...

Prendendo la Pina per un braccio.

Venite a vedere vostro nipote, piuttosto.

Mara (*non frenandosi più*). Lasciatelo stare mio figlio almeno... povero innocente!...

Pina. Hai paura che te lo mangi tuo figlio?

Mara. Perchè dovreste mangiarmelo? Non è anch'esso sangue vostro? Forse che i cristiani si mangiano tra di loro adesso?

Nanni (*minaccioso a Mara*). La finisci?... com'è vero Dio!

Mara (*chinando il capo, accorata*). Battetemi! Se mi volete battere, battetemi!... Se vi pare che me lo merito... son qua!

Pina. Alle volte, sai, le parole fanno peggio ancora!... Le parole di una santa come te!... che fanno peggio di un coltello!...

Nanni (*che sta per prorompere fa il segno della croce*). Brutto diavolo, va via!... tentazione!...

Mara. L'avete con me? Volete che vi lasci e me ne vada?

Nanni. Escirò io!... Io me ne vo!... al diavolo!... poichè c'è l'inferno in casa, quando siete insieme madre e figlia!...

Esce infuriato.

SCENA V

Mara e Pina.

Madre e figlia si guardano alcuni istanti in silenzio, pallide e corrucciate.

Pina. Sei contenta ora, sei contenta?

Mara seguita a fissarla senza rispondere, col rancore negli occhi.

PINA. Quasi fossi venuta a chiedervi l'elemosina oggi!... a te e a tuo marito!...

Mara china il capo, sempre tacendo, accigliata.

PINA. Dopo che mi hai preso tutto!... Quello sì, l'hai preso!... la roba e tutto!

MARA (*voltando le spalle bruscamente, col viso tra le mani*). Mamma, lasciatemi stare! Lasciatemi stare, oggi!

PINA. Ti lascio stare. Vuoi che ti lasci stare e me ne vada? e non ci metta più piede in casa tua?... nella casa che t'ho data io stessa?

MARA. Me l'avete data perchè ci morissi a fuoco lento, la casa! Per farmi dannare l'anima me l'avete data!

PINA. T'ho dato tutto! M'hai preso ogni cosa tu!

MARA (*voltandosi verso di lei, cogli occhi scintillanti e con voce vibrata*). Tacete! tacete!

PINA. Parla tu allora! sfogati!

MARA (*aggirandosi desolata per la scena colle mani nei capelli*). Ah! Signore! toglietemi voi da queste pene!

PINA. Le tue pene?... Lascia stare le tue pene!... Lascia stare i santi! Li ho pregati tanto anch'io! Non odono, lassù!

MARA (*scattando*). Ve la pigliate anche coi santi, scomunicata!

PINA. Vedi? Vedi che lo sputi fuori il veleno?... Un pezzo che lo vedo... in ogni tua parola!...

MARA. Il veleno che m'avete messo, qui!

PINA (*investendola, bieca e con voce sorda*). Schiacciami la testa colle tue mani allora... giacchè sono io la vipera!... Andrai dal confessore poi... anche tu!

MARA. Scomunicata! scomunicata che siete!

PINA. Taci!

MARA. Ladra! ladra!

PINA. Taci!

MARA. Ladra! Venite sin qui a rubarmi la mia pace! Madre scellerata!

PINA (*come una belva ferita*). Ah, vedi? vedi?...

SCENA VI

Grazia, poi Lia e Bruno accorrendo alle grida di Pina e Mara dalla strada, e dette.

GRAZIA. Che c'è? che c'è? Sembra che caschi la casa.

MARA. È cascata e rovinata la casa!... C'è la maledizione di Dio!

LIA. Gnà Mara, fate prudenza voi! Non fate ridere la gente!

PINA. C'è che mi danno il calcio dell'asino, adesso, lei e suo marito!...

GRAZIA. Vi mancava tempo a discorrere dei vostri interessi? Giusto quando sta per passare la processione!...

PINA. Mi danno il calcio dell'asino!... dopo avermi preso la roba e tutto!... Gli mangio il pane a tradimento, ora!...

MARA. Mi mangiate altro che il pane a tradimento... Il sangue mi mangiate!

LIA. Cominciate a tacere voi che siete la figlia, via!

GRAZIA. Basta, non fate scandali!...

BRUNO (*entrando*). Vi si sente dalla piazza... più forte della banda! Pare che sia qui la festa. Un altro po' lasciano la banda e corrono tutti qui.

PINA. Sì, correte! Chiamate i carabinieri anche, per farmi legare!

MARA La lingua vi dovrebbero legare! Vi dovrebbero legare pei capelli, sulla pubblica piazza!

LIA. Che parolacce, gnà Mara! A vostra madre!...

MARA. Son parole che mi bruciano qui dentro!

GRAZIA. Andiamo via, gnà Pina. Voi che siete più giudiziosa!... Non facciamo peccati oggi...

PINA. No, non voglio andarmene. Sono in casa mia.

MARA. Restateci! Me ne vado io!... per sempre! Per sempre ve la lascio questa casa maledetta!

PINA (*minacciosa*). Vattene! via! vattene! Non mi fare impazzire del tutto!

BRUNO (*frapponendosi tra di loro*). Ehi! ehi! che fate?

SCENA VII

Nanni accorrendo di fuori al rumore della lite, seguito da Cardillo, Filomena, Malerba e Neli.

NANNI (*irato, picchiando a diritta e a manca Mara e la Pina*). A te!... e a voi pure! Non volete finirla? Sono la favola del paese!

NELI. E addio stendardo!

MALERBA (*sbracciandosi a metter pace, col suo fare canzonatorio*). La banda!... Ecco la banda!

BRUNO. Basta, Nanni!

CARDILLO. Ma che siete, cristiani o turchi?

FILOMENA. Sentite!... è uno scandalo per tutto il vicinato! Finitela questa vergogna!

NANNI. Sono la favola del paese! Siete contente ora?

GRAZIA (*aiutando la Pina ad asciugarsi il viso insanguinato*). Lasciate vedere!... Avete del sangue lì...

PINA. Nulla... non è nulla.

MALERBA. Le carezze dell'asino! Vuol dire che le piacciono le carezze dell'asino...

NANNI (*irritato, spingendo fuori Malerba*). Va via ora, tu! o me la piglio con te, anche!

GRAZIA (*a Pina, conducendola via*). Venite, venite!

Escono con Lia e Filomena.

CARDILLO (*uscendo con Bruno*). Turchi! Peggio dei turchi, Dio ce ne scampi e liberi!

MARA (*piangendo, a Nanni, in atto di andarsene anche lei*). Guardate!... quello che fate a me!... Basta! che il Signore non ve ne domandi conto, poi!...

NANNI. Finiscila adesso, tu!... Non mi mettere colle spalle al muro tu pure!

MARA. L'avete fatta?... anche questa?... che mi avete battuta dinanzi a lei? Gliel'avete data questa soddisfazione, a mia madre!

NANNI. Mi farete commettere qualche pazzia, tu e tua madre!

MARA. Scumunicati! scomunicati tutti e due!

NANNI. Via!... fallo per amor mio!... se è vero che mi vuoi bene.

MARA. Per questo mi calpestate sotto i piedi? perchè sapete

che vi voglio bene?... perchè fate di me tutto quello che volete?... Mi fate morire disperata!

NANNI (*quasi supplichevole*). Senti, Mara! senti!...

MARA. Scellerato! Come vi è bastato l'animo? Mentre sono in questo stato!... Come potete guardarlo in faccia vostro figlio, quando viene a baciarvi la mano, povero innocente?

NANNI. Senti!... Non mi mettere colle spalle al muro tu pure!... Ogni tua parola è una coltellata!... Te la levo dinanzi quella scomunicata di tua madre!

MARA. Non vi credo! Non vi credo più! Come volete che vi creda! Vi ho visto con questi occhi!... la faccia che avevi... tutti e due!... voi e quella scomunicata di mia madre!... Vi pare che sia cieca? Cosa siete andato a dirgli al confessore, dunque?

NANNI (*fuori di sè, cercando di chiuderle la bocca colle mani*). Basta! basta!

SCENA VIII

Compare Janu e detti.

JANU. Bestie! Peggio delle bestie siete!

NANNI (*irritato e confuso*). Loro!... In causa loro!... Mi faranno fare qualche pazzia!

MARA (*singhiozzando*). È finita, compare Janu! Non posso più starci in questa casa!

JANU. No, ascoltate. Abbiate giudizio almeno voi.

MARA Non posso più starci! Me ne vo' con mio figlio... povero orfanello!

NANNI (*esasperato*). Lasciatela andare, compare Janu! Lasciatela andare, ch'è meglio!

MARA (*a Nanni, piangendo, dall'uscio*). Pensateci che avete lasciato vostro figlio orfano... in mezzo alla strada...

Esce.

JANU (*a Nanni*). Pezzo di birbante Sei degno della forca.

NANNI. Dite bene; avete ragione, vossignoria!

JANU. E la prima! E la seconda! Torni a promettere, e poi torni a cascarci!

NANNI. Non è vero! Son le male lingue che vorrebbero essere tagliate!...

Janu. Le male lingue sono tutto il paese. Anche tua moglie adesso, vedi!

Nanni. Mia moglie è pazza! pazza da legare anche lei!... che si mette in testa non so cosa!

Janu. Si mette in testa che sei una bestia! Come le bestie sei!

Nanni. Come le bestie; avete ragione!

Janu. Bella ragione! C'è il bastone per le bestie.

Nanni (*prorompendo*). Vorrei vedervi, vossignoria! E quella scomunicata che non posso togliermela d'addosso?... Non vado più neppure alla vigna, per sfuggirla!...

Janu. Che paura hai, se non c'è nulla di male?

Nanni (*borbottando*). Che paura ho... che paura ho...

Janu (*severo*). Vedi!...

Nanni (*eccitatissimo*). Lo sapete anche voi che donna è quella!... come la chiamano!... che donna è!... che vi fa dannar l'anima come vuol lei!

Janu. Vedi!... anche adesso!... come ne parli!

Nanni. Corpo di!... Cosa devo dirvi?... Cosa devo fare?

Janu. Parlale chiaro e tondo. Dille che ti lasci in pace.

Nanni. Come posso fare? È padrona anche lei qui... Non posso chiuderle l'uscio in faccia, se viene.

Janu. Lasciale la casa. O fuori lei, o fuori tu insomma.

Nanni. Fuori? Dove ho da andare?

Janu. Lontano: in campagna.

Nanni. In campagna? Fate presto anche questa! Non sapete nulla, vossignoria! E quando viene a ronzarmi intorno poi? sul colle e sul piano... Non sapete ch'è peggio! Gira e rigira... col pretesto di cogliere erbe selvatiche... come una vera lupa!...

Prorompendo.

Non posso pigliarla a schioppettate da lontano!

Janu. Allora sai cosa devi fare? Vendi ogni cosa e vattene via dal paese, tu e tua moglie.

Nanni. Non posso neanche vendere. È roba della dote!...

Smaniando.

Sono legato stretto, vi dico!... mani e piedi!... Bisogna romperla d'un colpo questa catena!

SCENA IX

Pina e detti.

NANNI. Vedete? Vedete, vossignoria?

JANU. Sst! sst!

NANNI. Vedete? Torna da capo! Non è contenta se non mi fa andare in galera!

JANU. Senza strepiti, senza galere. C'è modo d'accomodare ogni cosa. Comare Pina, sapete come dice il proverbio: "Maritati e muli lasciali soli".

PINA. E chi li tocca? Che gli fo adesso?

JANU. Che fate... che fate... Bene non fate certo. Qui c'è l'inferno ogni volta, fra di voi.

PINA (*asciugandosi gli occhi, febbrile*). Sapete il calcio dell'asino, vossignoria? Mi danno il calcio dell'asino, ora che son povera e pazza.

JANU. Volete da campare anche voi? È giusto. C'è modo d'accomodarvi... ma voi da una parte e loro dall'altra. Il mondo è grande, sorella mia. Mancassero uomini, che diavolo!

PINA. Dite bene, vossignoria! E mi merito quello che dite...

JANU. Vi meritate... che la gente parla per quel che sente dire... Oppure è segno che scontate adesso qualche peccato vecchio... Saranno chiacchiere. saranno bugie.. Adesso però bisogna far tacere le male lingue. Giacchè vostro genero si è messo in grazia di Dio, lasciatelo in santa pace.

Pausa. Nanni e Pina rimangono a capo chino.

JANU (*a Nanni*). Hai inteso dunque? Ora vo ad accordare l'altra campana, e ti conduco qui tua moglie Voi, gnà Pina, giacchè avete capito il latino. andatevene pei fatti vostri, e cercate di mettervi in grazia di Dio anche voi, se potete.

Esce.

SCENA X

Nanni e Pina.

PINA (*fosca, come parlando tra sè*). No! Non ce n'è confessore per le madri come me!

NANNI. Andatevene dunque, andatevene!

PINA (*rivoltandosi, colla bocca amara*). Che non ne sapete altra canzone anche voi?

NANNI (*riscaldandosi sempre più*) .Ve l'ho detto tante volte, ed è sempre inutile!...

PINA. Dunque, s'è inutile, perchè ci tornate adesso?

NANNI (*esasperato*). Perchè voglio finirla!... una volta per sempre! Voglio uscirne da quest'inferno!

PINA (*sarcastica*). Vi siete messo in grazia di Dio! Che paura avete dunque?

NANNI. Ho paura di voi!... che siete il diavolo in carne ed ossa!... M'avete fatto qualche malefizio!... Venite a tentarmi anche adesso!...

PINA (*dura e ostinata, senza guardarlo neppure, attingendo acqua dal pozzo*). Sono venuta per la festa. Sono cristiana anch'io.

NANNI (*furioso, afferrandola pel braccio*). Voi? voi?

PINA (*svincolandosi*). Lasciatemi lavare il viso ora! Non mi strappate il vestito della festa anche!

NANNI. Ve la darò io la festa! Ora stesso ve la darò!

PINA. Ah, se ti bastasse l'animo!

NANNI. Sangue di!... Corpo di!...

PINA (*guardandolo fisso, in tono di amarezza disperata*). Non ti basta l'animo, no! Sei buono soltanto a far impazzire gli altri, tu! Ma a toglierli dalle pene con un colpo solo non ti basta l'animo!

NANNI. Maledetta!... tutta quanta!...

PINA. Sì, ti pare che non lo sappia? Le madri come me andrebbero bruciate vive!... Dovrebbero mangiarsele i cani, le madri come me!... E tu pure che mi tieni nell'inferno!... pei capelli!... come una pazza!... Hai un bell'andare a confessarti... Il diavolo ci ha legati insieme!

NANNI (*brandendo una scure, furioso*). Ah!... Lo rompo io il legame!

PINA (*voltandosi verso di lui, col petto nudo, come a sfidarlo*). Finiscila! Via! colle tue mani!

NANNI (*la spinge sotto la tettoia, cogli occhi pazzi d'ira e di orrore, la scure omicida in alto, urlando colla schiuma alla bocca*). Ah!... ah!... Il diavolo siete?

TELA

LA CACCIA AL LUPO
Bozzetto scenico

PERSONAGGI

Lollo
Mariangela
Bellamà

Casolare di pastori. Notte di vento e pioggia — vero tempo da lupi. Si ode bussare ripetutamente all'uscio d'ingresso, a sinistra.

MARIANGELA (*tutta sossopra, ancora mezzo discinta, chiudendo in fretta l'uscio della cucina in fondo*). Vengo!... Vengo!... Sono in letto... mi vesto...

Va infine ad aprire la porta, si trova faccia a faccia Lollo, grondante acqua, col fucile in mano e il viso torvo. Egli resta un momento fermo sulla soglia, guardando intorno cogli occhi inquieti e sospettosi. — Fuori l'ira di Dio. — La moglie, al vedersi dinanzi il marito a quell'ora insolita, con quel tempo, e con quella faccia, comincia a tremare come una foglia, ed ha appena il fiato di balbettare:

Che fu?... Che avvenne?...

Ma egli non risponde nemmeno "crepa". — Uomo di poche chiacchiere, specie quando ha le lune a rovescio. Mastica sa lui che parole fra i denti, e seguita a cercare in ogni angolo cogli occhi torbidi. Il lume è sulla tavola; il letto bell'e rifatto; tanto di stanga all'uscio della cucina, in fondo, dove galli e galline, spaventati anch'essi pel temporale, di certo, fanno un gran schiamazzo — tanto che la povera donna si confonde sempre più, e non osa neppure guardare in faccia il marito.

Gesù! Che paura mi avete fatta!...

LOLLO (*chiude bene l'uscio, prima di tutto, appende lo scapolare a un chiodo e asciuga col fazzoletto l'acciarino del fucile, borbottando*). Oh bella! ti fo anche paura?... tuo marito ti fa paura adesso?

MARIANGELA. Con questo tempo! È accaduta qualche disgrazia nell'ovile? Perchè andate intorno con questo tempo?

LOLLO (*girandolando di qua e di là, come un fantasma, adagio adagio, strascicando le ciocie fradicie, frugacchiando in ogni angolo col fucile in mano. La moglie dietro, ansiosa*). Vo per le mie faccende. Fammi lume, laggiù, dietro il letto... Ma che diavolo hai che tremi tutta? Non ti basta l'animo neppure di reggere il lume stasera?

MARIANGELA (*inquieta*). Ditemi che cercate?
LOLLO. Fammi lume, ti dico.
MARIANGELA. Vedete, qui non c'è niente.
LOLLO. C'è, c'è... Ci dev'essere... Ecco.

Si china a raccattare un pezzetto di legno lungo poco più di un palmo.

MARIANGELA. Per questo siete venuto?
LOLLO (*con un risolino ambiguo*). Per questo e per un'altra cosa... Dev'essere là...

Indicando l'uscio della cucina in fondo.

Certo ch'è là...

S'avvia per aprire.

MARIANGELA (*quasi perdendo la testa, buttandoglisi dinanzi, colle braccia protese, pallida come un cencio*). Ma che cercate?... Non me lo potete dire?
LOLLO. Certo... Sicuro... Perchè non dovrei dirtelo?...
MARIANGELA (*tutta tremante*). Ditemi che vi abbisogna... Vi servo io... Non sono vostra moglie?
LOLLO. Certo... sei mia moglie... Appunto... Va avanti tu col lume... Apri quell'uscio, via...

A un tratto salta su di lei, che sta per lasciarsi cadere la lucerna e gliela toglie di mano.

Ehi, Mariangela!... Vuoi lasciarmi al buio... perchè non trovi nulla?...
MARIANGELA (*confusa, balbettando*). Con tanta legna che v'è lì dentro!... temo qualche disgrazia ad entrarvi col lume... Ditemi quel che vi occorre, che forse potrò aiutarvi io stessa...
LOLLO (*dopo aver esitato un momento*). Ecco... cerco una funicella, per legarla in capo a questo legnetto qui.
MARIANGELA. Volete i legacci del mio grembiule? Vi servono?
LOLLO (*ridendo*). Sì, coi legacci delle donne si lega anche il diavolo!...

Posa il lume sulla tavola, appoggia il fucile alla parete, e siede lì accanto sulla scranna, curvo, a gambe larghe, colle mani ciondoloni fra le coscie, senza dir altro. Mariangela si toglie il grembiule e glielo dà; egli lo spinge in là, sulla tavola, accanto al regoletto di legno. La moglie intanto gli mette dinanzi pane, vino, formaggio, e la pipa carica anche, che non sa più quel che si faccia in quel turbamento.

A che pensi? Dove hai la testa? Una cosa alla volta, bestia!

Cava il coltello da tasca, l'apre e comincia a mangiare lentamente, colle spalle al muro e il naso sulla grazia di Dio. Di tanto in tanto alza il capo e volge all'uscio della cucina un'occhiata che la moglie segue ansiosa.

S'è visto Bellamà?

MARIANGELA (*si lascia cadere la roba di mano, mentre sta servendolo, e balbetta*). No... Perchè?... Non s'è visto...

Lollo brontola qualcosa d'indistinto fra i denti e si mesce da bere.

MARIANGELA. Ma perchè?... Che c'entra ora Bellamà?

LOLLO (*si asciuga la bocca colla mano e la guarda come non avesse udito, con quegli occhi spenti che non dicono nulla, accendendo la pipa tranquillamente: tanto che la povera donna si smarrisce sempre più, e a un tratto gli cade ginocchioni dinanzi, per slacciargli le ciocie fradicie. Egli la respinge col piede, borbottando*). Che fai adesso?

MARIANGELA. Voglio asciugarvi i piedi... Siete tutto bagnato...

LOLLO. Lascia stare. Torno ad uscire.

MARIANGELA (*tirando un sospirone, rianimata*). Ah!... Avete da fare?...

LOLLO (*alza il capo, e la fissa prima un istante. Poi con un sorriso ironico*). Sicuro. Vado al festino.

E seguita a fumare sputacchiando di qua e di là.

MARIANGELA (*sparecchia in silenzio colle mani tremanti. A un tratto borbotta*). Dite certe cose, stasera!... con una certa faccia!...

LOLLO. Dico che ho da fare... coi Musarra... Mi aspettano qui accanto... Dobbiamo prendere un lupo stanotte.

MARIANGELA. Un lupo?...

LOLLO. Sì, tanto tempo che gli facciamo la posta! Gli ho teso la trappola... una trappola sicura... Vedi, come uno che fosse preso qui dentro, che neanche il diavolo lo salverebbe... Ed ora c'è caduto! Ecco, mentre ti parlo non vorrei essere nella sua pelle!

Mariangela istintivamente volge prima ansiosa un'occhiata all'uscio di fondo, e poi al marito che non la guarda neppure, chino sulla pipa, assaporandola, quasi assaporasse già il piacere di cogliere il lupo. Scroscio di tuono — un lampo illumina vivamente la scena.

MARIANGELA (*segnandosi*). Che notte, Gesù mio!

LOLLO. Questo è il tempo che ogni mala bestia va intorno a far delle sue. Ma stavolta ci lascia la pelle, te lo dice compare Lollo!...

Afferra lo schioppo a un rumore che si ode all'improvviso dietro l'uscio in fondo.

Ehi là!

MARIANGELA (*più morta che viva*). Saranno le galline... che le ho chiuse in cucina... pel temporale che faceva...

LOLLO. Avranno paura anch'esse... come te. Guarda, sei pallida!

Le mesce del vino.

Bevi un dito di vino.

MARIANGELA. No. Ho lo stomaco chiuso per cent'anni.

LOLLO. Allora lo bevo io.

Beve, poi si mette a tagliare il regoletto di legno col coltello da tasca, soffiando e fischiettando, tutto intento al suo lavoro, legando il legaccio a una delle estremità del legnetto.

MARIANGELA (*fingendo di stare a vedere attentamente per nascondere la sua inquietudine, coi gomiti sulla tavola e il mento fra le mani, guardandolo fisso fisso, cercando di leggergli nel viso impenetrabile*). E questo che state facendo che cos'è?

LOLLO (*senza guardarla, continuando a soffiare e a fischiettare*). Questo?... Che è questo?... Questo è il biscotto per chiudere la bocca al lupo... Ce ne vorrebbe un altro anche per te, ce ne vorrebbe... Ah, ah! Ridi adesso?... T'è tornato il rossetto in viso?... Voi altre donne avete sette spiriti, come i gatti...

Tira forte il legaccio per provarlo.

Non si romperà nel meglio poi questo qui?... No, è forte il tuo legame!

Mariangela seguita a fissarlo in viso, per indovinare che ci covi sotto quel ghigno; gli si struscia addosso, proprio come una gatta, col seno palpitante, e il sorriso pallido in bocca.

Sta ferma, sta ferma adesso che fai cadere la lucerna... L'olio porta disgrazia...

MARIANGELA (*prorompe, quasi piangendo*). Sì, che porta disgrazia! Ma che avete stasera?... Parlate, in nome di Dio!

LOLLO. Niente ho. Tu cosa mi vedi?

MARIANGELA. Vedo che l'avete con me... senza motivo!

LOLLO. To! to! Ecco che vai in collera ora! Le sai tutte, le sai!

MARIANGELA. Come fossi una bimba!... Mi contate la storia del lupo!...

LOLLO. Storia?... vedrai! È vero come è vero Iddio!... Ti divertirai anche tu, quando l'avremo preso!...

MARIANGELA. Oh!... no!... Io no!...

LOLLO. Perchè? Non sei mia moglie?

MARIANGELA (*imbarazzata, colle lagrime agli occhi e facendo quasi per prendergli la mano senza osarlo*). Sì!... Vostra moglie... che vi vuol tanto bene!...

LOLLO. Bene. E il danno che si fa a me non lo fanno a te pure?

MARIANGELA (*timidamente*). Voi siete il padrone...

Accennando col capo.

Il mio padrone siete!...

LOLLO. Lasciami fare dunque, non aver paura.

MARIANGELA. Ho paura per voi, che non ho altro al mondo!...

LOLLO. Oh, per me non temere, che alla mia pelle ci penso io!... Ci vorrebbe questa anche!... Avere il danno e le beffe anche?... Ah no! Ho trovato dei compagni che mi daranno una mano...

Ridendo.

Anzi lo faccio prendere colle loro mani... È una bestia cattiva, sai!... che morde, quand'è messa colle spalle al muro!... Voglio fargli la festa a modo mio, senza arrischiarci la mia pelle.

MARIANGELA. Che cuore dovete avere!

LOLLO. E la bile che ci ho messo dentro non la conti?...

Fosse il vinetto che gli scioglie la lingua, o provasse gusto a rimasticare pian piano la bile che deve averci in corpo — oppure volesse contar proprio la storia del lupo a sua moglie, per chetarla, continua a ciarlare come una gazza grattandosi il mento rugoso, appisolandosi quasi sulla scranna.

Vuoi sapere come si fa?... Ecco, si scava una bella buca fonda, nascosta sotto i rami secchi, gli si prepara il suo bel letto sprimacciato di frasche e foglie in fondo alla trappola, e dentro vi si mette un'agnella per attirarlo... Lui se ne viene come a nozze, al sentire la carne fresca... Col muso al vento, se ne viene! e gli occhi lucenti di voglia!... Ma appena cade nel trabocchetto poi non la tocca neppure, l'agnella, chè ha altro da pensare...

MARIANGELA (*sospettosa, scrutandolo sempre in viso cogli occhi sorridenti per nascondergli il turbamento interno, accennando al regoletto di legno*). E cosa gli fate con quello?

LOLLO. Questo gli si caccia in bocca, perchè non morda. Uno glielo cala nella buca, e appena il lupo l'addenta, un altro, lesto, gli passa il legaccio dietro le orecchie, e glielo ferma all'altro capo del bavaglio... Poi viene il meglio...

Il turbine in quel momento sembra portarsi via la casupola. — S'ode uno scompiglio in cucina. — Una ventata soffia sul lume e lo spegne.

MARIANGELA (*strillando, per maggior confusione, e brancolando verso l'uscio in fondo*). Santa Barbara!... Santa Barbara! Aspettate... Cerco gli zolfanelli... Dove siete adesso?...

LOLLO (*ch'è saltato all'uscio a sinistra, collo schioppo in mano, minaccioso*). Ferma! Sta zitta! Non ti muovere, sai!

Si dà a battere l'acciarino, verde come lo zolfanello che ha in mano, e accende il lume.

Chètati, chètati, non fare tanto chiasso per niente...

Va a staccare lo scapolare dal chiodo.

MARIANGELA. Ve ne andate?

LOLLO. Lo vedi.

MARIANGELA. Tornerete presto?

LOLLO. Perchè vuoi sapere se torno presto o tardi?

MARIANGELA. Così... per aspettarvi... per aspettarvi alzata...

LOLLO. No, va a coricarti. Eri già a letto quando son venuto.

MARIANGELA (*imbarazzata*). Io?...

LOLLO. L'hai detto tu stessa. Torna a letto dunque, e raccomàndati a Dio, senza aver paura di niente, che chi è in grazia di Dio non ha paura di niente. Tanto, non posso dirtelo se torno presto o tardi.

MARIANGELA. Io male non ne ho fatto.

LOLLO. Meglio: male non fare paura non avere.

Prende la chiave dal cassetto della tavola.

MARIANGELA. Che mi chiudete a chiave anche?

LOLLO. Sì, per non farti alzare di nuovo, quando torno.

MARIANGELA (*smarrita, buttandogli le braccia al collo*). No!... No!...

LOLLO. Ora cosa vuol dire?

MARIANGELA (*stringendosi a lui, carezzevole*). Non mi lasciate!... Non mi lasciate così!... Ho paura!... Venite a letto piuttosto... con questo freddo!... sentite?...

LOLLO. A letto?... No... No... grazie tante!... Prima... No! a letto, no!... Chi dorme non piglia pesci...

MARIANGELA. Non ve ne importa più di me?... Non vi fanno più nulla le mie parole?... Mi vedete in che stato sono?

LOLLO. Ti vedo, sì, ti vedo, ma ora devo andarmene. Mi aspettano i Musarra, padre e figlio, qui accanto... Sai, il figlio Musarra, che chiamano il matto perchè sua moglie gli è fuggita con Bellamà, quello che fa il gallo colle donne altrui... Lo sai anche tu.

MARIANGELA (*confusa, balbettando*). Io?...

LOLLO. Sì, lo sai. Poi, quando fu sazio, Bellamà piantò la moglie di Musarra in mezzo alla strada, povera e pazza davvero, lei!... chè suo marito almeno, quando si sarà lavata la faccia nel sangue di quell'altro...

MARIANGELA. Gesù!... Gesù!

LOLLO. Ah Gesù? Avere una donna ch'è tutto per un pover'uomo... e tenerla in palma di mano... e darle il sangue e la pelle perchè se ne faccia scarpe... e vedersi poi cambiare pel primo che la vuole!... Ma lasciami stare. Che vuoi?

MARIANGELA (*supplichevole, a mani giunte, colla voce rotta*). Compare Lollo!...

LOLLO (*duro*). Che vuoi? via, dillo!

MARIANGELA. Compare Lollo!... Guardatemi in faccia!...

Si butta ginocchioni ai suoi piedi e cerca d'afferrargli la mano.

Lasciatevi baciare la mano... come Gesù misericordioso!

LOLLO (*svincolandosi*). Quante tenerezze stasera! Hai le lagrime in tasca. Lasciami andare, via!

Appena apre l'uscio Mariangela cerca di svignarsela. Egli l'afferra per un braccio, e la ricaccia bruscamente dentro.

Ehi! Dove vai? Tu aspettami qui!

Esce e chiude l'uscio a chiave di fuori.

MARIANGELA (*colle mani nei capelli*). Perchè?... Che sarà?... Vergine Maria!...

BELLAMÀ (*pallido e inquieto fa capolino dall'uscio in fondo, poi attraversa in punta di piedi la scena, dicendo sottovoce a Mariangela nel passarle accanto*). Addio, addio.

MARIANGELA (*sgomenta e corrucciata*). Così mi lasci anche tu?

BELLAMÀ (*tentando di aprire*). Eh, cara mia! Non è il momento delle paroline dolci, adesso! Tuo marito può tornare da un momento all'altro!

Scuotendo inutilmente l'uscio.

Diavolo d'una porta!...

MARIANGELA. È chiusa a chiave, di fuori!

BELLAMÀ. Oh!... questa, ora!...

MARIANGELA. Ci ha chiusi a chiave!... lui!...

BELLAMÀ (*inquieto*). Perchè? Cos'ha detto? Di là non si ode bene...

MARIANGELA. Diceva tante cose!... con una faccia!... Dio mio!...

BELLAMÀ (*dapprima vuol fare il bravo, tirando su i calzoni, incrocicchiando le braccia sul petto, borbottando*). Zitta!... son qua io!... Non temere!...

Poi, tutt'a un tratto, fosse il naturale suo proprio che la vince, o il nervoso che gli mette addosso il va e vieni della donna, la quale sembra proprio una bestia colta in trap-

pola, scappa a correre all'impazzata di qua e di là, in punta di piedi, pallido e stralunato, tentando di nuovo la porta e l'inferriata della finestra a destra.

Di qua non si esce neppure!... Adesso come si fa?

MARIANGELA. Non so! Non so! Ho paura!...

BELLAMÀ (*correndo a lei, concitato, afferrandole le mani e scuotendogliele*). Paura? Di che hai paura, di'?!

MARIANGELA. Di lui!... Di mio marito!... Non l'ho mai visto così!

BELLAMÀ. Parla! Spiègati, per l'amor di Dio!

MARIANGELA (*lasciandosi cadere sulla scranna, più morta che viva*). Ho le gambe rotte!... Non mi reggo più!

BELLAMÀ (*furioso, reggendola*). Quest'altra ora! Non mi far la stupida!

MARIANGELA. Mariano! Mariano mio!

BELLAMÀ (*scuotendola brutalmente*). Parla! Spiègati, accidente!

MARIANGELA (*buttandosi sulla tavola, col capo fra le mani*). Mio marito sa tutto!... È venuto apposta, per sorprenderci!

BELLAMÀ (*agitato*). No... Non può essere... Nessuno m'ha visto, al buio...

MARIANGELA (*cogli occhi scintillanti*). Gliel'ho letto in faccia... Certo certissimo!... Cercava da per tutto, col fucile in mano!...

BELLAMÀ. Ma non mi ha trovato... È tornato ad andarsene senza avermi visto...

MARIANGELA. Allora perchè ha chiuso a chiave?

BELLAMÀ (*tornando inquieto*). Perchè?

Cercando di farsi animo, ripete.

Ma allora perchè se n'è andato?

MARIANGELA. Diceva che l'aspettano... Che dànno la caccia al lupo stanotte...

BELLAMÀ. Al lupo?... Sarà benissimo... Allora io che c'entro?

MARIANGELA. Ora diceva una cosa, ora ne diceva un'altra... Parlava come quello della mala ventura! E poi ci ha chiusi dentro!

BELLAMÀ (*guardando intorno ansioso, quasi in cerca di scampo*). Diavolo!... È vero anche questo!

MARIANGELA. Ci ha chiusi dentro come il lupo in trappola. Poi quando torna...

BELLAMÀ (*vivamente*). Quando torna? Quando?

MARIANGELA. Non so, non volle dirmelo.

BELLAMÀ. Non sai mai nulla, tu!

MARIANGELA. Quando torna ci fa la festa!

BELLAMÀ. Eh?...

MARIANGELA (*colle mani nei capelli*). Abbiamo la morte sul collo, tu ed io!

BELLAMÀ. Non mi fare la jettatura, anche!

MARIANGELA (*abbracciandolo, piangendo*). Mariano! Mariano mio! Non ho che te al mondo!

BELLAMÀ. Sì, ma lasciami ora!...

MARIANGELA. Tu mi difenderai! Hai detto tante volte che facevi qualunque cosa per la tua Mariangela!...

BELLAMÀ. Non ho neanche un temperino addosso...

MARIANGELA (*col viso nel grembiule, piangendo*). Vedi cosa ho fatto per te?...

BELLAMÀ. M'hai messo in un bell'imbroglio!

MARIANGELA. Io? Io?

BELLAMÀ. Chi dunque? Via, non perdiamo tempo in chiacchiere. Pensiamo ad uscir d'imbroglio, piuttosto. Forse è vero che dànno la caccia al lupo... E allora abbiamo tempo sino a domani.

MARIANGELA. Magari Dio!... Ci aiutassero le Anime Sante!..

BELLAMÀ (*alquanto rincorato lui pure*). Non temere, t'ho detto!... sono qua io!...

MARIANGELA. Ma verrà coi Musarra!... Dànno la caccia al lupo anche loro.

BELLAMÀ (*spaventato*). Eh? Chi hai detto? Eh?

MARIANGELA. Sì, i Musarra, padre e figlio...

BELLAMÀ (*scappa come un pazzo, senza darle più retta, in cerca di scampo. A un tratto, come colto da un'idea, mette una scranna sul letto e fa per arrampicarvisi*). Di qua... Se ci arrivo!... se posso arrampicarmi sino al tetto!... Sfondo le tegole, com'è vero Dio! Tu reggimi questa scranna.

MARIANGELA. Ed io come resto?

BELLAMÀ (*in piedi, sul letto, concitatissimo*). La storia del lupo può farla bere a te che sei una sciocca, tuo marito!...

MARIANGELA. Ed io?... quando mio marito vede che sei fuggito dal tetto?

BELLAMÀ (*facendo sforzi disperati per arrivare al tetto*). Si è messo d'accordo coi Musarra perchè ce l'hanno con me anche loro!

MARIANGELA (*esasperata*). Lo so! A causa della moglie di compare Neli Musarra... scomunicato che siete!

BELLAMÀ (*agitatissimo*). M'importa assai della moglie di Musarra adesso!... Fammi anche la gelosa in questo momento!...

MARIANGELA (*eccitata anche lei*). Pensi solo alla tua pelle tu!...

BELLAMÀ (*furioso*). Alla mia pelle!... Sissignora!... M'hai fatto cadere in trappola!...

MARIANGELA (*tirandolo per una gamba*). E mi lasci sola... colla morte sul collo!...

BELLAMÀ (*dandole un calcio*). Lasciami andare, maledetta!

MARIANGELA (*esasperata, facendolo cadere giù dalla scranna*). Maledetto tu! Tutto maledetto, che mi hai rovinata!

BELLAMÀ (*brandendo la scranna furioso sul capo di lei*). Ti faccio la festa! Com'è vero Dio, ti faccio la festa, prima di tuo marito!

MARIANGELA. Doveva cogliermi un accidente, quando mi siete venuto fra i piedi! Doveva venirmi una febbre maligna!

BELLAMÀ. Meglio sarebbe stato!

MARIANGELA. A causa vostra!... M'avete rovinata come la moglie di Musarra, scellerato!

BELLAMÀ. Adesso mi rinfacci la moglie di Musarra? Quando mi correvi dietro per farmela lasciare, no!

MARIANGELA. Io vi correvo dietro, scomunicato?

BELLAMÀ. Tu, sfacciata! Ti mettevi sulla porta, e mi ridevi!... Con un marito che non te lo meritavi, e lo cambiavi pel primo che passava!...

MARIANGELA (*udendo metter la chiave nell'uscio di fuori, si mette a strillare*). Aiuto! Aiuto!

BELLAMÀ (*afferrandola alla gola*). Taci, maledetta!... Ti strozzo!...

MARIANGELA (*dibattendosi, mordendogli le mani*). Aiuto!... Cristiani!...

BELLAMÀ (*udendo aprir l'uscio scappa a rifugiarsi nello stanzino in fondo, imprecando*). Maledetta!... Maledetta!...

MARIANGELA (*al marito che appare sulla soglia, guardingo, e col fucile spianato*). Aiuto! C'è un uomo! lì dentro!... Mentre stavo spogliandomi!...

LOLLO (*chiamando i Musarra di fuori*). Musarra! Compare Neli!... È qui quello che andate cercando...

TELA

LA CACCIA ALLA VOLPE

Bozzetto scenico

PERSONAGGI

Donna Livia
Artale
Di Fleri

Casa rustica presso Ponte Nomentano.

Entrano Donna Livia ed Artale reggendo Di Fleri zoppicante — i due uomini in abito rosso, Donna Livia in amazzone. Essa è commossa e un po' agitata; Artale più calmo e quasi sospettoso; Di Fleri sembra fresco come una rosa, malgrado la sua disgrazia e il viso lungo che fa.

DONNA LIVIA. Qui... Fleri... su questa panca... S'appoggi bene... Non badi...

DI FLERI. Grazie, marchesa!

ARTALE (*a Di Fleri*). Ma come diavolo hai fatto?

DI FLERI. Ahi! Ahi!

DONNA LIVIA (*vivamente*). Piano, Artale, per carità!

ARTALE. Se non l'ho toccato neppure!

A Di Fleri:

T'ho fatto male?

DI FLERI. No... non molto.

ARTALE. Non è nulla, sai. Me ne intendo di cadute.

DONNA LIVIA (*ad Artale*). Ora mandi quel contadino a chiamare un chirurgo... presto!

DI FLERI. Al contadino ho dato da tenere il cavallo. Vai tu stesso, caro Artale, ti prego... È più sicuro.

ARTALE. Ma che chirurgo! Faremo ridere. Se non è proprio nulla!

DI FLERI. Sì, t'assicuro!

DONNA LIVIA. Sì, Artale! Rimonti a cavallo, corra.

ARTALE. Ah!...

Rizza il capo e fissa un istante in viso Di Fleri e la marchesa.

Corro, corro quand'è così.

DI FLERI. Dà pure un'occhiata a quella povera bestia, passando. L'ho mezzo rovinata.

ARTALE. Non dubitare. C'è il *groom* della marchesa coi cavalli...

Con una sfumatura d'ironia.

Gli dirò di farli passeggiare anche loro...

Esce.

DONNA LIVIA (*a Di Fleri*). Poveretto!... Come si sente ora?

DI FLERI (*balzando in piedi allegramente*). Bene! Non sono mai stato così bene...

Tentando di prenderle le mani:

e così felice!

DONNA LIVIA (*sorpresa, aggrottando le ciglia e tirandosi indietro*). Oh!

DI FLERI (*ridendo*). Ho finto di rompermi il collo per liberarci di quel noioso d'Artale.

DONNA LIVIA. Cos'ha mai fatto!...

DI FLERI (*piano, tra scherzoso e appassionato, guardandola teneramente negli occhi*). Lei piuttosto, cos'ha fatto di me?

DONNA LIVIA (*seccata*). Ha fatto male! malissimo! Artale non è un ingenuo...

DI FLERI (*alzando le spalle*). M'importa assai di lui!

DONNA LIVIA. Importa a me, mio caro!

DI FLERI (*inchinandosi ironico*). Ah!

DONNA LIVIA. Faremo ridere tutta Roma con questa sciocca faccenda!

DI FLERI (*con tal impeto da sembrar quasi sincero*). Ma io me la rompo davvero la gamba, se volete!

DONNA LIVIA (*alzando le spalle*). Bravo, ora!

DI FLERI. Via, perdonatemi!

DONNA LIVIA. Perdonarvi, è presto detto... Ma io?...

DI FLERI. Voi da due mesi che mi fate impazzire!... E senza neanche potervelo dire... bene...

DONNA LIVIA (*ironica*). Bene, come?

DI FLERI (*un po' sconcertato da prima*). Come adesso... da soli... Due mesi che mi fate durare la settimana di passione!... Almeno a me!... Voi non so. Siete così strana! A volte arrivo a dubitare persino delle parole che mi dite... con cui mi fate perdere la testa... dinanzi a tutto il mondo però!

DONNA LIVIA (*sorridendo*). Questo che fa?

DI FLERI. Che fa? Non fa nulla, appunto!... Quello che volete!...

DONNA LIVIA. Che non è precisamente quello che vorrebbe lei!

DI FLERI (*quasi celiando*). E vi sembra onesto ciò che fate?

DONNA LIVIA. Se facessi il contrario sarei una santa, lo so!

DI FLERI (*dopo essere stato a fissarla in silenzio, fra tenero e scherzoso*). Come siete bella, perfida creatura!

DONNA LIVIA. Non so se devo ringraziarla ora...

DI FLERI. Ma sì, che ve ne importa? Ecco come fate... una frustata nel sangue, e poi subito la doccia fredda! Tanto peggio per chi ci casca! Voi non la perdete la testa, beata voi!

DONNA LIVIA. Che ne sa lei?

DI FLERI (*si accosta a lei, guardandola fiso negli occhi, e le dice piano, con voce calda e penetrante*). Sì?...

DONNA LIVIA. Non ho detto questo poi.

DI FLERI (*a voce ancora più bassa, quasi gli costasse di continuare sullo stesso tono leggero*). Ho passato delle notti intere sotto le vostre finestre... come un trovatore. Lo sapete?

DONNA LIVIA (*con un risolino malizioso tra pelle e pelle*). Io no.

DI FLERI (*prorompendo*). Così dovete ridere di tutte le sciocchezze che mi fate fare!... quando vi seguo dappertutto, sconvolto, pallido...

DONNA LIVIA. Pallido no.

DI FLERI (*con convinzione*). Pallidissimo!... soltanto per vedervi... per cuocermi in un cantuccio, mentre gli altri vi fanno la corte!

DONNA LIVIA. Oh, quanto a questo, anche voi!...

DI FLERI. Come tutti gli altri, nè più nè meno, e colla stessa fortuna, volete dire!

DONNA LIVIA. Credete?

DI FLERI (*supplichevole accostandosi a lei*). Allorchè fo il trovatore... perchè vi chiudete dunque nella vostra torre di bronzo... sempre?...

DONNA LIVIA. Ma... perchè ho paura probabilmente.

DI FLERI. Di chi?

DONNA LIVIA. Eh... di tutti, caro mio! E di voi prima di tutti.

DI FLERI. Di me che vi amo alla follia?

DONNA LIVIA. Appunto per questo.

DI FLERI. Oh, marchesa, non la prendiamo più su quel tono! Non ci reggo più! Vuole che non la secchi altro? Che lasci Roma, una buona volta?

DONNA LIVIA. Ma... se volete...

DI FLERI (*vivamente*). Io no!

DONNA LIVIA (*sorridendo e dandogli la mano*). E neppur io.

DI FLERI (*le bacia la mano e cerca di attirarla a sè. Ella s'irrigidisce. Allora egli cambia tono*). Ah! quel che mi fate soffrire!... Anche oggi, alla *buvette*... e mentre vi vedevo galoppare al fianco di Artale!... Lo detesto colui!

DONNA LIVIA (*ridendo*). Oh, poveretto!

DI FLERI. Lo detesto! Me lo trovo sempre fra i piedi quando vi vedo...

DONNA LIVIA. Ebbene?

DI FLERI (*scrutandola in viso avidamente*). No?... Proprio?...

DONNA LIVIA (*seccamente*). Ma che cosa, via?...

DI FLERI. Nulla!... Non credo nulla!... Non voglio crederlo! Farei davvero qualche sciocchezza!

DONNA LIVIA. Quest'altra adesso!

DI FLERI (*dopo una lieve esitazione*). Sono geloso... Ecco!

DONNA LIVIA. Voi?

DI FLERI (*chinando il capo, quasi umiliato*). Sì!... proprio io!... Anche questo!

DONNA LIVIA. Oh, Roberto!

DI FLERI (*scuotendole le mani, scuotendo il capo, appassionato e supplichevole*). No? no?... È vero, no?

DONNA LIVIA. Ingrato!

DI FLERI (*con trasporto, attirandola a lui*). Ah!... Livia!

L'avvince fra le braccia.

DONNA LIVIA (*difendendosi mollemente*). Basta ora!... basta!...

DI FLERI (*come un uomo che perde la testa, ma cercando di farla perdere a lei sopratutto*). Adorata!... Livia adorata!... Lasciatevi adorare!... in ginocchio!... tutta la vita!...

DONNA LIVIA (*con voce rotta, quasi per abbandonarsi*). Basta, basta, per carità!...

DI FLERI (*concitato, balbettando quasi per l'impeto della passione, ma attento a cogliere il momento buono*). Tutta la vita!...

S'interrompe a un tratto fingendo di tender l'orecchio a non si sa che rumore, ed esclama:

Ah, maledetti!

Va per chiudere l'uscio.

DONNA LIVIA (*vivamente*). Che fate?

DI FLERI. Sentite? La caccia!

DONNA LIVIA. No.

DI FLERI. Sì, v'assicuro! Qualche altro seccatore!...

DONNA LIVIA. Non importa. Lasciate.

DI FLERI (*scongiurandola a mani giunte*). Livia!... Adorata!...

DONNA LIVIA. Non sono una bimba, sapete!

Rimangono faccia a faccia, in silenzio, lei rigida e fiera, lui sconcertato da prima, leggendosi chiaramente negli occhi l'un l'altro.

DI FLERI (*dopo aver fatto per accendere una sigaretta che butta via subito, sorridendo sarcastico*). Peccato! E dire che ci amiamo tanto!

DONNA LIVIA (*sullo stesso tono*). È vero. Dovrei rompermi il collo come avete fatto voi!

DI FLERI (*facendo una spallucciata ironica*). Tanto, poichè nessuno vorrà crederci poi... nè a me nè a voi!...

DONNA LIVIA (*indignata, sorridendo amaramente*). Ah! Ecco che ci parliamo col cuore in mano, finalmente!

DI FLERI (*calmo, ed in tono un po' canzonatorio*). Allora torno a fare il malato, perchè Artale è lì fuori, e non voglio che vi annoi lui pure.

Siede sulla panca.

DONNA LIVIA (*sorpresa*). Lo sapevate?

DI FLERI. L'immagino. Avete detto che non è un ingenuo.

DONNA LIVIA. Oh!...

Va risolutamente all'uscio, e chiama a voce alta di fuori:

Artale!

Si ode dall'uscio aperto il tally-oh! *della caccia.*

DI FLERI (*ridendo*). Badate, sarà furioso!

DONNA LIVIA (*tornando indietro e piantandosi di faccia a lui, cogli occhi sfolgoranti di disprezzo e di collera*). Volete che vi dica pure come si chiama quello che avete fatto?

DI FLERI. Francamente, e quello che non avete fatto voi?

DONNA LIVIA (*sardonica*). Vi ho mancato di parola!...

DI FLERI. Eh!... Siete d'una bella forza!... Prendete un galantuomo pei capelli, così senza pensarci, per adornarvene, per stuzzicare l'altro magari, lo scaldate a freddo, lo date in ispettacolo per mesi e mesi, gli fate perdere il tempo, la testa, l'amico, l'innamorata se ne ha, gli fate fare ogni sciocchezza, e poi gli dite che non volete rompervi il collo! Ma uno che si mette a giuocare senza denari in tasca e senza voglia di pagare, lo si affigge, al club!

DONNA LIVIA. Ebbene, affiggetemi.

Gli volta le spalle per andarsene.

DI FLERI. Un momento, e la mia gamba?

DONNA LIVIA. Non ve la porto mica via.

DI FLERI. Artale sarà seccatissimo di trovarmela... tal quale.

DONNA LIVIA. Accomodatevela con lui.

DI FLERI (*in aria di minaccia*). Ah! Io non cerco di meglio!

DONNA LIVIA (*tornando indietro fiera ed irosa*). Basta cogli scandali, nevvero?

DI FLERI. Ditemi ch'è il vostro amante, e non sarò io di certo...

DONNA LIVIA. Insolente!

DI FLERI. Perchè? Perchè mi avete giuocato? o perchè voglio sapere per chi m'avete giuocato?

ARTALE (*entrando*). Eccomi, marchesa.

DONNA LIVIA. Ah, finalmente!

DI FLERI (*ad Artale fingendo la sorpresa, quasi beffardo*). Oh eri là?

ARTALE (*senza dargli retta, con calma alquanto ironica*). Bravo, t'è passata?

DI FLERI. E tu il mio chirurgo l'hai lasciato per via?

ARTALE. Vedi che non ce n'era proprio bisogno.

DI FLERI (*provocante*). Se lo sapevi dunque perchè ti sei data la pena?...

ARTALE. La marchesa era così inquieta...

DONNA LIVIA (*interrompendo*). Grazie. Ora faccia il piacere, Artale, di chiamare il mio *groom*. Lei mi accompagna, è vero?

ARTALE. Certamente, marchesa.

Va per uscire.

DI FLERI (*fermandolo*). Senti prima...

ARTALE. Che cosa?

DI FLERI. Questo: che se mi pare d'aver male a una gamba voglio esser creduto sulla parola.

ARTALE. Ti duole ancora?

DI FLERI (*minaccioso*). Finiamola, via!

ARTALE. Cosa diavolo hai?

DONNA LIVIA (*risoluta*). Ecco: Fleri ce l'ha con me, ed anche un po' con lei, Artale...

DI FLERI (*protestando per galanteria*). Oh no, marchesa!

DONNA LIVIA. Sì, sveliamo gli arcani: Era... come direi... preso di me...

DI FLERI (*come sopra, accentuando ancor più l'aria sarcastica*). È! è! Presissimo!

Ad Artale con un sorriso provocante:

Non te ne eri accorto?

ARTALE (*calmo e un po' sardonico lui pure*). Quasi.

DONNA LIVIA. Se si vedeva ad occhio nudo!... Ma non mi sentivo di cadergli fra le braccia. Proprio non mi sentivo! Me lo perdona, Fleri?

DI FLERI (*ad Artale, sarcastico*). Questo però non lo sapevi!

DONNA LIVIA (*stendendo la mano ad Artale*). Sì... Spero almeno di sì!

DI FLERI (*inchinandosi ironico*). Ah!... Ecco una cosa che ignoravo io!... Complimenti!

ARTALE (*seccamente*). Senti, Fleri, se hai bisogno di prendertela con qualcuno, o per qualche cosa, ci vediamo al Circolo ogni sera. Colle carte in mano si fa presto ad intendersi, senza far ridere nessuno.

DI FLERI. Oh, quanto a ridere...

ARTALE. Non parlo per me, sai.

DONNA LIVIA (*ridendo*). Voglio sperare che non mi giuocherete mica alle carte!

DI FLERI. Ah no! Egli è troppo fortunato!

ARTALE (*seccato*). Che intendi dire?

DONNA LIVIA (*risoluta e fiera*). Vuol dire che lei è... fortunato con me. Sia, mettiamo che lo sia.

A Di Fleri sorridendo ironica:

Si lascia giuocare da lei, si lascia ingannare da me... Di che si lagnerebbe dunque?

DI FLERI (*dopo un momento di esitazione, risolvendosi a prender la cosa da uomo di spirito*). Di esser giuocato, se mai. Ma quando ho perduto io pago. A buon rendere, Artale.

ARTALE (*sorridendo anche lui*). A buon rendere.

DI FLERI (*inchinandosi*). Sono buon giocatore, marchesa.

Esce. Pausa.

Donna Livia (*accorata, prendendo la mano di Artale*). Perchè avete fatto questo, Mario?

Artale (*le bacia la mano, e torna a fissarla senza rispondere; poi lentamente, come pesando le parole*). Perchè ci tengo a voi... molto... e non voglio perdervi.

Donna Livia (*sorridendo amaramente*). Ah!

Artale. Vi eravate montata un po' la testa... senza avvedervene, pel mio amico Fleri... Mi seccava, ma non volevo seccarvi...

Donna Livia. E mi avete fatta seccare da lui!

Artale (*ridendo*). Io non l'ho pregato di farlo.

Donna Livia. Ma egli l'ha fatto... tanto!

Artale. E tanto peggio per lui, non è vero?

Donna Livia. Però... Non avete temuto... un momento, che il rimedio fosse troppo... eroico?

Artale (*inchinandosi a lei*). Tanto, se ero condannato...

Donna Livia. È vero.

Artale. Ma ho fede in voi.

Donna Livia (*con un sorriso alquanto triste*). Ed anche un po' in voi. Dite la verità!

Artale. Non ci avrei guadagnato nulla a fare il geloso... E, perdonatemi, non avrei voluto cominciare a farlo proprio con voi.

Donna Livia (*scuotendo il capo tristamente*). No, Mario!

Artale. Vi amo come volete essere amata, come va amata una donna del vostro mondo e del vostro spirito, e so che il miglior modo di difendere il mio amore è di non farvelo troppo pesare.

Donna Livia (*come sopra*). No, Mario, non è così!... Non è così che dovrebbe essere almeno!... Me lo fate pesare così poco il vostro amore... che quasi non lo sento più...

scuotendo il capo, e affettando una gaiezza che non riesce a mascherare la sua malinconia

e lo cerco forse altrove, come vi sembra... Poichè sarebbe ridicolo che nessuno mi facesse la corte. Non me lo perdonereste voi pel primo, caro Artale. Bisogna, a maggior gloria vostra... e mia, che mi vediate desiderata e insidiata dagli altri, e io sappia che ciò non vi fa nulla...

Artale (*protestando*). Questo poi...

Donna Livia. Proprio nulla... in apparenza soltanto... come in apparenza deve importare a me di chi mi fa la corte... Ma se me ne importasse poi, più tardi?... Così a poco a poco siamo arrivati al punto in cui siamo, ciascuno per la sua strada, sfogliando le margherite con questo e con quello per vedere se ci amiamo ancora... e giocando d'astuzia per metterci alla prova o per difendere il nostro amore... Talchè quando un Fleri qualunque si scalda la testa e vuol precipitare gli eventi, mi lasciate faccia a faccia con lui... senza sentirvi montare il sangue alla testa...

Facendo uno sforzo per sorridere e vincere la sua tristezza.

Scusatemi, sono così triste, malgrado la mia leggerezza, perchè penso a una cosa che vi farebbe ridere, voi che non volete cominciare a far il geloso proprio con me.

ARTALE (*sorridendo in aria di galanteria*). Vi piacerebbe che lo fossi?

DONNA LIVIA. Sì, un pochino, di tanto in tanto, come piace di tanto in tanto al mio cavallo di puntare sulla mano, e appoggiare alle redini... per non farmi inciampare nei Fleri.

ARTALE (*ridendo*). Povero Fleri!

DONNA LIVIA (*dopo aver scosso il capo, quasi a scacciarne la tristezza, e tornando a mostrarsi gaia e sorridente*). Però non deve esser contento di voi il vostro amico!

ARTALE (*ridendo*). Nè di me, nè di voi, mi basta.

DONNA LIVIA (*con un gesto grazioso di minaccia*). Per questa volta!

Prende il braccio di lui ed escono.

TELA

ROSE CADUCHE

Commedia in tre atti

Pubblicata nella rivista Maschere, *di Catania, giugno 1928. L'opera, secondo Luigi Russo (v. Luigi Russo,* Giovanni Verga, *Laterza, 1947, pag. 455) deve essere stata composta tra il 1873 e il 1875.*

PERSONAGGI

Irma Scotti
Luciano De-Galiani
La Contessa Baglini
Lucrezia
Paolo Avellini
Il Cavaliere Falconi
La Signora Merelli
Il Commendatore Gaudenti
Giulietta
Tonio
Un Domestico

ATTO PRIMO

Giardino della contessa Baglini a Montenero, presso Livorno. A destra un'elegante pagoda chinese; più in là un viale con pergolato; a sinistra un grande viale; in fondo una serra da fiori a vetri; dinanzi al padiglione un tavolino con albums, giornali, ecc., presso il viale un sedile.

SCENA I

Il cavalier Falconi dal viale di sinistra, e Tonio dal padiglione.

FALCONI. La contessa?

TONIO. Sarà qui a momenti, signor cavaliere.

FALCONI (*consultando l'orologio*). Temevo d'essere in ritardo. Il *rendez-vous* non è per le dieci?

TONIO. Non sa nulla adunque di quel ch'è accaduto al commendator Gaudenti?

FALCONI. No davvero.

TONIO. Nel seguire a cavallo la *caléche* della signora contessa è andato giù bel bello, e si è trovato, senza sapersi poi il come, fra le quattro zampe d'*Isolina*.

FALCONI (*ridendo*). Ah! ah! ah! Ma questa è magnifica in parola d'onore! Quel caro commendatore non ne fa mai delle altre!... e se *Isolina* non gli ha giocato qualche brutto tiro è stato in grazia della sua buona educazione e non per riguardi alla Commenda!... Ah! per bacco!... Un cavaliere... un commendatore per sopramercato, che non sa tenersi in sella!... La signora Merelli ne sarà desolata!... Ridi, briccone?

TONIO. Io, signore?...

FALCONI. Ridi, ridi pure! Al Club se ne riderà per una settimana. Ma se quel disgraziato commendatore avesse dovuto montare il mio Solimano! quel diavolo di Solimano che fa venire la pelle d'oca ai più arrischiati dei nostri *sportsmen*!... Scommetto che quando mi vedi venire a briglia sciolta dici fra te e te: Ecco lì un matto che arrischia l'osso del collo con disinvoltura.

TONIO. No, signore, le giuro...

FALCONI. No? Me ne rincresce per te. Solimano è magnifico quando vuol farmi il cattivo... bisogna vederlo!... Ma sì!... *oop! oop!...* ha dovuto metter giudizio! Conosce la mano il furbo! I cavalli son come le donne: conoscono la mano. Non star poi a riferire alla tua padrona il paragone poco galante!

TONIO. Signore... io bado ai fatti miei, io!

FALCONI. Smetti, via, mariuolo! Non mi fare il discreto!... e ricordati che quando mi vorrai mettere a parte dei secretucci della tua padrona ci sarà una buona mancia per te.

TONIO. Mi meraviglio, signore!... Io non sono di quelli!...

FALCONI. Eh! al solito! Sei di quegli altri tu!... Ma si sa che i domestici sono i confidenti volontari o involontari dei padroni... E quando avrai udito quelle signore occuparsi di me non ti sarai certamente turate le orecchie per la sola ragione che stavi ad origliare dietro l'uscio!... Che diavolo! è naturale. Quelle signore si occupano dei fatti miei?... avranno per questo le loro ragioni...

borioso

ciò non mi riguarda! Tu le ascolti?... ciò riguarda te, è il tuo mestiere. Io non ci abbado; lascio vedere e lascio dire... e scommetto che tu sai anche meglio di me che io monto a cavallo come Guillaume, tiro alla pistola come Montecristo e mi batto alla spada con Parise... Ah! birbone!

In tono di confidenza prendendolo per un orecchio. Poi vedendo dietro le spalle di Tonio la contessa ch'è venuta pel viale di destra.

Oh!

Tonio via dalla sinistra.

SCENA II

La contessa Baglini e il cavalier Falconi.

CONTESSA. Da bravo, cavaliere! Siete in vena di familiarità oggi!

FALCONI. Cara contessa, facevo l'onore qui a Tonio di dargli una lezione...

CONTESSA. Che? avrebbe osato?...

FALCONI. Ahimè! tutt'al contrario!... Non osa!

CONTESSA (*in aria lievemente ironica*). Ad ogni modo vi ringrazio della lezione per quel mio povero domestico.

FALCONI (*con galanteria*). Non monta! Me ne date tante voi!... e non vi ringrazio!...

CONTESSA (*c. s.*). Procurate di non meritarvele.

FALCONI. Ma al contrario!... Ci tengo!

CONTESSA. In verità non siete difficile!

FALCONI (*c. s.*). Siete così bella quando andate in collera che quasi quasi sono arrivato a trovare deliziosi i vostri rabbuffi.

CONTESSA. È una strana soddisfazione!

FALCONI. Mi ci avete abituato, che volete!

CONTESSA. E se questo vi basta mi sarà facile contentarvi.

FALCONI. Ah, madama! Voi siete crudele!...

CONTESSA (*c. s.*). E voi non dovete esserci avvezzo... colle altre.

FALCONI. Ma si direbbe che avete preso impegno di vendicare...

CONTESSA (*sorridendo ironica*). Le altre?

FALCONI. Fui punito col mio peccato!

Con galanteria.

Dal giorno che deposi le armi ai vostri piedi son vittima anch'io!

CONTESSA (*c. s.*). Badate, cavaliere, che noi entriamo in pieno dramma a gonfie vele. Vi ho permesso di farmi la corte, ma non di farmi della poesia.

FALCONI. Non ne farò più, bella contessa, e comincio dall'approfittare del vostro permesso prendendone un acconto in buona prosa.

Le bacia la mano.

CONTESSA. Questa è prosa da cavaliere errante.

FALCONI. I cavalieri erranti non son più di moda, è vero, ma la loro prosa è di tutti i tempi.

CONTESSA. Matto!

FALCONI. Ma a proposito di cavalieri, cara contessa, ne avete di quelli che perdono le staffe!

CONTESSA. Ne ho anche di quelli che perdono il giudizio.

FALCONI (*con galanteria*). Ah, contessa!... chi potete avere il cuore d'incolparne... voi?!

CONTESSA. Che so io?... Il caso, il caldo... i bagni di mare, i bei chiari di luna... le corse all'Ardenza... un velo svolazzante... un guanto perduto... Domandatene alle signore Merelli, forse ne sapranno più di me.

Andando ad incontrare la signora Merelli e Lucrezia che vengono dalla sinistra.

SCENA III

La signora Merelli, Lucrezia e detti.

S.ª MERELLI. Che cosa vuol sapere, mia cara contessa?

CONTESSA. La spiegazione di un indovinello che il cavalier Falconi non ha saputo darmi: che cosa faccia dar di volta a certi cervelli, se una passeggiata romantica con effetto di luna, o un nastro indiscreto che sventoli sulla brezza del mare al di sopra di una tenda dello stabilimento balneario.

S.ª MERELLI. Io voto pel nastro.

FALCONI. Per ragion della brezza?

S.ª MERELLI. No, per ragion del caldo.

FALCONI (*piano alla contessa*). È un motivo da cinquant'anni... con vedovanza.

CONTESSA (*c. s.*). Stordito!

S.ª MERELLI (*in aria pretenziosa*). Che dice, cattivo soggetto?

FALCONI. Nulla. Facevo delle osservazioni sulla canicola.

CONTESSA. E lei, madamigella?

LUCREZIA. Io sto pel chiaro di luna.

FALCONI. Il sogno di una notte d'està!...

LUCREZIA (*vivamente con ingenuità ed accento significativo al Falconi*). Sissignore!... Già lei non ci crede!... Non è *chic*.

FALCONI. Io?... Oh, tutt'altro!

CONTESSA. Sicchè a voi, cavaliere! Il nastro o il chiaro di luna?

FALCONI. Nè l'uno nè l'altro, madama, ma il *macao*.

S.ª MERELLI. Quando si perde o quando si guadagna?

FALCONI. Quando si perde.

CONTESSA. Oibò! La sarebbe una scusa comodissima per non pagare i debiti di giuoco.

FALCONI. Ecco perchè molti si dimenticano di pagarli.

CONTESSA. Volete che io vi metta tutti d'accordo? Sì, è il *macao*, è il chiaro di luna, è il nastro indiscreto. Soltanto avete dimenticato una circostanza importantissima che s'accompagna alla luna, al nastro e alle carte da giuoco.

LUCREZIA. E sarebbe?

CONTESSA. Una bella signora (bisogna poi crederla tale poichè fa girare tutte le teste) che avrò l'onore di presentarvi oggi, e della quale ho fatto la conoscenza or son pochi giorni.

FALCONI (*con galanteria*). Contessa, io protesto in favore delle belle donne presenti!

S.ª MERELLI. Adulatore!

LUCREZIA. Colla mano sulla coscienza?

FALCONI. Con tutt'e due le mani!

CONTESSA. Badate, cavaliere, che prendo nota della vostra dichiarazione!

FALCONI. Volete ch'io la sottoscriva?

CONTESSA. Non vi tagliate le mani, mio caro; la signora Irma Scotti venendo qui potrebbe leggere la vostra firma.

FALCONI. Oh! oh!

S.ª MERELLI. La donna del nastro!

LUCREZIA. Il chiaro di luna!

CONTESSA. Ed il *macao* del cavalier Falconi; o più semplicemente la sirena dell'Ardenza, la celebre artista. Mio Dio! Noi altre povere donne abbiamo questo di buono o di cattivo: tocchiamo subito gli estremi con miracolosa facilità. Che il primo fannullone del bel mondo si dia la pena di farci una riputazione qualunque al Club o al Caffè e fra ventiquattr'ore tutti i fannulloni suoi pari si saranno fatto un debito di *saper vivere* di pubblicarla ai quattro venti. La signora Scotti è stata fortunata, a quel che pare; io ho voluto veder da vicino cotesta meraviglia. Ho afferrato il mostro per le corna e ve lo metto faccia a faccia.

Al cavaliere:

Chi non saprà difendere il suo cuore dalle unghie di questa leonessa, suo danno!

S.ª MERELLI. Ah! un'eroina da palcoscenico! Una di quelle che comprano l'avvenenza al *Regno di Flora* e l'eleganza dai rivenduglioli d'abiti usati!

CONTESSA. Via, signora, noi non abbiamo il diritto di essere maldicenti poichè non siamo ancora sue amiche.

S.ª MERELLI. Eh! non è maldicenza, mia cara. Certi entusiasmi non posso soffrirli...

Pavoneggiandosi.

Si sa, cotesti cerotti e cotesti abiti di seconda mano fanno un certo effetto... ma al lume della ribalta!

FALCONI. Potrei assicurarle, madama, che la signora Scotti quel *certo effetto* lo fa anche alla luce del sole.

CONTESSA (*ironica*). Ah! ecco il cavaliere! Adesso lo riconosco!

LUCREZIA (*dispettosa*). Sembra ch'ella l'abbia esaminato molto davvicino quella meraviglia... e alla luce del sole.

S.ª MERELLI. E che il sole sia stato cocente per scaldare così il suo entusiasmo!

CONTESSA. Povero cavaliere, che vespaio avete stuzzicato!

FALCONI (*con galanteria*). Non son cavaliere per nulla, belle dame!

S.ª MERELLI. Del resto chi la conosce questa elegante, questa incantatrice? Metto pegno che madama Bossi non saprebbe dirci la storia delle sue acconciature, nè Marchesini quella dei suoi gioielli di princisbecco.

FALCONI. Niente di meglio! Sarebbe segno che a cotesta storia non c'è l'appendice del conto arretrato!

S.ª MERELLI. Le do un consiglio d'amica sincera: procuri di allegarlo meglio il suo spirito, e non ne faccia sciupio per difendere simili avventuriere... Ella è così perfetto cavaliere!...

LUCREZIA. E sopratutto ci lasci tranquille coi suoi entusiasmi da palcoscenico!

CONTESSA (*al cavaliere sottovoce e con doppio senso*). Il dispetto di quella piccola ape

accennando Lucrezia

mi dà a pensare... per voi... Badate, mio caro, vi pungerà!

Forte.

Signore mie, posso assicurare che cotesta del cavaliere è una difesa officiosa, di pura forma, e per l'onore del titolo; ma nessuno meglio di lui rende omaggio alla vera bellezza e all'eleganza di buon genere.

Inchinandosi alle Merelli.

S.ª MERELLI (*minacciando il Falconi col ventaglio*). Ah! quel matto sa scegliere il suo avvocato!

CONTESSA. Ed ora domando indulgenza per la mia invitata... almeno oggi che ho la fortuna di riunire quattro amici a Montenero. Passeremo la giornata il meno male che si può. Saremo in otto o nove: la signora Scotti, il commendatore Gaudenti, un altro signore che dovrà presentarmi l'avvocato Avellini...

S.ª MERELLI (*con interesse*). E il signor Avellini ci sarà anche lui?

CONTESSA. Certamente; il signor Paolo è dei nostri.

S.ª MERELLI. Ho piacere.

CONTESSA. Grazie... per lui.

S.ª MERELLI. Il signor Avellini è un giovane distinto.

CONTESSA. Distintissimo anzi!

S.ª MERELLI. E un giorno o l'altro sarà il luminare del Foro. L'ha detto il commendatore!

FALCONI. Ah! se l'ha detto lui!

CONTESSA. Tutti gli amici del signor Paolo ne sono convinti del pari.

S.ª MERELLI (*marcatamente*). Io sono certa che renderà felice la donna che sposerà.

CONTESSA. Oh... questo poi sta al signor Avellini a provarlo.

FALCONI. In coscienza io non potrei impegnare la mia parola.

S.ª MERELLI (*vivamente*). Che! Avrebbe qualche motivo per dubitarne, signore?

FALCONI. No, certamente!... Come non ne ho alcuno per affermarlo!

S.ª MERELLI. Quando non l'ha cotesto motivo non c'è ragione di dare l'allarme... e in presenza di certe persone per giunta!

FALCONI. Ma io non do l'allarme, madama... Che diamine! mi pare che non siamo in caso di guerra!...

Guardandosi attorno.

Nè in presenza del nemico!

Piano alla contessa:

Come prende fuoco la vecchia galante! Che voglia sposarlo lei?...

S.ª MERELLI. Eh!... potrebbe anche essere!...

LUCREZIA (*vivamente*). Mamma!

CONTESSA. Ma guardi, signora, che ci mette in tal curiosità!...

FALCONI. Che? Si sentirebbe diggià l'odor della polvere?...

S.ª Merelli (*con finto ritegno*). Chissà!...

Falconi. Chissà!... È una parola gravida di rivelazioni matrimoniali chissà! Vogliamo guardarci dentro a rischio di essere indiscreti.

S.ª Merelli. Mio Dio!... Non saprei...

Falconi (*inchinandosi con ironica galanteria*). Ah! ci sono! Madama, io non posso giurare che l'avvocato Avellini riesca la perla dei mariti, ma garantisco ch'egli è molto fortunato!

Nel passare accanto alla contessa piano, accennando la Merelli.

È una fortuna spaventosa!... Povero diavolo!

S.ª Merelli. Lo credo anch'io... Non posso dir nulla ma lo credo anch'io!

Falconi. Per bacco! Chi ne può dubitare!

Ironico.

Contessa (*con ironia*). Bisogna che io mi congratuli col signor Paolo.

S.ª Merelli. Il signor Paolo è un eccellente giovane, ma... non fo per dire... modestia a parte, anche la sposa non c'è mica male!... è un boccio di rosa.

Falconi (*con ironica galanteria*). Un vero bomboncino!

S.ª Merelli. Grazie!

Falconi (*sottovoce alla contessa*). Santi del paradiso! Le prende su con una disinvoltura!...

S.ª Merelli (*con falsa e pretenziosa modestia*). Il commendatore, ch'è sempre quel caro matto che tutti sapete, ci paragona a due rose sullo stesso cespo...

Contessa (*ironica*). Il commendatore è la quintessenza della galanteria.

Falconi (*imbarazzato*). Ma come due rose? Non sarà mica una rosa anche lui!... Potrebbe essere uno spino tutt'al più... Non faccio cattivi auguri, ma potrebbe essere...

S.ª Merelli. Ma che lui!... lei invece.

Falconi (*c. s.*). Chi lei?

S.ª Merelli. Mio Dio! La sposa!

Lucrezia (*vivamente e imbarazzata*). Mamma! ti prego!...

Falconi (*c. s.*). Non mi raccapezzo più!... Ma non si tratta di lei?

Alla Merelli.

S.ª Merelli. Io non ci penso... pel momento... La faccio da buona sorella stavolta.

Contessa. Ah, finalmente!

S.ª Merelli. Per carità non mi costringete... non posso dir nulla ancora...

Falconi. Ma qui... siamo in famiglia...

S.ª Merelli. Mi rincresce, mi rincresce davvero... Ma non posso dir nulla... È stato il commendatore che ha combinato l'affare... Mi raccomando!... che la cosa rimanga qui, fra noi... Le convenienze...

Lucrezia. Oh, mamma!...

S.ª Merelli (*piano alla contessa, ma in modo di essere udita anche dal cavaliere*). Il commendatore dice che sembrano fatti l'uno per l'altra.

Accennando Lucrezia.

Che Dio li benedica!

Lucrezia (*passando accanto al Falconi, sottovoce*). Devo parlarvi... da solo.

Falconi. Ah! ci sono! Ci sono anch'io!... Madamigella, a rischio di essere accusato d'indiscrezione voglio essere il primo a farle le mie congratulazioni e i miei auguri... pel suo sposo.

Mentre s'inchina, sottovoce.

Capisco. Verrò.

Contessa (*ironica*). Ah, davvero! Il signor Avellini è un eccellente partito!

Essendosi avvista del parlare sottovoce del Falconi con Lucrezia.

Che ne dite, cavaliere?

Falconi. Proprio magnifico! E giacchè è avvocato non sarà un marito seccatore di quelli che si cuciono alla gonnella della moglie.

S.ª Merelli. Ma per adesso mi raccomando... chè la cosa è ancora così... Non avrei aperto bocca con anima viva... e il commendatore... Ma a proposito del commendatore dov'è che non si vede?

Falconi. Ah, bisogna che gli si faccia metter giudizio a quello scapato!

Ironico.

Fa ancora delle pazzie, alla sua età!

S.ª Merelli. Oh! la sua età!... Non è poi un vecchio!

Falconi. No, non dico questo... Ha un'età ragionevole!. Soltanto non è ragionevole riguardo alle leggi dell'equilibrio; egli le sfida imprudentemente!

S.ª Merelli. Ma io non capisco, cavaliere.

Contessa. Non è nulla. Non può dirsi nemmeno una caduta da cavallo.

S.ª Merelli. Mio Dio! una caduta!... Forse ferito!...

Contessa. Si rassicuri; sarà qui a momenti. L'ho lasciato nel salotto che scacciava la paura avuta con una bottiglia di rosolio.

Falconi. Quel caro commendatore ha di comune con i ragazzi la passione per gli sciroppi... e se c'è qualche ferito sarà quella povera *Isolina* che avrà la schiena rovinata. Il commendatore dovrebbe adottare la sella all'americana... per compassione di quelle povere bestie se non altro.

SCENA IV

Il commendatore Gaudenti e detti.

Gaudenti. Eccomi, eccomi, belle dame. Si parlava di me?

S.ª Merelli. Un'altra pazzia!... Vi siete fatto male? Non abbiate ritegno di dircelo almeno!

Gaudenti. Nulla... proprio nulla!... un passo falso...

Falconi. Bisogna vedere dove si mettono i piedi, mio caro!

Contessa (*ironica*). Ah! ella fa ancora dei passi falsi!

Gaudenti (*pavoneggiandosi*). Eh eh!...

Accorgendosi di un'occhiata severa della Merelli.

Cioè... stavolta il passo falso l'ha fatto *Isolina.*

S.ª Merelli (*severa*). Caro commendatore, qualche volta coi passi falsi ci si rimette l'osso del collo!.. Però io vi avevo offerto un posto nel mio legno!...

Gaudenti (*imbarazzato*). È vero, bella signora... Ma dirò... l'occasione... la giornata è così bella!... e poi l'equitazione attiva talmente... che in ispecie prima del desinare... e una trottatina allo sportello della carrozza di madama credevo che...

Sempreppiù sconcertato dallo sguardo severo della Merelli.

Insomma ho avuto torto a venire a cavallo... lo veggo, lo confesso, e ne chiedo scusa.

CONTESSA. Oh, son dolentissima d'esserne stata la causa... benchè lontana!...

GAUDENTI (*cercando ripigliarsi*). Che dice? Che dice mai?... Anzi!...

Accorgendosi di un'altra occhiata fulminante della Merelli.

Cioè ho avuto torto ad accompagnarla a cavallo... è verissimo...

Accorgendosi di un movimento della contessa e ripigliandosi.

Ma se l'avessi accompagnata in carrozza...

sconcertato da uno sguardo corrucciato della Merelli

o a piedi... È meno comodo ma è più sicuro... e attiva anche dippiù...

Sogguardando alla sfuggita e come pauroso la Merelli.

Anzi se fossi venuto nel legno della signora Merelli...

Vedendo venir Tonio.

Auff!!

S.ª MERELLI (*sottovoce ma severamente*). Signore! Non amo che voi facciate il galante con quella civetta!

SCENA V

Tonio e detti.

TONIO. È giunto l'avvocato Avellini in compagnia di un altro signore.

CONTESSA. Ah! sarà quel giovanotto di cui mi si è tanto parlato, e che il nostro Paolo mi deve presentare.

A Tonio:

Pregate quei signori di venirci a raggiungere qui.

Tonio via.

È un signor De-Galiani: lo conoscete forse, cavaliere?

FALCONI. No. Non è stato presentato al Club.

CONTESSA. Infatti sarebbe stato difficile... È un poeta.

FALCONI. Un poeta! Ma avrete tutti i sette peccati mortali alla vostra tavola!

GAUDENTI. Bravo! Grazioso!

CONTESSA. Quando sarebbe bastata la sola gola, non è così? Del resto rassicuratevi, è un poeta che porta il cappello a cilindro e si fa pettinare all'inglese.

LUCREZIA. Un poeta! Che gusto! Mi farò mettere in versi il proverbio che il cavaliere Falconi scrisse sul mio album.

CONTESSA (*con lieve tinta d'ironia*). Un proverbio del cavaliere!... Deve essere un proverbio galante di prima forza!

GAUDENTI. Infatti ci voleva qualche cosa di spiritoso... di galante...

LUCREZIA. Peccato che sia stato scritto in un accesso di galanteria nera!...

Ironica.

Un bel proverbio del resto... ed anche gentile!... « *Le rose cascano e le spine rimangono...* » Il cavaliere non ha voluto dirmi se ci sieno poi delle rose che durano più delle spine.

FALCONI (*con galanteria*). Sì, quelle che somigliano a lei!

LUCREZIA (*inchinandosi con sussiego ironico*). Ooh!...

GAUDENTI. Bravo! Ben detto!

Sª MERELLI. Ne domanderemo a cotesto signor poeta.

CONTESSA. Sono veramente curiosa di conoscerlo... Me lo hanno dipinto come una specie d'originale. È un poeta che ha finito per diventare uno spirito forte passando per tutte le possibili stravaganze.

GAUDENTI. Ci son degli originali originali, e degli originali che sono brutte copie.

FALCONI. Sarà la brutta copia di lord Byron col mantello di Mefistofele.

CONTESSA. Badate, cavaliere! Chè la lingua dei poeti è pericolosa... quanto la vostra spada.

FALCONI (*inchinandosi con galanteria in aria spavalda*). Se fossimo al tempo dei cavalieri erranti vi risponderei: Gliela reciderò, bella dama, per deporla ai vostri piedi.

CONTESSA. Oibò! Si dice che per noi donne... una sia anche troppa!

SCENA VI

Luciano De-Galiani, Paolo Avellini, Tonio dal viale a sinistra e detti.

Tonio rientra nella pagoda.

Paolo. Contessa, ho l'onore di presentarvi il signor Luciano De-Galiani, uno dei miei amici più intimi ed uno dei vostri più caldi ammiratori.

Contessa. Ho sentito parlare del signor De-Galiani con tanto favore che mi fate un vero regalo! Io spero che il signore vorrà presto sostituire alla sua ammirazione, cui non ho alcun titolo, un'amicizia che procurerò di meritarmi.

Luciano (*inchinandosi*). Madama!

S.ª Merelli (*piano al commendatore*). Per un poeta è molto laconico.

Contessa. Oggi avremo qui in villa qualche amico. Faremo un po' di tutto: della musica, della maldicenza, e delle contradanze. So che ella è poeta distinto. Nella mia qualità di padrona di casa reclamo da lei un favore per i miei invitati... pochi versi...

Luciano. Mi rincresce doverla disingannare, contessa, ma io non sono stato mai poeta... a meno che non si voglia abusare di cotesto titolo affibbiandolo al primo venuto.

Contessa. Per un primo venuto ella è molto fortunata, giacchè il suo nome non m'era ignoto!

Luciano. Ho peccato contro le Muse, è vero, ma ne ho fatto penitenza leggendo il mio nome sui cartelloni dei librai...

Sorridendo.

Non vorrà essermi indulgente per un errore giovanile?...

Contessa. Troppa severità!

Luciano. No, contessa, ho fatto semplicemente delle esperienze, e siccome le ho pagate assai care ne ho dedotto dei principî inalterabili...

Sorridendo.

Così credo che in poesia bisogna andar cauti... come... come in amore per esempio.

Falconi. Per timore dello scandalo probabilmente?

In aria di motteggio.

LUCIANO (*con freddezza sarcastica*). No, signore, per timore del ridicolo.

FALCONI (*spavaldo*). Per bacco! Il ridicolo lo si para con una stoccata!

LUCIANO (*c. s.*). Non vorrei però stare continuamente in guardia... se non altro per non far ridere della mia spada.

FALCONI (*vivamente*). Signore!

CONTESSA (*presentando il cavaliere a Luciano*). Il cavalier Falconi.

FALCONI (*salutando*). Signore!... Son lieto...

CONTESSA. Ma, signor De-Galiani, i suoi principî sono troppo rigorosi...

sorridendo

per la poesia almeno.

LUCIANO. Non è colpa mia, contessa. Son puritano per convinzione. Ho visto ridere dei poeti e degli innamorati... ed ho finito col ridere anch'io.

CONTESSA. Degli innamorati o dei poeti?

LUCIANO. Qualche volta anche di quelli che ridevano.

GAUDENTI. Bravo! Questa è vera filosofia!

FALCONI. Adagio colla filosofia, commendatore! e sopratutto al momento di mettersi a tavola.

CONTESSA (*sottovoce ad Avellini*). Il vostro amico è innamorato!

PAOLO (*sottovoce*). Alla follia.

CONTESSA (*c. s.*). Sapete che son curiosa!

PAOLO (*c. s.*). Che è quanto dire: siate indiscreto! Ama perdutamente la signora Scotti, la celebre artista.

CONTESSA (*c. s. e con lieve tinta di dispetto*). Ah!... Ed è riamato?

PAOLO (*c. s.*). Non è neanche conosciuto.

CONTESSA (*c. s.*). È un matto adunque... giacchè non è più un ragazzo?

PAOLO (*c. s.*). No, è un poeta.

CONTESSA. Signori, intanto vi prego di considerarvi come in casa vostra. Nei viali c'è ombra; sui tavolini ci son sigari, carte da giuoco e giornali; in quel padiglione c'è un pianoforte. Giocate, passeggiate, fate della politica o della musica come meglio vi aggrada. Approfittiamo dei privilegi della campagna. Libertà per tutti!

GAUDENTI. Io ne approfitterò per andare a fare un giro nella sala da pranzo. Non potei darci che un'occhiata attraverso l'uscio, mentre quella bella giovane della sua cameriera mi guidava da queste parti, ma, non faccio per dire, ella ha una sala da pranzo che ci si passerebbero venticinque ore del giorno!

S.ª Merelli (*volgendo un'occhiata imperiosa al commendatore che non se ne avvede*). Piuttosto desidero vedere la sua nuova uccelliera; me ne sono state dette meraviglie!

Contessa. Vada pure a giudicare quelle modestissime meraviglie...

Prendendo per mano il Falconi che stava per offrire il braccio a Lucrezia.

Il cavaliere gliene farà gli onori.

Falconi (*piano e dispettoso*). Ah! È così che intendete la libertà!

Contessa (*piano e sorridendo*). È così che voi intendete la devozione?

Falconi (*c. s.*). Ma questa è schiavitù del Kentucky!

Contessa (*c. s.*). Dove starebbe il vostro merito altrimenti?

Falconi (*alla Merelli, offrendo il braccio con mala grazia*). Signora!..

S.ª Merelli (*prendendo dell'istessa guisa*). Grazie!... Ma, commendatore!... Mi sembra che anche voi desideravate vederla questa benedetta uccelliera!...

Sottovoce e con stizza.

A meno che non preferiate farvi indicare la sala da pranzo dalle belle cameriere!...

Gaudenti (*seguendola tutto confuso*). È vero... è verissimo... Faccio le mie scuse... Credevo che fosse ora... Ho avuto torto.

Via.

SCENA VII

La contessa, Lucrezia, Paolo e Luciano.

Contessa. Lucrezia, che cosa c'è di bello in quel giornale?

Lucrezia. La musica di una graziosissima ballata tedesca.

Contessa. Se vuol provarla di là c'è il pianoforte. Il signor De-Galiani,

presentandolo

è un distinto pianista, a quel che me ne dissero, e l'aiuterà

Lucrezia e Luciano si salutano.

Anzi, a proposito di musica, ne ho della nuovissima che Ricordi mi mandò l'altro giorno: Don Carlos e Dinorah.

Suona il campanello e a Tonio che esce dal padiglione:

Dite a Carolina che rechi sul pianoforte la musica che mi giunse ieri l'altro. Poscia andate ad aspettare la signora Scotti al cancello. Tarderà poco a venire.

Tonio rientra nella pagoda, poscia attraversa la scena e va via dal viale a sinistra.

LUCREZIA (*a Luciano*). È la mia parte di libertà che mi vien data, signore, forse a spese della sua.

CONTESSA. Procuro di farvi sembrare meno lunghe le ore che vi condanno a passare in casa mia.

LUCIANO (*dando il braccio a Lucrezia*). Davvero che sono un condannato invidiabile!

Entrano nella pagoda.

SCENA VIII

La Contessa e Paolo.

CONTESSA (*sfogliando un libro*). Ah! siete ancora qui, signore?

PAOLO. Vi rincresce?

CONTESSA. No...

Ironica.

Ma davvero che per un promesso sposo voi siete originale!

PAOLO. Contessa...

CONTESSA (*sempre con sfumatura d'aria ironica*). Vi confesso che se il mio fidanzato mi trattasse colla vostra indifferenza io non vorrei saperne mai più!... Ho dovuto pregare quel signore di accompagnare la Lucrezia!...

PAOLO. Codesti frizzi mi dicono che la signora Merelli ha chiacchierato.

CONTESSA (*c. s.*). In famiglia però... qui, fra di noi...

PAOLO. Tanto meglio. Ciò mi risparmia molti imbarazzi per intavolare un colloquio decisivo... forse ultimo...

CONTESSA (*c. s.*). Mio Dio, signore! Il nostro prende una certa aria di solennità che quasi quasi mi fa paura!

Paolo. Contessa, vi prego di ascoltarmi seriamente... per la prima volta almeno!

Contessa (*c. s.*). Ma io ascolto, signore.

Paolo. Sì, è vero... Ho molto sofferto... Ho pensato che bisognava far qualche cosa per strapparmi da quest'inferno!...

Contessa (*c. s.*). Prendendo moglie?

Paolo. Sì...

Contessa (*c. s.*). Tanto meglio!

Paolo. Ah!... signora!...

Contessa. Tanto peggio allora! Che volete che io vi dica?

Paolo. Ditemi pazzo... ditemi vile, che vi ho amato sino a non vedere che non avete nè cuore, nè...

Contessa (*dignitosa*). Non potete dire però che io non abbia della bontà... molta bontà... per ascoltarvi come faccio.

Paolo. Oh, perdonatemi, perdonatemi!... È quel povero cuore che delira!...

Contessa. Parliamogli del vostro matrimonio!...

Paolo. Del mio matrimonio!... In quel pasticcio che il commendatore Gaudenti ha manipolato d'accordo colla Merelli io non ci ho avuto altra parte che quella della collera, del dispetto e della gelosia!

Contessa (*c. s.*). Ecco una felicità domestica che non ha basi molto ridenti!

Paolo. È vero!... e spesso mi son domandato se non è una viltà... se non è una colpa... quella di far vittima delle mie passioni una giovanetta... che stimo, che è degna di essere stimata!... perchè quando diedi il mio assenso a cotesto matrimonio io non avevo testa... avevo perduto la mia ragione... avevo addosso tutte le febbri, tutte le furie... Voi mi avevate spezzato il cuore, a me innamorato, cieco, pazzo di voi!... Cercai del commendatore e dissi di sì!

Contessa (*c. s.*) Faceste malissimo. Avreste dovuto prendere un bagno e andare a letto.

Paolo (*con amaro sarcasmo*). Ohimè, contessa! non era soltanto una quistione di nervi!

Contessa. Mio Dio! non esageriamo. Il cuore lasciamolo lì. Gli fate cambiar di padrone con tanta disinvoltura!

Paolo (*c. s.*). Che volete, era stanco di essere accarezzato colle unghie!

Contessa. No, no, mio caro, chè io vi stimo troppo, malgrado le vostre eccentricità...e mi pare anche di avervelo provato.

PAOLO (*c. s.*). Alla vostra maniera... strascinandomi fra la turba dei vostri adoratori!

CONTESSA. Non potete dire di essere stato in cattiva compagnia.

PAOLO (*c. s.*). Oh, tutt'altro!... Il fiore della buona società!... Ma io sono un zotico! Preferivo di esser solo!

CONTESSA. Avete torto a lagnarvi se siete stato il preferito... e vi rendo cotesta giustizia che voi meritate la preferenza. Tutt'altri al vostro posto me ne sarebbe stato gratissimo; voi me ne ringraziate con un'esagerazione d'egoismo... Confessate che sarebbe stato molto più semplice mettermi alla gola il coltello del matrimonio...

PAOLO (*c. s.*). Oh, contessa!... Io non avrei osato!...

CONTESSA (*con grazia ma ironica*). Non avreste avuto che un torto e un difetto: siete avvocato, e non appartenete al *Jockey-Club*... A voi si può dirlo, chè siete un uomo di spirito... Ma per un uomo di spirito non avete fatto troppo onore alla vostra riputazione. Se il domani di una cattiva accoglienza tutti gli innamorati dovessero prender moglie!... Voi vi ammogliate per dispetto, e prendete la peggiore delle risoluzioni. Credetemi, il dispetto è cattivo consigliere.

PAOLO. Sarà forse il solo caso che avrà consigliato il meglio.

CONTESSA (*con ironica freddezza*). Ammogliatevi allora.

PAOLO. Sì, ho la pazzia di credere ancora al cuore, e voglio farne l'esperimento.

CONTESSA (*c. s.*). Badate però, chè tali esperimenti sono pericolosi! Ma il matrimonio è un rimedio eroico; forse vi guarirà.

PAOLO. Guarirò, contessa!

SCENA IX

Luciano e detti.

LUCIANO (*sorridendo*). Sei dunque malato, Paolo?

PAOLO. Malattia di cuore. Passerà.

CONTESSA. No, è alla testa; è l'amore ridotto ad emicrania. Lo guarisca, signor De-Galiani.

LUCIANO. Malattia grave! Ci vuole altro medico!

CONTESSA. Ne conosco qualcuno che non dubita punto della guarigione. Dov'è la signorina Merelli?

LUCIANO. L'ho lasciata alle prese con una difficoltà di Meyerbeer.

CONTESSA. Vado a raccomandarle il mio infermo. Ah! noi donne non disperiamo giammai!

Via.

SCENA X

Luciano e Paolo.

PAOLO. Ti dico ch'è malattia ridicola... malattia indegna di un uomo che si rispetti... malattia leggiera come quella donna che n'è la causa.

LUCIANO. Ah! c'entra un poco quella donna?

PAOLO. È una civetta e nulla più! Ti lusinga con tutti i mezzi, ti fa ardere il cuore ed i sensi... e poi ti ride in faccia!

LUCIANO. Bisogna ridere con lei.

PAOLO. Lo faresti tu con la Irma?

LUCIANO (*vivamente*). Che!

PAOLO. Anch'io amavo colei come tu ami la Scotti!

LUCIANO. Non è vero!

PAOLO. Luciano!

LUCIANO. Non è vero! Poichè non mi vorrai far credere che tu sii l'ultimo degli uomini!

PAOLO. Luciano, perdio!

LUCIANO. Oh, non andare in collera. Quella donna ti ha riso in faccia e sei ancora qui!... e dici d'amarla!...

PAOLO. Hai ragione. Bisogna vendicarsi!... Bisogna...

LUCIANO. Non esagerare. Di che ti vendicheresti? Accendi un sigaro piuttosto, e dalle la mano per andare a tavola. Fra un bicchiere e l'altro entrambi converrete di avere avuto torto prendendo sul serio un cattivo scherzo.

PAOLO. Poeta!

LUCIANO. Dimmi poeta acciò io non vi dica matti. Sì, matti, che vi formate un dolore di una cosa ridicola... e credete che il vostro cuore deliri quando siete ebbri di sciampagna... e parlando d'amore gettate un'occhiata allo specchio... e prendete in tutta buona fede il benessere di un'eccellente digestione per la febbre del cuore...

PAOLO. Luciano, tu ridi di tutto!...

LUCIANO. Io rido delle cose ridicole, perchè gli altri ridono di me, dei miei sogni e delle mie follie. Tu hai amato una donna che divideva a bricioli fra te e dieci altri, il suo cuore, il suo sorriso, le sue promesse... Tu l'hai amata, un giorno, sei mesi, non hai ucciso nessuno di quelli che ti rubavano una parte di quel cuore, la tua parte di paradiso, non ti sei fatte saltare le cervella... e in un momento d'egoismo l'accusi di una colpa che hai accettato, che hai subìto, che hai diviso anche tu... chiami civetta colei che può dirti merlo!... Matto! matto! tre volte matto! Te lo dice chi è più matto di te... ed ha amato dei mesi, dei lunghi mesi una donna che non lo conosce, che non si cura di lui, che non sa ch'egli esiste, che l'ha seguita per ogni dove, a Milano, a Firenze, qui, che passa le notti sotto le sue finestre, che un suo sguardo gli mette il paradiso nel cuore e la sua voce la febbre nel sangue... Se tu sapessi quello che si passa nel mio cuore... ora che l'aspetto, che le sarò vicino... che le parlerò!... Senti... è qualche cosa che mi fa paura!... Matto! Matto più di te!... Oh, dammi retta, amico mio: prendi moglie e metti pancia: è il segreto della vita.

PAOLO. Sì, sposerò Lucrezia; non fosse altro per fare arrossire quella civetta sotto lo sguardo puro di una giovanetta... che amerò!

SCENA XI

Il cavalier Falconi e detti.

FALCONI. Caro signor Avellini, mi permetta che io sia il primo a congratularmi con lei della sua buona fortuna. In tutta Toscana non avrebbe potuto fare scelta migliore.

PAOLO (*sorpreso e freddo*). Signore...

FALCONI. Via, via, mio caro, mi perdoni se non ho saputo serbare il segreto per esprimerle tutta la mia soddisfazione... Sono amico di casa... ho l'onore di essere intimissimo della signora Merelli... anzi sono stato tanto fortunato da darle il braccio per una buona mezz'ora... finchè il commendator Gaudenti ebbe la bontà... volle per forza che io gli cedessi il piacere...

Piano:

A proposito del commendatore, apra bene gli occhi nello stendere il contratto di nozze... altrimenti il commendatore gliela fa...

PAOLO (*risentito*). Signore!

FALCONI. Eh! so io quello che dico. La signora Merelli ha ancora dei grilli pel capo, malgrado la sua età... e quel caro commendatore aspira maledettamente ad un canonicato... fosse anche per mezzo di un matrimonio... Mi perdoni... Ho parlato perchè nutro una sincera stima per lei. Noi saremo amicissimi; il cuore me lo dice.

PAOLO (*c. s.*). Grazie.

FALCONI. Ho avuto sempre una gran simpatia per lei... Proprio! Ci conosciamo da un pezzo in casa della contessa!... ed ora che una fortunata combinazione... Sarei felicissimo di provarle...

SCENA XII

La Contessa, Lucrezia e detti; indi Tonio.

CONTESSA. Non gli proverete nulla, cavaliere; il nostro Avellini è in un accesso di *spleen*.

PAOLO (*con ironica galanteria*). Che dite mai?... Vicino a voi!...

CONTESSA (*ironica*). Cortigiano!... Vi metterò alla prova, giacchè il mio regno sta per tramontare; è arrivata la regina;

vedendo venir Tonio dalla sinistra

ecco l'araldo!

TONIO. La signora Scotti!

CONTESSA. Viva la regina!

FALCONI. Vivano le regine!

SCENA XIII

Irma Scotti, la signora Merelli, il commendatore Gaudenti dal viale a sinistra e detti.

IRMA. Grazie del suo invito, contessa! Glielo dico venendomi a mettere francamente fra i suoi vecchi amici.

CONTESSA. Madama, io la ringrazio di esser venuta pei miei amici, che avrò l'onore di presentarle, e per me! La signora Merelli e madamigella Lucrezia sua figlia.

Presentandole.

IRMA. Ebbi già la fortuna d'incontrare la signora Merelli, e mi congratulo con la madre di una così bella signorina.

Inchinandosi a Lucrezia.

CONTESSA. Il signor Avellini, avvocato distinto, e presto...

accennando Lucrezia con lieve tinta d'ironia

sposo fortunato.

IRMA. Signor avvocato, spero di non aver mai bisogno di lei. Ma chissà?... In ogni evento mi rammenterò che ella è fortunato, e che sa benissimo perorare le cause che le stanno a cuore

PAOLO (*quasi con amarezza*). Io temo, madama, che la bontà della contessa non le faccia prendere abbaglio riguardo a cotesta mia fortuna!

CONTESSA. Il cavalier Falconi.

IRMA. Ho sentito molto parlare dei cavalli del signore.

FALCONI. Grazie... pei miei cavalli che mi procurano l'onore di esser conosciuto da lei!

IRMA È una riputazione brillante per uno *sportsman*. E quando avrò un cavallo bisbetico da ridurre al dovere saprò a chi rivolgermi.

FALCONI. Madama! Ella con uno sguardo ammanserebbe un orso!

IRMA (*con significazione*). Non vorrei provarmi. Tanto più che gli orsi non hanno spirito. Il commendatore Gaudenti senza dubbio?

GAUDENTI Servitor suo e di queste gentili dame!

IRMA (*piano alla contessa guardando colla lente Luciano che se ne sta alquanto in disparte*). E quel signore?

CONTESSA (*presentandolo*). Il signor De-Galiani.

Irma e Luciano s'inchinano.

IRMA (*sottovoce al cavaliere*). Che cos'è quel signore?

FALCONI (*sottovoce*). È l'orso di cui parlavamo.

IRMA (*c. s. sorridendo*). Davvero...

Esamina a lungo Luciano. poi fa un lieve movimento di spalle e domanda sottovoce alla contessa:

Che cos'è il signor De-Galiani?

CONTESSA (*piano*). È un poeta.

IRMA (*c. s. con un sorriso*). Ah!... Avrei dovuto indovinarlo!

FALCONI (*sottovoce a Lucrezia*). Troviamoci nella serra, nel tempo che andranno via tutti.

Parte dal viale a destra procurando di non farsi scorgere.

CONTESSA. Signor De-Galiani, vogliamo aprire la marcia?

Luciano le dà il braccio.

LUCREZIA (*con vivacità infantile*). Ah! la bella farfalla!

Parte correndo come se inseguisse una farfalla.

CONTESSA (*guardandosi attorno e vedendo che il Falconi è scomparso anche lui, con ironia*). Quella cara pazzarella! Commendatore, ella mi sarà gratissimo della fortuna che le procuro!

Accennandogli di dare il braccio alla Scotti.

S.ª MERELLI (*afferrando con vivacità il braccio di Gaudenti*). Ma commendatore! Avete lasciata correr sola la mia bambina!

GAUDENTI (*imbarazzatissimo alla Scotti*). Egregia signora!... faccio le mie scuse!

Alla Merelli:

Andiamoci assieme; la troveremo senza dubbio nella sala da pranzo.

IRMA. Oh, senza complimenti. Siamo in campagna.

Via.

S.ª MERELLI (*piano al commendatore*). Signore! voi vi compromettete.

Viano.

CONTESSA (*ironica*). Mio caro Paolo, ecco una magnifica occasione per fare la corte alla vostra fidanzata. Correte dietro alle farfalle... come il cavaliere.

Via con Luciano.

SCENA XIV

Paolo, indi Tonio, poi Lucrezia.

PAOLO (*mentre sta per avviarsi anche lui al passare vicino i vetri della serra ascolta con sorpresa*). La voce di Lucrezia!

LUCREZIA (*dentro la serra*). Non lo voglio e non lo voglio! Non l'amo ecco!... Non basta stimarlo!... Mi avete promesso tante volte di domandare la mia mano!... Che aspettate altro?... Cattivo!

FALCONI (*dentro la serra*). Ohimè!... per ora non posso, ve l'ho pur detto! Ma vi proverò che il mio amore arriva sino all'eroismo!... Sì, mi sacrificherò alla vostra felicità... Sposate il signor Avellini... Siate felice... anche con un altro!... Io sono amico del signor Avellini... assisterò alla felicità di lui tutti i giorni... ma non cesserò mai di amarvi!

TONIO (*a Paolo*). Signore, è in tavola.

Via.

LUCREZIA (*di dentro*). Oh, Dio! C'è gente!

Uscendo e vedendo Avellini.

Ah!!

Si cela il viso fra le mani.

PAOLO (*freddamente, offrendole il braccio*). Andiamo a tavola, madamigella.

TELA

ATTO SECONDO

Salotto in casa della Scotti. In fondo una galleria che mette dalla destra all'anticamera e dalla sinistra alla sala da ballo. A destra l'appartamento di Irma; a sinistra le altre sale. Lumi e fiori dapertutto.

SCENA I

Il cavalier Falconi dalla sinistra. La contessa Baglini dal fondo; Irma andandole incontro.

CONTESSA. Giungo tardi!

IRMA. Grazie, contessa, di esser venuta, ancorchè tardi.

CONTESSA (*avanzandosi e salutando in aria motteggiatrice il Falconi*). Cavaliere!... che fortuna! Ma io v'incontro sempre sui miei passi!

FALCONI (*con galanteria*). Non è colpa vostra, madama, giacchè da otto giorni procurate sempre di rivolgere altrove i vostri passi...

CONTESSA. E perchè dovrei essere in collera con voi? Avreste qualche colpa sulla coscienza?

Ironica e con accento significativo - ad Irma:

Ma questa è una festa, non un semplice *the danzante*! Una festa incantevole! Quanti bei fiori! Che *bijou* di salotto! Madama, il suo è un soggiorno da fate!

IRMA (*con grazia*). In questo momento lo credo anch'io giacchè le fate son venute a trovarmi.

FALCONI. Si può dire che vi si hanno dato *rendez-vous.*

CONTESSA (*ironica*). Badate, cavaliere! Le mie amiche dicono che l'adulazione mi ha guastata.

IRMA. In compenso però i suoi amici vorranno provarle il contrario.

CONTESSA. Dio mio, è naturale! Resta poi a vedere chi abbia ragione dei due.

FALCONI. Gli amici di sicuro, poichè sono di sesso diverso.

CONTESSA. Non è una buona ragione neanche quella. Gli amici non saranno invidiosi, ma potrebbero essere bugiardi.

Sorridendo ma con significazione al Falconi.

FALCONI. Non apro più bocca. Mi accorgo che non ne indovino una.

IRMA. Sarebbe incredula, contessa?

CONTESSA. Sì, e no! Da otto giorni in qua, per esempio, credo meno agli omaggi che alle tacite e misteriose adorazioni... di cui avrei riso... È bizzarra!

Con significazione.

Ho visto un miracolo! L'amore più cieco, più ardente che nasconde gelosamente le minime sue manifestazioni. Il delirio della passione che si maschera d'indifferenza. Ho visto un giovane che corre dietro al suo sogno, al suo ideale da Milano a Firenze e da Firenze a Livorno senza cercare di farsi conoscere, senza chiederle un'occhiata o una parola... Un amore da pazzo, sì, perchè noi non abbiamo altra parola per dinotare questa sublime aberrazione dell'anima che si pasce delle sue febbri, dei suoi sogni, dei suoi palpiti, che passa le notti sotto le finestre della donna amata per vedere soltanto l'ombra di lei passare dietro le cortine... Ma da una settimana in qua sarei tentata di credere piuttosto all'amore di un uomo che mi amasse in tal istrana guisa che non a quello di un galante che mi assediasse con mille proteste prese al formulario della galanteria.

Sorridendo con sarcasmo al Falconi mentre vuol sembrare leggiero.

Per carità non badate alla mia supposizione, chè non mi conosco tali meriti da permettermi una simile ambizione.

IRMA. È strano.

CONTESSA. Sì, è strano, come tutto ciò che è poesia. Ma qualche volta bisogna credere alla poesia se non altro perchè non è prosa... Ci credo anch'io!... e non sono delle fortunate!

IRMA. Ah! la poesia!

Con sorriso d'incredulità.

CONTESSA. Ah! i poeti!

IRMA (*collo stesso ingenuo e spensierato sorriso*). Credo d'indovinare...

CONTESSA. Voglio essere discreta!

IRMA. E l'ideale, il sogno, la dea incognita?

c. s.

CONTESSA (*con sardonica aria di discrezione*). Ah! davvero, voglio essere discreta!

IRMA (*c. s.*) Per un sogno!

FALCONI. Una pazzia addirittura!

CONTESSA (*c. s.*). Eh! sogni di sonnamboli che possono avere le loro conseguenze.

IRMA (*ridendo*). Ah!

CONTESSA. Non crede ai sonnamboli madama?

c. s.

IRMA. Non bisogna mai credere nulla sulla parola: nè i falsi entusiasmi, nè le tacite e misteriose adorazioni.

CONTESSA (*con doppio senso*). Quello che dice potrebbe essere una crudeltà...

IRMA (*vivamente e con dignità*). Per chi?

CONTESSA (*c. s.*). Per nessuno e per tutti. Una bella signora fa senza saperlo la felicità o la disperazione di cento sconosciuti con un sorriso o una parola che per essa non hanno alcun indirizzo nè alcun secondo fine.

IRMA (*con grazia*). Contessa, a sua volta ella adopera la più pericolosa delle adulazioni: quella che è più delicata.

CONTESSA (*con grazia ed un sorriso significativo*). Non ho che una scusa, madama: io non le ho fatto mai il torto di dubitare neppure un istante della sua penetrazione.

IRMA (*seccamente e con dignità*). Le assicuro che non ho nulla penetrato... come non mi pare che ci sia nulla da penetrare.

Con grazia.

Del resto ella non mi ha detto il nome dei sonnamboli... ed io non mi curo di conoscerlo.

CONTESSA (*c. s.*). Perdoni, signora... Ma capirà benissimo che in argomenti così delicati la discrezione è un dovere...

Come per cambiare discorso, con altro tono, ma con raddoppiamento di sarcasmo.

Ma il signor De-Galiani?... È un pezzo che non lo vedo! Verrà alla sua festa?

IRMA (*con dignità*). Perchè mi fa questa domanda, contessa?

CONTESSA. Il signor De-Galiani è poeta e di codesto sonnambolismo potrebbe dircene forse qualche cosa.

IRMA. Ah!... Il signor De-Galiani ha dimenticato di lasciarmi la sua carta da visita... e non conoscendo il suo indirizzo non ho potuto avere la fortuna d'invitarlo.

Con dignità.

CONTESSA. Oooh!...

Ironica.

IRMA. Perchè tanta sorpresa?

CONTESSA. Il signor De-Galiani è così perfetto gentiluomo!... e quest'oblio degli usi sociali... tanto estrastraordinario!...

IRMA. Che vuole?... Una dimenticanza è tanto facile e scusabile... in questi tempi di bagni e di divertimenti... Tant'è bisogna rassegnarsi; il signor De-Galiani non potrà spiegarle la sua teoria del sonnambolismo.

CONTESSA. Meglio così. Simili malattie del cuore vanno curate col sistema omeopatico.

FALCONI. Quando non si curano all'ospedale dei matti.

CONTESSA (*con ironia*). Sapete il proverbio, cavaliere: *Tutti i matti non sono all'ospedale!...* Ma, a proposito di matti, sciorinateci il vostro resoconto galante della giornata.

FALCONI. È poverissimo... all'infuori di un meschino duello, di una sfida corsa l'altra sera al *Ricasoli.* Il termometro dell'*highe-life* segna il bel tempo stabile, ch'è quanto dire la noia a 20 gradi Reamur.

IRMA. Ma mi pare che sia abbastanza!... e anche troppo! Un duello!... Vuol dire una riputazione compromessa, forse, e del sangue sparso!

FALCONI (*con fatuità*). Oh, nulla! Proprio nulla! Una bazzecola!

CONTESSA. Infatti si parla di uno scandalo, e quel che più mi rincresce, avvenuto nel mio giardino, il dì che ebbi il piacere di riunire alcuni amici in casa mia, a Montenero... Non so bene... Si diceva di un colloquio interrotto... di una sorpresa... di una signora orribilmente compromessa... Ma Dio! come si diventa maligni a questo mondo!... E tutto ciò con tale insistenza e tanti particolari che avrei dovuto crederci anch'io...

guardando con significazione il Falconi

se non avessi avuto delle prove in contrario.

FALCONI. Oh, contessa, è naturalissimo. Il vostro giardino è il boschetto di Armida, e così, per dare al quadro il colore locale ci avranno ricamate su le ninfe... coi relativi *tête-à-tête*.

CONTESSA. Ecco, madama, il solo poeta di cui io debba contentarmi!

IRMA. E probabilmente la conseguenza di tutto questo sarà una persona disonorata ed un'altra uccisa!... Conveniamone, signori, che per un cicaleccio di buona società è una cattiva azione.

CONTESSA (*con ironico doppio senso*). Oh, madama! Quei signori quasi quasi ci direbbero che nella menzogna più assurda c'è sempre qualche cosa di vero, e che la calunnia perchè si attacchi bisogna che trovi un appicco... Del resto la società dei bagni si annoia; non è vero, cavaliere? Il termometro dell'*highe-life* segna lo sbadiglio, e un cavaliere che si rispetti, che conosca appena appena il suo mestiere deve avere sulla punta delle dita la cronaca degli scandali. E la vostra, cavaliere?

FALCONI. Nemmeno il più meschino scandalo. Il termometro vuole avere ragione per forza.

CONTESSA (*con ironia*). Chissà! Mettetelo all'ombra di un viale coperto... o dietro i vetri di una serra... e forse avrà torto.

FALCONI. Potrebbe esser guasto e mentire.

CONTESSA. No, no; quel povero strumento non ha abbastanza spirito per dire una bugia: anzi spesso vien confermato dagli sforzi che si fanno per ismentirlo... Che so io... una lettera... delle scuse che nessuno si sognava di chiedere e che valgono la confessione di un torto...

Il cavaliere fa un movimento.

E allora io do ragione al termometro. Confessate, mio caro, che è un utilissimo strumento, e se si potesse consultare sempre

con accento significativo ma senza esagerazione

chissà se non servirebbe a prevenire certe infermità ridicole e pericolose...

Ridendo con leggerezza.

E il medico non avrebbe bisogno di tastare il polso.

FALCONI (*imbarazzato ma cercando di rimettersi*). Io mi curo all'indiana, senza il medico.

CONTESSA (*c. s.*). In tutti i casi?

FALCONI. Sì, perchè spesso non occorre che una cavata di sangue!

IRMA. Oh! eccoci allo spettro rosso di voi altri signori uomini!

CONTESSA (*c. s.*). Quando non è lo spettro bianco!

FALCONI (*in aria spavalda che vuol fingersi modesta*). Signore mie, protesto!... Ho il dovere di protestare... in questo momento specialmente... Io prendo troppo sul serio il duello per lasciare supporre... che si possa servirsene come di spauracchio... di fantasma...

IRMA. Ho detto spettro rosso come avrei potuto dire spettro bianco, e non mi disdico. È uno spettro ch'è ridicolo quand'è bianco, ma è brutale quand'è rosso.

FALCONI. Domando mille perdoni, ma io trovo invece che il duello è la salsa della vita, il piccante delle buone avventure. Senza il duello non ci sarebbero più belle creanze. Tolgasi il duello e non rimarranno più che le legnate da paltonieri... Infine, francamente... io non sento la vita che allorquando la gioco sulla punta della spada.

CONTESSA (*sorridendo con ironia*). Anche quando sapete di aver cattivo giuoco?

FALCONI (*con enfasi da gradasso*). Non so se avrò cattivo giuoco; ma so che giocherò del mio meglio!

CONTESSA. *Avrò* è un tempo definito! C'è del serio adunque sotto questo cattivo scherzo?

IRMA. Signore, io avrei amato meglio ignorare una disgrazia che non posso impedire.

FALCONI. (*c. s.*). Oh, non è nulla! Non ci pensi!... Proprio una bagattella!...

CONTESSA. Vi battete?

FALCONI (*c. s.*). Non l'ho detto.

CONTESSA. Avrei dovuto indovinarlo. Ecco che il termometro ha ragione!... All'ombra però.

SCENA II

Un domestico recando un biglietto di visita e detti.

DOMESTICO. Il signore che mi ha dato questo biglietto desidera sapere se madama potrebbe accordargli alcuni minuti.

FALCONI (*piano alla contessa nel tempo che Irma legge il*

biglietto). Siete inesorabile! Avete ricevuto la mia lettera?

Contessa (*ironica*). La prova che il termometro non mentiva? Sì.

Falconi (*c. s.*). Vorrete ricevermi? Vorrete permettermi che io mi giustifichi?

Irma (*al domestico*). Ma certamente, che venga!... Non occorreva...

Domestico via.

È il signor Avellini che impiega tutto questo cerimoniale... Io non capisco... L'avevo pur pregato di venire a prendere il the...

Contessa (*al cavaliere con ironia*). Scommettiamo che il signor Avellini saprà dirci il motivo del vostro duello?

SCENA III

Paolo Avellini, dal fondo, e detti.

Irma. Signor Avellini. ho molto a lagnarmi di lei. Ella si fa troppo desiderare dai suoi amici... e dippiù, quando si decide di venirli a trovare lo fa con tutto il cerimoniale di un ambasciatore.

Dandogli la mano.

Paolo. Perdono, madama; ma vengo infatti come ambasciatore a chiederle pochi momenti d. udienza... e temevo di abusare del suo tempo adesso che è reclamato dai suoi invitati.

Irma. Gli invitati saranno indulgenti se la sua missione è urgente.

Paolo. No, signora; può aspettare e aspetterà.

Contessa. Che nuove di quelle care Merelli?

Paolo. Da qualche giorno non ho la fortuna di vedere le signore Merelli.

Contessa (*sardonica al Falconi*). Che mi dicevate dunque, cavaliere, che la Lucrezia fosse indisposta?

Falconi (*sorpreso*). Io, contessa?...

Contessa (*c. s.*). Avete cattiva memoria! Vi aiuterò...

Falconi (*imbarazzato e con vivacità*). Ah, sì!... Adesso mi rammento benissimo... Infatti si diceva che madamigella... fosse indisposta...

Contessa (*c. s.*) In seguito di una sorpresa... di una paura avuta... e quel che più mi dispiace in casa mia, traversando la serra dei fiori... per aver messo il piede su di una innocentissima lucertola che prese per un serpente... Ma sarà cosa da nulla, spero... per lei...

stendendo la mano a Paolo con un sorriso ironico

e pei suoi amici.

PAOLO (*freddamente*). Grazie, contessa.

IRMA. Ma lei, signor Avellini, è di una negligenza veramente colpevole... anche per un avvocato.

CONTESSA (*ironica*). Gli avvocati sono filosofi.

PAOLO (*c. s.*). Infatti, contessa, io sono avvocato.

CONTESSA (*c. s.*). Ed anche filosofo!

PAOLO (*c. s.*). E anche filosofo.

IRMA. Però l'aspetta una sì bella fortuna che la sua filosofia verrà messa a ben dura prova.

CONTESSA (*c. s.*). Eh! Chissà se il signor Avellini non sia già agguerrito contro tutte e prove possibili?... Ma a proposito di guerra guerreggiata, voi che dovete saperlo, diteci qualche cosa del duello del cavaliere, il quale, per un caso miracoloso, è discreto.

FALCONI. Ma contessa!... Vi prego...

PAOLO. So soltanto che il cavaliere dovrà battersi.

IRMA. Con chi?

PAOLO. È un segreto del cavaliere.

CONTESSA (*con doppio senso ed aria sardonica*). Notate, caro Avellini, che ho creduto superfluo farvi quest'ultima domanda!

SCENA IV

Il domestico annunziando; indi la signora Merelli, Lucrezia e il commendatore Gaudenti.

DOMESTICO. Le signore Merelli. Il signor commendatore Gaudenti.

IRMA (*andando ad incontrarli*). Oh! Che fortuna!

CONTESSA (*piano a Paolo nel tempo che il Falconi si è scostato alquanto per andare incontro ai nuovi arrivati*). Mio caro Avellini, vi do un consiglio d'amica sincera: imparate la scherma da oggi a domani, se potete, altrimenti darete buon gioco su tutti punti a quel cattivo cavaliere.

S.ª MERELLI (*ad Irma*). Il suo invito è stato così gentile, che non abbiamo voluto mancare, sebbene il commendatore veramente abbia dovuto sacrificarmi mille importantissime occupazioni...

GAUDENTI. Proprio! Proprio!... Ma per avere il piacere!

IRMA. Grazie a lei e al commendatore! Non speravo più di vederle! Madamigella, ella ha torto di tenere in pena i suoi amici! Come va?

LUCREZIA. Ma benissimo, come sempre.

CONTESSA (*al cavalier Falconi, fingendosi sorpresa*). Che dicevate adunque, cavaliere?

FALCONI (*imbarazzatissimo*). Ma io... M'avevano pur detto... Capiranno bene... Siccome è un pezzo che non ho l'onore di vedere le signore Merelli... Proprio un secolo!...

IRMA. Sarà stato un falso allarme, una cattiva notizia che non ha fatto altro male che quello di renderci più vivo il piacere di stringere la mano a madamigella.

Con grazia e stringendole le mani.

S.ª MERELLI. Cavaliere, dove va ella a pescare le indisposizioni di mia figlia?

GAUDENTI. Se madamigella è sempre fresca come una rosa...

CONTESSA. Commendatore, non s'è più visto! E le sue lezioni di cavallerizza?...

GAUDENTI. Le dirò, bella dama... La signora Merelli... le mie importantissime occupazioni... Anche stasera veramente non avrei potuto... Ma la signora lo volle...

S.ª MERELLI. Il commendatore diceva di no ed io dicevo di sì.

CONTESSA. Ed è stato sì!

S.ª MERELLI. Sfido io!

IRMA. Il commendatore sarà stato felice di confessarsi dalla parte del torto.

GAUDENTI. Eh, eh... bella signora... Ma propriamente io non dicevo...

S.ª MERELLI (*piano ad Irma e alla contessa*). Veramente quel povero commendatore non ci aveva colpa... Ma se sapeste mie care, quante cure! quante gravissime occupazioni!... Gran brutta cosa, da un certo lato, essere persone di merito! Quel povero commendatore!... Non lo lasciano tranquillo un momento, che è un momento!... E anche adesso... c'è per aria qualche cosa di grosso per lui... qualche cosa come un titolo di barone e una poltrona in Senato!...

CONTESSA. Oh!

S.ª MERELLI. Sì, proprio! La signora che sposerà sarà una baronessa!... Non dico altro... Mi raccomando, veh! Signor Avellini!... È un secolo che non si vede!...

PAOLO. Ho avuto torto, madama e ne domando perdono.

S.ª MERELLI. Oh! non a me!...

LUCREZIA. Oh! i magnifici mazzi! Come si chiama questo bel fiore, cavaliere?

CONTESSA (*frapponendosi al Falconi che vuole avvicinarsi da solo a Lucrezia*). Cavaliere mio, vi risparmio un fiasco. È un'azalea, madamigella. Il cavaliere in fatto di fiori conosce soltanto quelli della sua fioraia. Non andate in collera per questo, caro Falconi, io vi rendo giustizia per tutte quelle conoscenze dello *sport* che vi hanno meritato la reputazione di perfetto cavaliere... E a proposito di *sport* diteci chi fu il vincitore alle ultime corse.

FALCONI. Sempre quel diavolo di Berri. L'altro giorno al Club si scommetteva che egli ferra i suoi cavalli con dei biglietti da mille lire.

IRMA. È ferrarli un po' forte!

CONTESSA. E che ne dicevano i suoi amici del Club?

FALCONI. Che quando si posseggono dei cavalli ferrati in oro non si ha il diritto di farli correre con quelli ferrati... come semplici mortali.

CONTESSA. L'osservazione è spiritosa.

FALCONI. Quanto siete buona, contessa!

CONTESSA. Modestia a parte, cavaliere.

Sottovoce, vedendo ch'egli tenta accostarsi a Lucrezia.

Ma guardate quella povera bambina!... Son sicura che ha qualche cosa a dirvi... della farfalla che avete cercato insieme.

FALCONI (*supplichevole e sottovoce*). Siete spietata! Ma se vi giuro...

CONTESSA (*forte*). Che giova, caro mio! Il signor Avellini è scettico come... un avvocato. Non vi crederebbe.

S.ª MERELLI. Che si dice del signor Avellini?

CONTESSA (*a Paolo*). Amico mio, il cavaliere mi assicura che la causa di quel duello di cui voi dovete saperne qualche cosa sia una calunnia.

PAOLO. È verissimo!

CONTESSA. Oh!... Ecco una credulità... prodigiosa!

GAUDENTI. Ah! Ah! So anch'io di che si tratta. Poichè le

storielle galanti anch'io... Qualche cosa come un appuntamento... un colloquio interrotto sul più bello... Ah! Ah!

S.ª MERELLI (*dandogli sulla voce*). Ma commendatore! Noi non vi domandiamo le vostre storielle da giovinotti!

Piano.

Che discorsi son questi, davanti alla mia bambina! Ma avete perduto la testa!

IRMA. Ci siamo occupati anche troppo di quella stupida ciarla. Ma di là devono esserci venti ballerini che attendono ansiosamente il regalo che vado a far loro.

Accennando a Lucrezia.

Commendatore, in quella sala c'è un tavolino di scacchi. Le procurerò un *partner* degno di starle a fronte: la contessa Gigotti.

S.ª MERELLI (*afferrando il commendatore e prendendone il braccio*). Il commendatore mi deve una rivincita... È diggià impegnato.

GAUDENTI. È verissimo... Domando scusa... Sono impegnato...

S.ª MERELLI (*conducendolo via*). Sareste stato capace di accettare, signor Ganimede!

Via dalla sinistra.

LUCREZIA (*imbarazzata, cercando di far segno al Falconi*). Ah!... il mio *carnet!*... Non l'ho più!... Che il commendatore l'abbia lasciato lì, per caso?

Fingendo di cercare vicino al cappello che il commendatore ha lasciato sul tavolo presso l'uscio in fondo.

CONTESSA (*frapponendosi fra lei e il Falconi*). Madamigella, giacchè non lo trova, vuol permettermi di offrirle il mio?

LUCREZIA (*con dispetto mal dissimulato*). Grazie!

Via con Irma dalla galleria che mette alla sala da ballo.

SCENA V

La contessa Baglini, il cavalier Falconi e Paolo alquanto in disparte presso il tavolo dei giornali.

CONTESSA (*vedendo che il Falconi, preso il cappello che il commendatore aveva lasciato sul tavolo, cerca di andar-*

sene). Ah! ah! ah! Dove andate! Così presto! Tutte quelle dame vi terranno il broncio per una settimana, e per vendicarsene...

osservando in aria ironica il cappello del commendatore che il Falconi ha fra le mani

metteranno in caricatura il vostro cappello di una forma assai singolare per un *fashionable* vostro pari.

FALCONI (*piano e supplichevole*). Ebbene!... Giacchè non volete ascoltarmi... Giacchè non volete permettermi che mi giustifichi... Partirò, sì... Vi leverò l'incomodo... Ma accordatemi cinque soli minuti... fosse anche per l'ultima volta...

CONTESSA. Voi sapete che ricevo tutti i giovedì. Venite giovedì.

FALCONI. Servitore umilissimo, contessa mia!...

Per partire.

CONTESSA. Volete andarvene ad ogni costo?... Decisamente bisogna che io vi accusi alla padrona di casa...

sorridendo ironica

o ricorra al commendatore Gaudenti per farmi spiegare l'ostinazione che mettete a voler scambiare il suo cappello col vostro... e sì che ci corre!... Ma via! Lasciate quel povero tubo del commendatore.

Falconi mal dissimulando l'interna stizza va a deporre sul tavolino il cappello.

Povero cavaliere!... In parola d'onore che mi fate proprio pena in questo momento. Dovete trovarvi come tra l'incudine e il martello... Mi fate l'effetto di quelle maschere che ridono d'un occhio mentre piangono dell'altro...

FALCONI (*stizzito e a mezza voce*). Contessa, io rido di tutt'e due gli occhi!... e se cercate qualcheduno che debba piangere volgetevi dall'altra parte.

Via dalla sinistra.

SCENA VI

La contessa Baglini e Paolo Avellini

CONTESSA (*si volge verso di Paolo, lo guarda comicamente, indi scoppia a ridere*). In verità, no! Non mi avete l'aria di un uomo che pianga.

Paolo (*freddamente*). Madama, voi avete detto che io sono filosofo, ed i filosofi non piangono mai.

Contessa. Per orgoglio.

Paolo (*c. s.*). No, ma perchè la filosofia insegna anzitutto che certe disgrazie vanno sopportate con rassegnazione.

Contessa. Sapete, signore, che io non saprei giudicare se siete... troppo filosofo... o molto screanzato.

Paolo (*con ironica galanteria*). Contessa, voi siete troppo bella, e sopratutto troppo buona, perchè io possa alludere a voi.

Contessa (*ironica*). Grazie!... Però devo confessare che i vostri principi sono comodissimi. Peccato che qualche volta essi non reggano alla più piccola prova... che so io... ad uno stormire di frondi... all'eco di un viale... all'illusione ottica prodotta dai vetri di una serra... Allora si lasciano bravamente da parte i principi e si mette mano alla spada.

Paolo (*c. s.*). La mia dorme nel fodero.

Contessa (*sorpresa*). Non vi battete?

Paolo. No.

Contessa. Sul serio?

Paolo. Seriissimamente.

Contessa (*in aria sarcastica*). Ma l'eco?

Paolo. Poteva sbagliarsi.

Contessa (*c.s.*). Scettico! Non credete nemmeno agli echi!

Paolo. Ci credo come alle false testimonianze.

Contessa (*con comica serietà*). Mio caro Paolo permettetemi che io vi faccia i miei complimenti! Non c'è che dire. La vostra fede ha del miracoloso, giacchè nulla la scuote... neanche le false testimonianze. È quella stessa fede che fece i santi... e che oggi fa i mariti. Bisogna inchinarsi dinanzi al miracolo, ed io m'inchino per la prima. Eccovi un documento, una *prova scritta*, come dite voi altri avvocati,

mostrandogli una lettera

che giustificherà pienamente la vostra fede e smentirà le false testimonianze. È un prezioso autografo del cavalier Falconi. Ve lo leggerò:

legge

« Contessa, per grazia, ascoltatemi! Siete in errore, mi hanno calunniato dicendovi che io sia stato sorpreso nel vostro giardino in colloquio amoroso colla signorina Merelli; e voi avete creduto che amando voi si possa far la corte ad altra donna! Ah! voi non mi amate come io vi amo! Permettetemi che io venga a provarvelo ai vostri piedi, giustificandomi. »

A Paolo:

Vedete che avete fatto bene a non svegliare la vostra spada!

PAOLO (*freddamente*). Siate tranquilla. Dorme sempre.

CONTESSA (*dopo averlo guardato un istante comicamente ma con ironia gli stende la mano*). Decisamente, mio caro Avellini, fate bene ad ammogliarvi. Voi renderete felice vostra moglie!

PAOLO (*freddamente ma con dignità*). Lo spero almeno; e la prova ne sia che comincio dal mettere sotto la salvaguardia del mio onore una fanciulla tanto ingenua da ingannarsi sul valore dei suoi sentimenti, tanto pura da non comprendere che le promesse e i giuramenti dell'uomo, che giurando d'amarla le consigliava di sposare un altr'uomo erano un mortale insulto per lei. Io ho fiducia nel dovere, contessa; il matrimonio ci salverà entrambi: me dal prostituire la mia dignitá correndo dietro una chimera...

inchinandosi con ironica galanteria

una seducentissima chimera!... lei dalla più pericolosa tentazione ch'è quella che sembra venire dal cuore.

CONTESSA (*c. s.*). Ma bravo! bravo di cuore! Caro Avellini, voglio aiutarvi ad ogni costo; voglio rendervi un servigio. Spero di arrivare a convincervi che io sono la migliore vostra amica... Questa lettera certamente ha sbagliato indirizzo, ma m'incarico io del ricapito. Mi promettete di ballare con me la seconda contradanza se vi rendo questo servigio?

PAOLO (*con ironica galanteria*). Voi mi domandate come un compenso ciò che è una vera fortuna per me.

CONTESSA. Vi farò un prezioso dono in contracambio... e non avrò altro merito che quello di farvelo trovare quando l'avete già sotto la mano... Mio Dio! come siete stupidi. voi altri filosofi! Non ci siamo che noi teste vuote capaci di sorprendere un intrigo in un segno impercettibile fatto colla coda dell'occhio... nel domandare come si chiami un fiore a chi ne deve sapere quanto di astronomia... o nell'andare a cercare un *carnet* dove si sa bene che non c'è...

ridendo

o nell'insistenza di un cavaliere qualunque a volere andar via ostinandosi a scambiare il suo cappello con quello di un commendatore qualunque...

Prendendo il cappello di Gaudenti.

V'immaginereste mai, signor avvocato, che quel venerabile cilindro del commendatore sia in flagrante delitto di contrabbando verso le RR. Poste?... Quel povero commendatore ne sarebbe scandolezzato assai... eppure, a sua insaputa, il suo Ufficio Postale deve funzionare con più regolarità di quello del governo... e scommetterei che il corriere d'oggi deve recare dispacci importantissimi... a giudicare da certe occhiate eloquenti... da certe insistenze... Il cavalier Falconi aveva una premura maledetta di affacciarsi alla Posta, ma io non glie ne ho dato il tempo... ed eccovi qui...

Traendo un bigliettino dalla fodera del cappello in aria di trionfo.

Ah! Non m'ingannavo! Tocca a voi entrare nei vostri diritti di marito. Eccovi.

PAOLO. Contessa, io non vorrei commettere un'indiscrezione neanche se li avessi cotesti diritti.

CONTESSA. Sarebbe provvidenziale l'ostinata cecità di certuni!... Ebbene leggerò io:

legge

« Ingrato! Ho tanto sofferto e voi non mi avete scritto il più piccolo rigo per tranquillizzarmi! Sono sulle spine! Che si dice di noi? Si sa la scena del giardino? Bisogna che io vi parli. Verrò apposta al *the* della signora Scotti. Procurate d'incontrarmi da sola dopo la prima contradanza che ballerò. »

A Paolo dandogli il biglietto:

A voi! Tenetelo per le grandi occasioni.

PAOLO (*con calma*). Infatti voi mi rendete un gran servigio procurandomi un colloquio che desideravo avere con madamigella Lucrezia.

CONTESSA (*sempre sardonicamente*). Davvero? In tal caso

vi spiano ancora dippiù la via. Lasciate fare. La vostra delicatezza non avrà a soffrire.

Mette la lettera che ricevette dal cavaliere nel cappello del commendatore ove trovò quella di Lucrezia pel Falconi.

Fatevi trovar qui dopo la prima contradanza... e non dimenticate di mandarmi il primo biglietto di partecipazione... Ma sopratutto non abbandonate neanche per un minuto il campo di battaglia.

Vedendo il cavalier Falconi.

Vedete che gli avvoltoi già sentono l'odor della preda.

SCENA VII

Il cavalier Falconi dalla sinistra, indi Irma dalla sala da ballo, e detti.

CONTESSA (*al Falconi*). Caro cavaliere, scommetto che cercate ancora il vostro cappello per andarvene! Non voglio che voi partiate così!

Prendendone il braccio e vedendo entrare la Scotti

Madama, le denuncio un disertore!

FALCONI (*imbarazzato*). Ma, signore mie...

IRMA. Davvero, cavaliere? Io intercedo per le mie invitate.

FALCONI. Madama... troppo gentile!...

IRMA. E anche lei, contessa... Non balla?

CONTESSA. Ho accordato un giro per le sale al cavaliere... a condizione che s'impegni a vincere Berri alle prossime corse.

Via col Falconi dalla sinistra.

SCENA VIII

Irma e Paolo

IRMA (*con grazia*). Signore, la sua missione s'impazienta forse aspettando, e non vorrei fare attendere più oltre un così gentile ambasciatore. Ascolto.

PAOLO. La mia missione è così delicata... che se non avessi la coscienza di compiere un dovere... se non contassi su tutta la sua bontà...

IRMA. Oh, mio Dio! È una vera missione diplomatica adunque?

PAOLO. Una missione d'amico.

IRMA. Ah! Meglio così! L'accetto con tutto il cuore!

Stringendogli la mano.

PAOLO. Poco fa si parlava di un duello...

IRMA. Sì, a quanto pare causato da uno scandalo...

PAOLO. Peggio ancora! Una calunnia!

IRMA. Ah! Bisogna smentirla, se si può!

PAOLO. Ohimè, signora!... Mi condanni, se vuole, ma io non posso smentirla in modo assoluto senza rigettarne gli effetti su di una persona... di cui l'onore deve stare al di sopra del mio...

IRMA. Ma signore... Io non saprei indovinare...

PAOLO. Ella infatti non potrebbe immaginare tanta bassezza! Ecco perchè quello che è uno scandalo per tutti resta ancora un mistero per lei... ed ecco perchè ciò che mi resta a dirle è il più difficile... Ma lo dirò! È un dovere d'onestà!

IRMA. Mio Dio!

PAOLO. Lo scandalo che si dice avvenuto nel giardino della contessa Baglini, il dì che vi fummo invitati tutti noi, ricade su di una persona... che è innocente... Ma la sua stessa innocenza le fa avere le apparenze del torto perchè non la mette in guardia contro le maligne insinuazioni di una folla di maldicenti e d'invidiose che travisano i suoi più semplici atti di cortesia per farne degli indizi di colpa... Quella persona... quella donna... è bella... è il sospiro di tutti i galanti... perciò un tristo, un avventuriero di buone fortune approfittando del mistero di cui si circonda quel romanzetto sbozzato all'ombra di una serra, si è servito del nome di quella persona per farsene credere egli l'eroe.

IRMA (*vivamente e come colpita*). Bisogna che mi dica tutto, signore!... tutto!

PAOLO. Son venuto, per questo, madama.

IRMA (*c. s.*). Si parla di me?... Voglio saperlo!... Oh Dio! Dio mio!

PAOLO. Dirle tutto è stato mio dovere d'amico, d'uomo

onesto. S'ella continuasse ad ignorare di essere lo scopo di tanta calunniosa maldicenza questa si servirebbe delle apparenze che possono sembrare più insignificanti per darsi tutto l'aspetto della verità... Ella non avrebbe immaginato al certo che c'è un uomo così abbietto da approfittare delle gentili maniere con cui è ricevuto in sua casa per accreditare le sue menzogne di trionfi immaginari.

IRMA. È un'infamia!... Un'orribile infamia!

PAOLO. Tanto più orribile che può fare un male immenso.

IRMA. E c'è chi crede a quest'infamia?

PAOLO. Ier sera, al *Caffè Ricasoli* il cavalier Falconi raccontava a chi voleva e a chi non voleva udirlo, con tutte quelle misteriose e trasparenti reticenze che sono la bava del veleno, una spiritosa storiella, di cui, naturalmente, si faceva l'eroe. Tutti conoscono il cavaliere per uno sfacciato millantatore, ma la storiella era piccante, e raccontata con un certo garbo... Si rideva... Il cavaliere inoltre citava degli intrighi di un'amicizia confidente... quasi intima... si offriva di dare delle prove... Un giovanotto, un cuore onesto, che si trovava lì presso, gli diede una di quelle mentite che si lavano col sangue e una sfida ebbe luogo.

IRMA. Dio! Dio! mio!... Anche il duello!... Non ci manca nulla perchè lo scandalo sia completo!... E per me!...

Rimane un istante col viso fra le mani; poscia levando il capo con aria risoluta.

Chi fu costui?

PAOLO. Madama...

IRMA (*vivamente e con dignità*). Signore, io non ho dato il diritto al primo venuto di usurparsi la mia riconoscenza neanche per difendermi da una calunnia!

PAOLO. Non è un usurpatore, poichè non si farà mai conoscere.

IRMA. Ma non capisce che se questo duello avrà luogo esso ferirà prima di tutto la mia riputazione? Che queste due spade lacereranno il mio onore?... Dica a quest'uomo, che non ne voglio della sua difesa, della sua cavalleria... del suo eroismo da romanzo che si serve del nome di una povera donna per piedistallo!...

PAOLO (*tristamente*). Madama, egli darà il suo sangue senza pretender nulla di tutto questo.

IRMA (*con amarissima ironia*). Ah! il suo sangue!

PAOLO. Egli non ha toccato mai un fioretto, e il cavaliere è valente spadaccino.

IRMA (*dopo avere esitato un istante*). Chi è costui? Voglio saperlo!

PAOLO. Signora...

IRMA (*improvvisamente, come colpita da un'idea*). Ah!... il signor De-Galiani!

Come abbattuta, pausa.

Oh! la mia testa!... la mia povera testa!...

Dopo un'altra pausa e con vivacità estrema.

Questo duello non lo voglio!

PAOLO. Signora...

IRMA. Oh, signor Avellini!... ella è un cuore onesto... Ella ha della stima per me... Non è vero?

PAOLO. Dippiù ancora: ho dell'amicizia!

IRMA. Ebbene! Mi aiuti! Che posso fare io sola?... Sono una povera donna senza difesa... tutti si credono in diritto di oltraggiarmi colla maldicenza... perchè mi dicono bella... perchè ho calcato le tavole del palcoscenico... Ho il peccato dell'arte!... Mi aiuti! Che bisogna fare?

PAOLO. Coraggio! Se gli onesti non avessero il conforto che la menzogna ha corta vita... e in questo caso è così facile la giustificazione!...

IRMA (*vivacemente e con dignità*). Che!... scendere a delle giustificazioni!... Io!...

PAOLO. No. Basterà semplicemente mettere alla porta il Falconi. Chi ieri dubitava ancora della falsità delle sue millanterie così oggi dovrà esserne convinto.

IRMA. Ma che potrò fare per disarmare la malignità che sogghignerà della cavalleria di... di colui che prese le mie difese?... Anche pochi momenti or sono, in questo istesso luogo, io ho sentito sbattermi sul viso, però senza comprenderle, le più oltraggiose allusioni ad un amore romanzesco che io avrei ispirato... romanzesco tanto che dava occasione ad un'adulazione ironica, pungente, come uno spillo... Le mie amiche... e ne ho molto di queste, rideranno dietro il ventaglio parlando dell'eroico difensore che passa le notti sotto le mie finestre prima di andare a battersi... Oh! questo mi è stato detto, signore!

Mi è stato detto in faccia, qui, in questo istesso luogo!... Quelle allusioni, quei sarcasmi, quegli epigrammi erano a me diretti... e naturalmente si pensava che la devozione di quell'uomo... non dev'essere senza compensi...

PAOLO. Ahimè, signora! Nulla potrebbe fare per disarmare la malignità di coteste amiche che son gelose della sua bellezza, che le invidiano il suo romanzo. Ella ha un gran torto! Son ferite nella loro vanità, sono umiliate nella loro civetteria... Si vendicano!

IRMA. Ma è un'infamia!

PAOLO. Esse risponderebbero invece che è anche un'infamia quella di offuscarle colla bellezza e di involar loro, anche senza volerlo, gli omaggi di adoratori su cui avevano esse gettato gli occhi... Di coteste amiche tanto scandolezzate ne conosco una che sarebbe felicissima di compromettersi in modo orribile per quel matto poeta che per le sue stravaganze è diventato un oggetto di curiosità...

IRMA. La contessa!... colei!...

PAOLO. E cento altre.

IRMA. Gelosa!... Gelosa di me!... di me che non conosco colui... e non me ne curo...

PAOLO. Tanto meglio! La contessa che se n'è curata tanto non ha potuto avere la soddisfazione di vedersi ringraziare delle sue sollecitudini!

IRMA. (*dopo aver meditato un istante*). Questo duello non si farà! No!... Voglio vedere quest'uomo!...

PAOLO. Perchè? Sarebbe inutile.

IRMA. No, signore, non sarà inutile! È necessario che io lo veda, che gli parli!... Quest'uomo che ha un cuore così nobile... comprenderà... che bisogna risparmiarmi un'altra calunnia... e forse un rimorso...

PAOLO. Non verrà.

IRMA. Perchè?

PAOLO. Non saprei dirlo... Bisogna indovinarlo quell'uomo... È così eccentrico, ma nello stesso tempo tanto orgoglioso... e quando saprà...

IRMA. Non gli dica nulla... Non gli dica che so tutto... Prenda un pretesto qualunque... Gli dica quel che vuole... Ma che venga!... che venga subito!

PAOLO. Signora...

IRMA (*con vivacità*). Ma non capisce che questo duello è un'infamia, un delitto, una cosa orribile!... che io devo fare tutto il possibile per impedirlo!... Che quell'uomo l'ucciderà!...

PAOLO. Ebbene, signora, verrà.

IRMA. Ed ora bisogna che io parli a questo cavaliere... Mio Dio!... ma non adesso!... Ho la testa in fiamme!

Via dalla destra; Paolo l'accompagna sino all'uscio.

SCENA IX

Paolo; indi Lucrezia, dalla sala da ballo.

LUCREZIA (*entra in punta di piedi per vedere se la sua lettera sia ancora nel cappello del commendatore, prendendola*). Ah! è ancora qui.

Accorgendosi di Paolo vuole andarsene.

PAOLO (*salutando*). Madamigella!... vi aspettavo.

LUCREZIA (*imbarazzata*). Me... signore?

PAOLO. Sì, sapevo che avreste dovuto trovarvi qui dopo la prima contradanza.

LUCREZIA (*turbata*). Chi ve l'ha detto?

PAOLO (*mostrandole la lettera che la contessa gli fece trovare nascosta nel cappello*). Il vostro biglietto. Permettetemi di considerarlo come se fosse stato diretto a me, poichè desidero avere cinque minuti di colloquio con voi.

LUCREZIA. Ah!

Consultando con un rapido sguardo la lettera che si nasconde nel pugno.

Ma come?...

PAOLO. Voi cercavate del cavalier Falconi... Io vengo diritto al fatto... Perdonatemi se son costretto ad intavolare così bruscamente un colloquio spinoso; ma ho l'abitudine della franchezza, e spero che, almeno stavolta, gioverà a qualche cosa. Non ho il diritto di farvi dei rimproveri; entrambi abbiamo dei torti da perdonarci... e delle rappresaglie a prendere da chi ci tradì... Ecco perchè vi stendo la mano e vi dico: Volete aiutarmi a vendicarci entrambi?... Non vi sgomentate. La nostra vendetta non farà del male a nessuno. Noi ci vendicheremo rendendoci felici. La contessa mi direbbe *marito filosofo*: voi forse mi chiamerete vostro amico. Voi amate il cavalier Falconi, cioè credete di amarlo, e non volete sposarmi per questo: lo so. Anch'io credevo amare una di quelle donne leggiere che hanno bisogno degli omaggi di tutti. Ho veduto che nel cuore di codeste donne c'è troppa vanità per esserci posto ad un affetto sincero. Il cavaliere non vi ama, egli v'inganna e vi tradisce vilmente. Uniamo le nostre mani e vendichiamoci così.

LUCREZIA. Signore!...

PAOLO. Se non potessi provarvi quello che dico forse passerei ai vostri occhi per un geloso, che tenta di supplantare con illeciti mezzi il suo rivale. Invece eccomi semplicemente un amico che vi dice: Facciamo causa comune e prendiamo la nostra rivincita del tradimento di cui siamo state vittime collo stimarci scambievolmente. Io non vi dirò come abbia potuto arrivare a conoscere questa prova, ma il modo in cui l'ho avuto vi farà indovinare la mano di una gelosa rivale. Lucrezia, non vi siete mai domandata quale amore si fosse quello dell'uomo che pur giurandovi di adorarvi vi esorta ad unire il vostro destino a quello di un altro?... Se non l'avete indovinato, meglio per la vostra innocenza! In tal caso quella lettera

indicando la lettera che Lucrezia tiene in mano

vi proverà quale amore sia quello del cavalier Falconi. Non esitate, Lucrezia, leggetela, giacchè quella lettera non è la vostra... La vostra eccola qui.

LUCREZIA (*quasi senza pensarci ma con vivacità apre la lettera che ha trovato nel cappello, e che è quella del Falconi alla contessa, vi getta gli occhi e la scorre rapidamente*). Ah!... il vile!

PAOLO. Queste viltà, nel gergo del *bon ton*, si chiamano tradimenti galanti.

LUCREZIA (*dopo esser rimasta alcuni istanti in silenzio e col viso fra le mani*). Signore... voi siete un uomo onesto... e un nobile cuore... Vi giuro che ho avuto sempre la più profonda stima pel vostro carattere... ma dopo questa prova della vostra delicatezza... della vostra generosità... io ho della gratitudine... della più sincera amicizia per voi... Sì, io sarò vostra amica... ma null'altro... Dopo quello ch'è accaduto io non potrei alzare gli occhi su di voi... senza arrossire... come arrossisco in questo momento. Ritirate la vostra parola, signore... Io porterò la pena della mia leggerezza e della mia irriflessione...

PAOLO. Non ritirerò la mia parola, Lucrezia, poichè la nobiltà del vostro cuore mi risponde di esso.

LUCREZIA. Ma se accettassi la vostra mano... dopo quella lettera... io sarei l'ultima delle donne!

PAOLO (*sorridendo*). No. Sarete semplicemente quello che sono state moltissime ottime madri di famiglia alla vigilia del loro matrimonio: l'ultima delle ragazze sentimentali e la prima delle buone mogli.

LUCREZIA (*commossa*). Oh! Paolo... Come non ho veduto prima d'ora qual nobile cuore sia il vostro?...

PAOLO. No, no, madamigella. Io ho forse agito per egoismo. Vi ho dato la mia parola per avere una rivincita qualsiasi da una donna che si faceva giuoco di me... onde non servire più oltre di trastullo alla vanità di una di quelle civette alla moda che amano il lusso degli adoratori come quello dei cavalli. Entrambi siamo partiti da un brutto movente... chissà se a mezza strada la stima reciproca non ci faccia incontrare quell'amicizia sincera e completa ch'è più durevole e forse più simpatica dell'amore istesso? Se credete che un giorno potrò arrivare ad ispirarvi una tale amicizia... allora... lacerate la vostra lettera.

Dandole la lettera di lei scoperta dalla contessa.

Io l'ho dimenticata.

LUCREZIA (*gli si accosta esitante, col capo chino e arrossendo gliela restituisce*). No... serbatela... affinchè io possa provarvi... colla devozione di tutta la mia vita... ch'essa non fu altro che un brutto sogno.

SCENA X

La contessa Baglini al braccio del cavaliere Falconi, dalla sinistra.

CONTESSA (*con doppio senso ironico*). Caro signor Avellini, mi pare che sia tempo di reclamare il vostro ballo.

Al Falconi:

Cavaliere! Che lo scherzo di cui parlano i vostri amici vi riguardi un pochino?!... No, davvero! Non vi lascerò scappare così facilmente! Miei cari, aiutatemi a trattenere il cavaliere che vuole andarsene... Scommetto che ha paura del vostro scherzo!

LUCREZIA (*con ironia*). Sarebbe vero, cavaliere? Ma invece quello che vi resti di meglio a fare per sostenere la vostra riputazione di uomo di spirito è di riderne pel primo.

FALCONI (*imbarazzato*). Signore mie!...

LUCREZIA (*c. s.*). Perdonateci, cavaliere. Io non vi nominerò i colpevoli, ma intercederò per essi. Voi altri signori del Club avete messo alla moda le scommesse... e noi fummo tentati di scommettere... Una pazzia! Una fanciullaggine!...

Con grazia.

Guardateci, e scoprirete il reo! La riputazione del vostro spirito sembrava così incontestabile che ci fu chi ebbe il capriccio di metterlo in dubbio, e siccome il vostro lato vulnerabile è la vanità... (veramente voi non ci avete colpa, poichè le vostre numerose conquiste hanno giustificato la vostra vanità) così vi si attaccò da quel lato.

Piano e con doppio senso ironico accennando la contessa.

Chissà se qualcuno dei colpevoli non si sia prestato allo scherzo per mettere alla prova la vostra costanza?

Dandogli la lettera di lui alla contessa trovata nel cappello invece della sua.

Dimenticate lo scherzo e procurate per l'avvenire di non smarrir più i vostri autografi! In quanto a noi...

con grazia prendendo la mano di Avellini

vi promettiamo di non ridere dell'avventura che fra noi due... accanto al fuoco...

FALCONI (*con collera*). Io invece vorrei trovare qualcheduno che ridesse onde renderlo responsabile di questo cattivo scherzo!

PAOLO (*con ironica calma*). Caro cavaliere, se cerca un gerente responsabile di questo scherzo procuri anzitutto di non farlo ridere... poichè uomo che ride è uomo disarmato.

FALCONI (*minaccioso*). Signore!

SCENA XI

Irma e detti; indi la signora Merelli e il commendatore Gaudenti.

IRMA. Che c'è? Un altro duello! Ma, cavaliere ella diventerà il Don Chisciotte dei bagni! Signori, voi conoscete l'avversione che ho per gli spettri rossi o bianchi... (*con grazia*) e voi siete troppo galanti per far paura ad una donna!

S.ª MERELLI. Mia cara Lucrezia, il commendatore casca dal sonno e vuole andarsene ad ogni costo.

Ad Irma:

Mi rincresce, madama, di dovere abbandonare così presto la sua bella festa.

IRMA. Le sarò sempre grata di esserci venuta!

GAUDENTI. Oh! Non è propriamente che io abbia sonno... Ma alcuni lavori urgentissimi... Non son padrone del mio tempo!...

S.ª MERELLI. È verissimo! Sa bene... quella nomina di senatore che ci minaccia!... Tanti lavori... tanti fastidi... tante seccature!

IRMA. Le son proprio tenuta del sagrificio che me ne ha fatto... Ma si rammenti sarò più gelosa delle sue occupazioni.

Con grazia.

GAUDENTI. Madama!... Mi confonde!... Proprio!...

S.ª MERELLI. Eh, chissà!... Non potrei prometterglielo... veramente... Se ci fermeremo ancora qui... Ma non si può dire quello che avverrà da qui ad una settimana... Il commendatore dovrà forse andare a Firenze... a trovare dei Ministri... dei Senatori... che so io?...

Piano alla contessa e a Irma

E adesso che ho quasi collocata la mia bambina... Ci saranno altre novità forse... Si partirà in due coppie... per un viaggio di luna di miele.

Prendendo il braccio del commendatore.

LUCREZIA (*vedendo che il cavaliere imbarazzatissimo per non saper che fare è per svignarsela col cappello in mano*). Che fate, cavaliere?

Ironica.

Rimanete, ve ne prego. Non sono egoista, e non vorrei mettere il lutto nella festa!... Non siate in collera con me. Avete avuto torto...

Sottovoce e con grazia prendendo il braccio di Avellini.

Ma io vi dovrò forse la mia felicità.

Escono dal fondo la signora Merelli al braccio del Commendatore e Lucrezia con Paolo.

SCENA XII

Irma, la contessa Baglini e il cavalier Falconi.

CONTESSA (*sarcasticamente*). Decisamente, povero cavaliere, alla vostra aria sembra che quello scherzo sia stato molto pungente!

FALCONI (*cercando dissimulare il suo dispetto sotto un'aria di galanteria*). Spine di rosa! Puntura lieve!

CONTESSA. Sarà stato qualche spillo invece che vi avrà punto.

IRMA (*ironica*). Punture galanti alle quali un uomo del bel mondo dev'essere abituato!

FALCONI. Eh!.. pur troppo!

CONTESSA. No, no. Questi signori sono così vani! Pretendono saper giocare colle rose senza pungersi le dita... e quando hanno le mani in sangue si mettono i guanti per nasconderceIo.

IRMA. Si tolga i guanti, cavaliere...

CONTESSA. Lasciateli, mio caro.

Ad Irma:

Egli sarebbe capace d'inventarci che cadde su di un mucchio di vetri.

IRMA (*c. s.*). Oibò!... il cavaliere mentire!

FALCONI. Ma, signore mie, mi pare che se ciò fosse dovrei anzi andare orgoglioso delle mie mani sanguinanti.

IRMA (*c. s.*). Come un veterano delle sue ferite?

FALCONI. Ma certamente! Chi è ferito sulla breccia non è forse un buon soldato?

IRMA (*c. s.*). Però io conosco di quei soldati che si feriscono da sè per farsi mettere in sicuro all'ambulanza.

CONTESSA. Allora credo che non ci resta di meglio a fare che preparare la vostra barella.

Ridendo.

FALCONI. Se mi promettete di essere la mia suora di carità mi rassegno all'ospedale.

Con galanteria.

CONTESSA (*con comica esitazione e sorridendo ironica*). Preferisco vedervi in buona salute.

FALCONI. Non vi date la pena di esser meco gentile, contessa!

CONTESSA. È la moda *Jockey-Club*.

FALCONI. Eppure sarei tentato di non credere alla vostra inimicizia.

Con galanteria.

CONTESSA. Siete modesto!

FALCONI (*c. s.*). Volete dire che son fortunato...

piano

se è vero che avete prestato i vostri spilli alla signorina Merelli per mettermi alla prova!

CONTESSA (*ironica*). Non avete sospettato che anche questa supposizione potrebbe essere uno scherzo di Lucrezia?

FALCONI. Amo credere il contrario.

CONTESSA (*c. s.*) Alla buon'ora! Questo si chiama afferrare la fortuna pei capelli!...

Piano e con grazia.

Del resto è possibile che presto o tardi abbiate ragione!...

FALCONI (*vivamente*). Ah! quando, contessa?... quando?

CONTESSA (*sorridendo con leggerezza*). Quando avrete vinto sul *turf* quel diavolo di Berri. È una scommessa; sapete che noi donne siamo capricciose! Procurate di vincere!

Stringendo la mano alla Scotti.

Addio, madama. Io conto su di lei tutti i miei giovedì perchè mi aiuti ad incatenare questi signori attorno alle nostre poltrone.

Vedendo che il cavaliere prende il cappello per accompagnarla.

Cavaliere, rimanete. Vi lascio in troppo bella compagnia per avere il coraggio di farvi ecclissare con me... Non vi date la pena di raggiungermi che quando avrete a darmi la buona notizia che avete vinto la vostra scommessa... Non vi perdonerò se non a condizione che diventiate il leone del giorno, e facciate omaggio del vostro *chic.* Addio.

Parte.

SCENA XIII

Irma e il cavalier Falconi.

IRMA. Ella non ha fortuna stasera, cavaliere!

FALCONI (*imbarazzato ancora*). Lo crede, madama?

IRMA. È la seconda volta che prende il suo cappello e vien pregato di deporlo col più grazioso sorriso; ma di tali sorrisi noi donne c'intendiamo. E per non farglielo tenere più in mano le dico: si metta a sedere e discorriamo.

FALCONI (*con galanteria*). Ecco invece che sono ben fortunato!... È un vero favore!... Oh, grazie!

IRMA. Grazie! Ma perchè? Non siamo amici?... amici sinceri?...

FALCONI. Me ne vanto.

IRMA. E non è naturale che io stia più volentieri cogli amici?... Tanto peggio per gli altri!

FALCONI (*inchinandosi*). E tanto meglio per me!

IRMA (*c. s.*). Grazie! Del resto non ho la pretenzione di fare dei gelosi. Tutti i miei amici hanno gli uguali diritti alla mia stima, nè credo che il mondo possa trovarci nulla da criticare.

FALCONI. Oh, certo!

IRMA. Ecco perchè io ho la fiducia più completa, più cieca nell'amicizia: perchè non so immaginare che la viltà più vile possa arrivare a calunniare il più nobile dei sentimenti, che l'abiettezza più turpe possa arrivare a commettere il più odioso attentato sotto la maschera dell'amicizia... Non ho ragione di pensare così?

FALCONI. Certamente... Anch'io sono del suo parere... perfettissimamente...

IRMA (*stendendogli la mano e con amaro sarcasmo*). Oh! lo sapevo: ecco perchè siamo amici! Ma parliamo un poco delle sue buone fortune.

FALCONI (*con finta modestia*). Oh, madama!...

IRMA. Fra amici!... E poi tutti lo sanno... Ella ha una terribile riputazione!

FALCONI. Si esagera!... Si esagera di molto!...

IRMA (*con amichevole confidenza sorridendo*). Quella povera contessa!...

FALCONI. Lasciamola lì, di grazia.

IRMA (*c. s.*). Ingrato!

FALCONI. La contessa è bella, elegante, seducentissima...

IRMA. Ma...

FALCONI. Ma come ce ne sono tante altre.

IRMA. Ah! cerca una fenice!

FALCONI. L'avrei anche trovata!

Con galanteria.

IRMA. Ah!... L'avverto, cavaliere, che cogli amici sono terribilmente indiscreta.

FALCONI. Madama...

IRMA. Voglio conoscere madama Fenice!

FALCONI. Non oso...

IRMA. Non osare!... lei... un *Lovelace*!... Sarebbe una galanteria? Temerebbe che io mi offendessi del paragone... Ah! cavaliere, ella fa torto al mio spirito!

FALCONI. No!... Non avrei nulla a temere!...

IRMA. Che!... Sarei una fenice anch'io?...

FALCONI (*con entusiasmo*). Un miracolo addirittura!

IRMA. Ah! ah! Povero cavaliere! Ma io sono una fenice della specie più comune!... come ce ne sono mille!

FALCONI (*c. s.*). Ah! s'ella si potesse mirare coi miei occhi! Se potesse giudicarsi col mio cuore!

IRMA (*sardonica*). M'innamorerei di me stessa?

FALCONI (*c. s.*). Al delirio!... alla follia!... come me!

IRMA. Oh! oh! Troppa roba per un capriccio!

FALCONI. Capriccio!

IRMA. Chiamiamolo un puntiglio. Vuol sapere cos'è questo capriccio? Glielo dirò! Si rammenta di quand'era bambino?

FALCONI. Che vuol dir ciò, signora?...

IRMA. Si rammenta quale balocco preferisse fra i cento giocattoli?

FALCONI. Madama...

IRMA. La luna.

FALCONI. Signora, io non posso tollerare...

IRMA. Sissignore, la luna! Non perchè le sembrasse più bella o perchè lo divertisse meglio dei suoi giocattoli, ma perchè capiva per istinto che le sue piccole braccia che stendeva strillando per possederla sarebbero state sempre troppo corte per acchiapparla. È sorprendente come sia precoce nell'uomo la brama dell'impossibile! Adesso che non è più bambino, che è un perfetto cavaliere e si balocca con altr giocattoli più fragili ma più divertenti ella si è ricordato degli istinti da bambino, e si è convinto di essere innamorato di me perchè ha sentito dire che il mio cuore è di accesso difficile assai... per poter dire: sono arrivato, dove gli altri non hanno mai potuto pervenire! È un puntiglio di galante che vale un capriccio di bimbo.

FALCONI. No, signora! Tutto questo è ingiusto!... Non è vero!

IRMA (*con scherno velato*). Mi amate?

FALCONI. Ma io vi adoro!

IRMA. Per me?... o per gli altri?

FALCONI. Quali altri?

IRMA. I vostri amici, voi lo sapete, quelli cui dovete far credere alla vostra riputazione di seduttore! Me ne rincresce per voi, ma se mi aveste consultato io vi avrei dato un buon consiglio per far credere alla vostra buona fortuna e farvi invidiare da tutto il *Jockey-Club.*

FALCONI. Ma io non capisco...

IRMA (*colla stessa amara ironia*). Come siete poveri di spirito voi altri seduttori! Ci vuol molto ad inventare una storiella piccante, una di quelle calunniette, appoggiate a plausibili indizi... una di quelle astuzie di buon genere... che il volgo degli sciocchi chiama birbonate e vigliaccherie addirittura!...

Riprendendosi.

Mio Dio! è quistione di ottica. Tutto sta a non esagerare, a non prendere sul serio i paroloni, le frasi rotonde! Infamie! Calunnie! Vigliaccherie!... Ma si può essere più stupidi! per un semplice tratto di spirito, uno di quegli aneddoti galanti profumati di tutte le grazie dello scandalo che le dame ascoltano turandosi le orecchie, e che piacciono a tutti!... Una persona perbene! un uomo elegante, che si batte per un sorriso equivoco e che si lava le mani con acqua di Colonia!... Eh! via!

FALCONI. Ma che bisogna fare per farvi credere al mio amore... ad un amore senza limiti!...

IRMA (*sardonica*). Come me lo dite!...

FALCONI. Ma io ve lo dico ai vostri piedi!

Inginocchiandosi.

Ve lo dico supplichevole! Ve lo dico con tutta l'anima mia!

IRMA (*ridendo*). Alzatevi, signore; chè i vostri pantaloni prendono cattive pieghe!

FALCONI (*rizzandosi indispettito*). Ah!

IRMA. Voi siete ridicolo posando da innamorato. Posate da seduttore invece e la vostra vanità sarà soddisfatta!... a prezzo del vostro onore potrebbero dire gli sciocchi... No; perchè vo rubate quello degli altri!

FALCONI. Signora!...

IRMA (*con dignità*). Non ho finito. Per qualche cosa di simile dovete battervi col signor De-Galiani. Questo duello non voglio che abbia luogo!

FALCONI (*con rabbia concentrata sorridendo*). Mi rincresce, signora, ma colui pagherà per tutti.

IRMA (*con forza*). Questo duello non avverrà! Vi perdono a questa sola condizione!

FALCONI. Grazie del perdono!

ADELE (*c. s.*). Questo duello non avverrà. Io vi renderò ridicolo, vi renderò spregevole, vi renderò infame!... dirò tutto! tutto quello che avete fatto, tutto quello che siete!

FALCONI. Dica pure! Io farò!

Per partire.

IRMA (*con impeto*). Ebbene!... Adesso non mi resterà alcun rimorso per quest'assassinio! Il sig. De-Galiani si batterà alla pistola, petto a petto, tirando a sorte il primo colpo.

FALCONI (*interdetto*). Eh!... Ma... ciò non è cavalleresco!...

IRMA. Ah! perchè siete uno spadaccino preferireste assassinare cavallerescamente il vostro avversario che non sa di scherma!... Il signor De-Galiani ha la scelta delle armi ed usa del suo diritto.

FALCONI (*turbato*). Ebbene... proverò che un cavaliere... quantunque ferito nel più vivo dell'amor proprio... non può negar nulla ad una dama... per parte mia rinunzio alla riparazione che mi è dovuta...

SCENA XIV

Il domestico, annunziando; indi Luciano.

DOMESTICO. Il signor Luciano De-Galliani.

FALCONI (*sardonico*). Ah!... ecco il momento di prendere il mio cappello!...

IRMA (*con dignità*). Non ho più nulla a dirle, cavaliere!

Al domestico:

Accompagnate il signore e fate entrare.

Falconi via dal fondo.

LUCIANO (*entra senza salutare il cavaliere*). Signora, il mio amico mi ha detto che ella desiderava...

IRMA (*fa segno a Luciano di mettersi a sedere, e siede anche lei agitatissima di faccia a lui. Pausa*). Signore... Io non avrei osato... Mi perdonerà se... Non saprei io stessa... Sono così turbata!... Ella è un cuore onesto... Devo chiederle un gran servigio e forse una riparazione.

LUCIANO. A me, signora?

IRMA. So che dovrà battersi col cavalier Falconi.

LUCIANO. Ebbene?

IRMA. E so perchè si batte!

LUCIANO. Ah!

IRMA. C'è di mezzo l'onore di una donna che soltanto voi due sapete ch'è innocente; ma il mondo dirà che fra due uomini che si battono per una donna ce n'è sempre uno che si batte perchè ne ha il diritto. Ora domando a lei che sa come il cavaliere non abbia questo diritto: L'ha ella forse?

LUCIANO. No!

IRMA. In tal caso bisogna ch'ella rinunzi a questo duello, come vi ha rinunziato il cavaliere per la sua parte.

LUCIANO. E il mio onore?... Io non mi faccio giudice di quello del cavaliere.

IRMA. Ma io penso all'onore di una povera donna che diverrà la favola del mondo!

LUCIANO. I nostri secondi hanno avuto incarico di stabilire come causa del duello un diverbio d'argomento politico.

IRMA. Chi ci crederà?

LUCIANO. Madama... io invoco la sua stessa testimonianza... Crede che io sia un onest'uomo? Crede che io darei tutto il mio sangue per affogare ogni calunnia possibile? Ebbene!... Bisogna che io mi batta con quell'uomo!

IRMA. Perchè?

LUCIANO. Non lo so!... L'odio! Lo detesto! bisogna che io l'uccida o ch'egli mi ammazzi!

IRMA. Ahimè! È uno schermidore di prima forza!

LUCIANO. Che m'importa! Se potrò comunicare il mio odio alla mia spada troverò la via del suo cuore!

IRMA. Vi ucciderà!

LUCIANO. Che m'importa! Io l'odio!

IRMA (*commossa*). E se questo sangue fosse un rimorso per quella donna causa innocente del delitto?

LUCIANO. Un rimorso!!

Esitando.

Tanto meglio! È un ricordo che vale la vita di un uomo!

IRMA (*c. s.*). Ebbene, no! Io non voglio! Oh, signore, ascoltatemi, per tutto quello che avete di più sacro! Rinunziate a questo duello... e partite!

LUCIANO. Partire!... e perchè?

IRMA. Perchè... Bisogna dirvi tutto!... Perchè voi mi fate un gran male!... Oh, no!... è la mia sciagurata posizione!... è la mia sventura!... è la viltà del mondo!... Sì, il mondo ch'è sciocco e maligno, il mondo che si pasce di pettegolezzi e di scandali ha raccolto con cura gelosa cento particolari che passerebbero inosservati se non fossero preziosi per la sua malignità!...

Animandosi grado a grado con amara ironia.

Stasera... un'*amica*... fra un sorriso e una stretta di mano mi parlava di un uomo... che passa le notti sotto le mie finestre... Ebbene, il mondo sorriderà nel ripetere la notizia... come sorrideva la mia *amica*!... Soltanto non si curerà di nascondere i denti con cui lacera tutto quello che c'è di più delicato nella donna... e aggiungerà che se quest'uomo ha seguita questa donna da Milano a Firenze non sarà senza una ragione... anzi c'è tutto a scommettere che egli non perda il suo tempo!...

LUCIANO (*con impeto*). Il mondo è vile!

IRMA (*con dignità*). Lo so!... Ma il mondo è forte della sua viltà, si nasconde dietro quella nebbia che si chiama voce *pubblica* ed ha una logica terribile!

LUCIANO (*dopo avere esitato*). Ebbene... gli si dica che quest'uomo è pazzo... gli si dica che è un poeta!... Il mondo si vendicherà col ridicolo della maldicenza che gli sfugge.

IRMA (*stendendogli la mano*). Signore!... Ella mi ha fatto un gran male senza saperlo... ma nello stesso tempo mi ha dato una prova della sua lealtà!... Signore! Io sono una povera orfana. Da bambina ho provato tutti i mali di questo triste isolamento... Ho molto sofferto, ho pianto molto!... Non ho avuto altro conforto, altro amore che questa arte che forma il mio orgoglio ma è per me un altro motivo di debolezza. Son sola, sono artista, l'ultimo imbecille si crede in diritto d'insultarmi col suo oro!... Ecco quello che sono, signore! Sono stimata meno di una donna e la mia riputazione dev'essere al di sopra di quella di una duchessa!... Oh, signore!... è ben triste! non è vero?... ma è così!... Dica a quell'uomo che sia generoso... che parta... che abbandoni Livorno... Ci sarà una donna che lo ringrazierà da lontano... se ciò gli costerà qualche sacrificio!

LUCIANO (*alzandosi bruscamente, ma risoluto*). Partirà, signora!... Addio!

IRMA (*lo segue collo sguardo, esitante, commossa*). Signore!

LUCIANO (*volgendosi, anch'egli assai commosso*). Che volete dippiú, signora?

IRMA. Voglio che mi perdoniate le parole di poco fa... e che ci lasciamo amici!...

LUCIANO. Se c'è qualcuno che ha bisogno di esser perdonato son io!... Non ho che una parola di giustificazione: son poeta... son matto!... Ho qui nel petto questa lebbra che ci rode e ci rende miserando spettacolo al vulgo degli scioperati!... Se vi ho fatto del male accusatene questa follia che ha la stranezza di adorare alla sua maniera e di bruciare l'incenso alla sua divinità senza curarsi del mondo!... Accusatene questa febbre che mi arde le vene, questa larva che mi abbacina gli occhi, questo delirio che sconvolge la mia ragione! Accusatene voi, il giorno in cui vi vidi, questo istante in cui vi sto dinanzi! Accusatene i miei occhi che vi vedono, la vostra voce che mi parla, il mio cuore che divora la vostra bellezza da tutti i sensi del mio corpo!

Amaramente.

È un'infermità! una terribile infermità!... Bisogna guarirne e partire.

IRMA (*commossa, esitante*). Quando partirete?

LUCIANO. Domani, col primo treno.

IRMA (*c. s.*) Dove andrete?...

LUCIANO. Non lo so.

IRMA (*con crescente commozione*). Ci rivedremo?

LUCIANO. Forse.

IRMA (*c. s.*). Saremo amici?

LUCIANO. No.

IRMA. Perchè?

LUCIANO. Non potrei che odiarvi se non posso amarvi. Addio!

IRMA (*come fuori di sè, quand'egli è sulla soglia*). Signore!... Non mi lasciate così, signore!

Pausa – indi avvicinandosi lentamente a Luciano colle lagrime agli occhi.

Siete cattivo, signore!... Vi ho domandato il vostro perdono... e voi mi lasciate in collera!...

LUCIANO. Io!... Dio mio!

IRMA. Ma se il mondo avesse torto?... Se il mondo fosse troppo meschino per giudicarci e condannarci?... e allora perchè tanti dolorosi sacrifici di cuore?...

LUCIANO (*commosso*). Ah! voi dubitate di questo famoso giudizio del mondo?!...

IRMA (*con incantevole abbandono*). Adesso... sì!...

LUCIANO (*con entusiasmo*). E credete che ci sia una felicità al di sopra della sua condanna?!...

IRMA (*dandogli le mani con abbandono*). Ho bisogno di crederci!

TELA

ATTO TERZO

Giardino invernale pieno di luci e di colori.

SCENA I

Luciano dalla destra, Irma dalla sinistra.

LUCIANO. M'avete fatto chiamare?

IRMA. Sì. Ho visto aprire le vostre finestre che ancora non era giorno, e desideravo vedervi prima che foste uscito.

LUCIANO. Che! Levata a quell'ora!... Ma voi ammalerete, Irma!... Quale pazzia!

IRMA (*con grazia un po' amara*). Non me la rimproverate, Luciano!... perchè c'è stato un tempo quando di tali pazzie ne abbiamo fatto insieme!...

Cambiando discorso con uno sforzo penoso, ma con grazia.

Ma voi non mi avete dato il buon giorno, signore!

LUCIANO (*baciandola in fronte ma con freddezza*). Ecco!

IRMA. Non sedete un momento? Avete fretta?

LUCIANO (*freddo e pensieroso*). Oh... no...

IRMA. Abuso del vostro tempo?

LUCIANO (*c. s.*). Oh... tutt'altro!... Voi lo sapete.

IRMA (*con grazia e passione*). Sono forse esigente!... Bisogna perdonarmi... Che volete... mi avete avvezzata così male!...

Ravviandogli i capelli.

Come siete diventato, Luciano!... Voi trascurate orribilmente i vostri capelli... i vostri vestiti...

LUCIANO (*c. s.*). Davvero?...

IRMA. Sì, proprio!... Non vi si riconosce più... Non pensate che alla caccia... e andar fuori... a divertirvi...

LUCIANO (*come uomo mortalmente annoiato*). Se sapeste come mi diverto, *Irma*!

IRMA (*con segreta amarezza*). Vi annoiate?

LUCIANO (*c. s.*). Oh!... assai!...

Riprendendosi.

All'infuori di quando sono presso di voi.

Irma (*vivamente e con grazia*). Chi vi manda via, signore?
Luciano (*imbarazzato*). Ah, temo di annoiare anche voi.
Irma (*con amarezza mal repressa*). Oh! quanti timori!...

Rimettendosi, con grazia.

Ma sapete, signore che io son gelosa dei divertimenti che vi procurate senza di me!... Oh, dico per ischerzo, sai!... Che hai fatto ieri?

Prendendogli le mani.

Luciano (*freddo*). Una visita al podere di uno dei nostri amici.
Irma. Tornasti assai tardi.
Luciano. È vero.
Irma. Dopo le due.
Luciano. Come lo sai?
Irma (*con grazia*). Ero lì ad aspettare.
Luciano (*con mal dissimulato dispetto*). Un'altra bambinata!
Irma (*con amarezza*). Ah!... bambinata!
Luciano (*c. s.*). Perchè darvi la noia di aspettarmi?
Irma (*c. s.*). Ma io non mi annoio aspettandovi, signore!
Luciano (*c. s.*). Questo è un modo indiretto di rimproverarmi la mia tardanza... e un uomo di cuore...
Irma (*con amarezza*). Ah!... giacchè voi avete cuore!... vi ricorderete che io non vi ho mai detto una sola parola...

Riprendendosi e con affetto.

Ho avuto torto... ma non sai... Non è mia colpa... La notte, prima che oda rinchiudere il cancello... prima che oda il tuo passo nel viale... mi sembra che mi manchi qualche cosa... e non posso dormire...

Con grazia affettuosa.

Luciano. Permettetemi di dirvelo, mia cara questa è un'affezione che somiglia alla tirannia...
Irma. Oh!!!
Luciano (*rimettendosi e stringendole la mano*). Perdonatemi, Irma!... Sapete che qualche volta sono così fuori di me!... Ho tanti pensieri, tanti fastidi pel capo!...
Irma. Perchè non confidarmeli?
Luciano. Che potreste farci?
Irma. Un tempo vi era di conforto soltanto il confidarmeli!

LUCIANO. Ma lo so io stesso?... tante esigenze della vita!... Bisogna pure ricordarsi che al di fuori di questa casa c'è un mondo con altre leggi ed altre esigenze!...

IRMA. Io son più fortunata di voi, giacchè il mio mondo finisce al cancello del giardino; è tutto qui!

LUCIANO. Però converrete, amica mia,... che anche un paradiso a lungo andare... e lo star sempre in campagna... stanca orribilmente!...

IRMA. Siete stanco?

LUCIANO (*imbarazzato*)... Di stare in villa... sì.

IRMA. Dicevate di volerci passare la vita!

LUCIANO. Pazzie!

IRMA. Ah?...

LUCIANO. Che avete?...

IRMA. Nulla!... E quando volete partire?

LUCIANO. Ma quando vorrete. Sapete bene che non ho altra volontà che la vostra.

IRMA. Che faremo? Dove andremo?

LUCIANO. Non lo so... Dove vanno tutti... Faremo quello che fanno gli altri... Purchè si cambi!

IRMA. Ah!

LUCIANO. Mio Dio! perdonatemi, Irma! Sono orribilmente noioso oggi!... Perdonatemi! è perchè sono orribilmente annoiato!

IRMA. Di me?...

LUCIANO. Oh, no!

IRMA. Ebbene! facciamo i nostri castelli in aria per quest'inverno onde distrarvi.

Prendendogli le mani con grazia ed affetto; vedendolo che osserva l'orologio con amarezza.

Che ore sono?

LUCIANO. Le otto.

IRMA. Il vostro appuntamento è per le otto?

LUCIANO. Sì.

IRMA. Andate a caccia?

LUCIANO. Sì.

IRMA. Sarete in molti?

LUCIANO. Non molti: i nostri vicini di villeggiatura soltanto: Paolo, il commendatore Gaudenti, e il cavalier Falconi.

IRMA. Ah!... anche il cavaliere?

LUCIANO. Che volete, il cavaliere è fatto di quella gomma elastica di uomo di buona società che si adatta a tutte le situazioni più scabrose ed è impenetrabile a tutte le ingiurie. La prima volta che ci siamo incontrati il cavaliere mi ha steso la mano come se nulla fosse stato. Non c'è verso di schiaffeggiare un uomo che vi disarma col sorriso.

IRMA. E le loro signore?

LUCIANO. Verranno anch'esse a raggiungerci laggiù, presso la crocevia ch'è il nostro ritrovo di caccia...

Imbarazzato.

Non vi ho pregato di venire anche voi perchè so che sarebbe stato inutile... Vivete così ritirata!...

IRMA (*reprimendo un sospiro*). Infatti...

LUCIANO (*dopo una pausa imbarazzante, esitante e commosso*). Se ho avuto torto perdonatemi!

IRMA. No, no, mio buon Luciano!... Voi non avete torto... anzi vi son grata della delicatezza con cui cercate di risparmiarmi tutte le umiliazioni che colpiscono la mia posizione... Questa posizione io la conosco; l'ho accettata con tutte le prove e le amarezze che l'accompagnano...

stendendogli le mani

e non me ne pento.

LUCIANO (*baciandole la mano*). Grazie, Irma!

IRMA (*vivamente, mettendogli le mani sulla bocca*). Oh, no!... Non mi dire questo, per carità!... Tu non sai quanto male mi faccia!

LUCIANO. Che?...

IRMA (*come lasciandosi trasportare*). Oh, lasciami rammentare il tempo quando tu non mi ringraziavi dei sacrifici che ti facevo!... quando il tuo amore era sì ardente che era egoista, e mi chiedeva inesorabilmente il mio onore, la mia riputazione, la mia vergogna!... ed io ero felice di darti tutto perchè così non mi rimaneva più che il tuo amore!... Oh, perdonami, Luciano!... Ti sei fatto triste!... Non badare a me, sai!... Sono fanciullaggini!... Divertiti alla caccia... non pensare che ho pianto... Oh! ti giuro che sono allegra... Vedi? sorrido!... Divertiti... Poi, quando sarai tornato, lì, accanto al fuoco, mi narrerai com'è andata la caccia.

Con sforzo penoso e sorridendo fra le lagrime.

Ben inteso che mi tacerete se avete fatto il galante con quelle signore!

LUCIANO (*crucciato internamente come da un rimorso*). Oh! Irma!...

IRMA. È così!... fanciullo che siete! Un cattivo scherzo di nervi di donnicciuola vi rende melanconico!... E sì che dovreste rimproverarmi perchè non sono ragionevole!... Via, ecco, vi prometto di esser buona. Che mi porterete voi in premio? Non vi chiedo molto, sapete... Un fiore, un filo d'erba che avrete portato all'occhiello del vostro vestito tutta la giornata per mia memoria...

LUCIANO. Così poco!...

IRMA. Oh, mio Dio! E vi par poco!...

Con dolore.

Come siete diventato, Luciano!...

LUCIANO. Perchè mi dite questo, Irma?

IRMA. Perchè il cuore non vi ha detto che io indovinerò dove andrete a raccogliere quel fiore per me.

LUCIANO. Ma dapertutto dove ne troverò dei più belli!

IRMA (*con tristezza*). Speravo che aveste pensato semplicemente a quella siepe fiorita, laggiù, presso il mulino, che ci riparò colla sua ombra tante volte e dalla quale voi cogliavate quei gentili fiorellini che mettevate colle vostre mani fra i miei capelli.

LUCIANO. Ebbene, se ciò vi fa piacere io ci anderò.

IRMA (*con amarezza*). È inutile giacchè il cuore non ve l'ha suggerito!

LUCIANO. Ma che!... Voi piangete, Irma!... Per un capriccio!...

IRMA. Un capriccio!... Oh, perdonatemi! Come son cattiva oggi!

SCENA II

Giulietta e detti.

GIULIETTA. La signora Avellini domanda se madama può riceverla.

LUCIANO (*con moto involontario di sorpresa*). Come!...

IRMA. La signora Avellini!... Una visita a me?... Che ne dite, Luciano?

LUCIANO (*imbarazzato*). Ma... veramente... non saprei...

IRMA (*a Giulietta*). Ha chiesto proprio di me?

GIULIETTA. Sì, madama.

IRMA. Sa che sono in casa?

GIULIETTA. Gliel'ha detto il giardiniere.

IRMA (*consultando Luciano*). Come si fa a non?...

LUCIANO (*c. s. e guardando l'orologio*)... Ma... io...

IRMA (*dissimulando una tinta di amarezza*). Forse si fa tardi per voi... Riceverò io quella signora. Non vi fate aspettare.

LUCIANO. Grazie... Anzi... per far più presto, anderò via da quella parte.

Accennando la terrazza.

Addio.

IRMA (*con tristezza*). Addio.

A Giulietta:

Fate entrare.

Giulietta via.

Ah! Dio mio!

SCENA III

Lucrezia e Irma.

LUCREZIA. Madama, io vengo a farle le mie lagnanze! Come! Siamo vicini di campagna da tanto tempo e non ci siamo viste una sola volta!... e senza una fortunata combinazione non avrei saputo che a due passi della nostra brigata d'amici ce n'era un'altra delle amiche che non si curava di cercare di noi, e di farci sapere che esisteva!... Sarebbe in collera con noi? Perchè? Non saprei; ma se abbiamo dei torti vengo a scusarmene, e se no vengo a perdonare il suo e ad esigerne riparazioni!... Mentre tutti gli altri corrono alla caccia, io che non mi ci diverto gran che son passata dal suo villino, il suo giardiniere mi ha detto d'averla vista su quella terrazza fin dall'alba, quindi non corro il rischio di essere importuna che a metà... e tant'è l'occasione di vederla non ho voluto lasciarmela scappare.

IRMA (*tentando dissimulare la sua aria malinconica*). Madama, ella è stata troppo buona a rammentarsi di me, e questo solo mi dà torto... Ma vivo così ritirata!...

LUCREZIA. Io ho però la pretensione di rompere il suo ritiro. Che vuole? Ho l'ambizione di essere sua amica un po' più delle altre.

Offrendole la mano.

Non vuole?

IRMA. Grazie! e di tutto cuore!

LUCREZIA. Veramente nella mia amicizia c'è un po' d'egoismo. Vede bene che non mi faccio migliore di quel che sono. Tutti quelli che mi stanno d'attorno sono talmente occupati di sè stessi o degli altri che quando non sono con mio marito mi sento più sola che mai... e la mia felicità si annoia a star sola!

Con grazia.

IRMA (*con triste sorriso*). Oh, ella le procura una ben triste compagnia!

LUCREZIA. Come?... Non è felice anche lei? Che le manca?

Prendendole la mano.

Così bella!... Tutto deve sorriderle!...

IRMA (*dissimulando la sua tristezza con un sorriso*). Mi manca un poco della sua felicità; madama!

LUCREZIA (*con grazia*). Oh! Io non gliene do davvero! Ne sono avara!... Mi dicono ch'è così capricciosa la felicità!... È vero?

IRMA (*con un sospiro*). È vero!

LUCREZIA (*c. s.*). Ma io la tengo pei capelli... Paolo mi aiuta del suo meglio... e un angioletto di sei mesi stende dalla culla le sue manine per aiutarmi anche lui!

IRMA. Ella ha ragione di esserne gelosa della sua felicità... Perchè è assai rara.

LUCREZIA. Non è vero che la mia è migliore di quella che tentano di darsi gli altri?... Perchè certi legami quando non sono di rose son catene da galera.

IRMA (*come colpita dolorosamente*). Ah!

LUCREZIA. Eh! La contessa e il cavalier Falconi lo sanno! Poverini! Si son messi la catena al collo senza avere la menoma stima l'uno per l'altro... prendendosi dal lato peggiore, quello del capriccio e della vanità... e ora si ingegnano di svincolarsene senza darvi uno strappo, senza fare una graffiatura all'epidermide del loro amor proprio, ch'è assai suscettibile... ciò ch'è difficile!... è un vero inferno! Un inferno però mascherato di sorrisi e di parole gentili.

IRMA. Una tortura!

LUCREZIA. Non è vero? Inferno per inferno preferisco quello che regna tutti i giorni in casa di mia madre dacchè ha sposato il commendator Gaudenti. Quelli lì almeno si sfogano in gridori ma non ci sono ipocrisie!

IRMA. Ah! il commendatore che sembrava così buono!...

LUCREZIA. Non lo è che a tavola. Del resto dacchè è diventato il padrone dispotizza in casa, ma, poverino, la paga anche cara; giacchè la mamma s'è fitta in capo di esser gelosa di lui!... Sì, sì, proprio gelosa!... gelosa come potrei esserla io... come potrebbe esserla lei...

IRMA (*con dignità*). Madama, io non ho il diritto di essere gelosa... poichè non ne ho l'occasione...

LUCREZIA. Oh!... Mi perdoni!... Non ho inteso...

IRMA (*reprimendo un sospiro*). Ne son persuasa.

LUCREZIA (*sorridendo e porgendole la guancia*). La prova.

IRMA (*baciandola*). Ecco!

LUCREZIA. Alla buon'ora!... Ma che ha? Mio Dio!... Avrei avuto la disgrazia di rattristarla coi miei discorsi?...

IRMA (*sorridendo tristamente*). Ohimè, signora! si dice che nella vita non ci sia di vero e di duraturo che il dolore... ma, ad ogni modo, la felicità dev'essere ben rara e ben fugace se tutti lo dicono!... Ella non ha raccontato che la storia di tutti i giorni, e di tutti... eccetto le rari eccezioni che, come lei, provano non essere un nome vano cotesta felicità... ma bisogna saperla cercare...

LUCREZIA. Veramente io non ci ho avuto un gran merito. Me la son trovata fra i piedi... Ma adesso che l'ho trovata non me la lascio sfuggire.

IRMA (*con interesse*). Come farà?

LUCREZIA. Amerò sempre mio marito.

IRMA. Non basta.

LUCREZIA. Egli mi amerà sempre.

IRMA. Sempre?

LUCREZIA. Sì, sempre! In un altro modo, ma sempre. Non sono la madre di suo figlio, la donna che porta il suo nome, l'altra metà della sua famiglia, la sua confidente, la sua amica?

IRMA (*tristemente e sopra pensiero*). È vero!

LUCREZIA. Non saremo due amanti ma saremo la stessa persona. In confidenza, poi, io credo che amarli troppo si guastino cotesti signori uomini. Bisogna tenerli a stecchetto, poichè sotto il pretesto di aver più testa di noi donne hanno meno cuore... non ne hanno che un briciolino così... e per giunta hanno il coraggio di fare i prodighi! i generosi!... Ce lo gettano tutto in una volta... e poi non ne hanno più. Diventano cattivi, egoisti, ingiusti, stupidi...

IRMA (*c. s.*). Oh! mio Dio! come tutto ciò è triste!

LUCREZIA. Ma è vero.

IRMA (*c. s.*). Forse...

LUCREZIA. Sì, egoisti, ingiusti e cattivi!... Arriverebbero ad odiarci perchè noi li amiamo ancora quando essi non ci amano più!

IRMA (*vivamente e quasi con le lagrime agli occhi*). Oh! no!... Non può essere!... È orribile! Sarebbe un'infamia!

LUCREZIA. Non abbiamo neanche il diritto di chiamarla così perchè essi hanno il privilegio dei grandi paroloni... Però quando si sa prenderli... cotesti animali feroci che ci spezzerebbero il cuore senza un rimorso... non romperebbero un riccio di capelli con cui si saprebbe legarli mani e piedi...

Con un sorriso malizioso.

Tutto sta a saperli legare!

IRMA (*amaramente e come rispondendo ad un intimo pensiero*). A che legarli... legare un cadavere!...

LUCREZIA (*c. s.*). Non un cadavere, ma un ladro!

IRMA (*vivamente e come colpita da quella parola*). Non è vero che è un furto, un'infamia, toglierci la pace del cuore, la riputazione, il sorriso, la fede, tutto quello che abbiamo di buono, tutto quello che abbiamo di santo?... Non è un furto quando si sa che quell'amore, in cambio di che ci lasciamo togliere tutto, non durerà sempre, non potrà darcelo che un giorno... dei mesi, degli anni... ma che non sarà per sempre?!... Ma si sa questo?... Quando si dà il cuore si è così felice che si crede quella felicità debba essere eterna!

Con scoppio di amarezza.

Ah! gli amori eterni! Ci si crede ancora quando l'anima è sazia, stanca... Si ha bisogno di crederci per debito di lealtà e di coscienza!... Ahimè! quando l'amore è morto!... E allora accade qualche cosa di più straziante ancora... le ipocrisie dell'affetto, le menzogne del sorriso, i tentativi, le invocazioni di quell'amore che si cerca con baci disperati da labbra di ghiaccio!... Oh, Dio! Ma morire mille volte!... Ma fuggire, strapparsi dal petto il cuore, l'angoscia, l'amore, anzichè assistere a questo spettacolo!...

LUCREZIA. Oh! mio Dio! com'è commossa!... ma che razza di discorsi andiamo facendo!...

IRMA. È vero; sarà questo tempo orribile che mi dà sui nervi...

Suona.

Che cattiva giornata... per i cacciatori!

SCENA IV

Giulietta e detti.

GIULIETTA. Signora?

IRMA. Fate entrare un po' d'aria. Si soffoca qui!...

A Lucrezia sorridendo:

E questi benedetti nervi ci fanno anche dei brutti scherzi!... Come siamo matti e come siamo deboli!... che c'importa di tutti questi discorsi a lei ch'è così felice... e a me... che non ho di che lagnarmi?...

A Giulietta:

Piove?

GIULIETTA (*dopo aver aperta l'invetriata della terrazza*). A momenti sarà un diluvio! Ecco una carrozza con delle signore che scappa a tutta corsa per i primi goccioloni. Viene qui, ha passato il cancello.

IRMA. Delle signore!...

GIULIETTA. Mi sembra anche di averle riconosciute.

LUCREZIA. Saranno le nostre cacciatrici che son cacciate a lor volta dalla pioggia. Mia madre e la contessa Baglini.

IRMA (*imbarazzata*). Ah!... da me!... Veramente... sono lietissima...

A Giulietta:

Andate a ricevere quelle signore.

Giulietta via.

LUCREZIA (*affacciandosi inquieta alla terrazza*). Ma i signori cacciatori dove saranno con questo bel tempo?... È un vero finimondo! Glielo avevo pur detto a Paolo di rimandare cotesta maledetta caccia ad un altro giorno... Ma nossignore! s'ha a fare il gradasso... anche a rischio di buscarsi una infreddatura e peggio!... Lui! un avvocato! ...Mi vuol sentire il signor avvocato!

SCENA V

Giulietta, quindi la contessa Baglini e la signora Merelli.

GIULIETTA. La signora Merelli e la contessa Baglini.

CONTESSA. Cattiva! cattiva! signora cattiva!

Ad Irma.

È proprio il caso di dire: Ci volle un temporale!

S.ª MERELLI (*con ironia e doppio senso ipocrita*). Madama, le domandiamo perdono se costretti dalla pioggia... E la prego di credere che senza questa ragione non avremmo osato... essere indiscreti...

IRMA (*con dignità*). Nessuna indiscrezione, madama!

S.ª MERELLI (*c. s.*). Chiamiamola importunità!... Sappiamo che non riceve nessuno... e...

IRMA (*c. s.*). Gli amici sì! E sono lieta di riceverla *in casa mia.*

S.ª MERELLI (*a Lucrezia con significazione*). Ah, tu qui!

LUCREZIA. Fra il vostro antipatico divertimento e il piacere di rivedere una simpatica amica... che non si degnava di farsi viva, non ho esitato.

CONTESSA. Come va? sempre bella! Sempre adorabile!... Non la si vede più... è un vero ritiro... Ma però non si ha il diritto di essere egoisti a questo segno! Non è vero, signora Merelli?

S.ª MERELLI (*con ipocrita reticenza*). Ma... secondo le circostanze!...

IRMA. Il mio egoismo è così inocuo...

CONTESSA. I suoi amici non la pensano così! Egoismo di felicità presente o egoismo di dolci memorie: qualche cosa ci dev'essere per vivere così ritirata... Noi ce ne intendiamo!... noi che abbiamo avuta la nostra luna di miele... ch'è passata.

S.ª MERELLI. Pur troppo!

IRMA (*sforzandosi a sembrare gaia*). Ma non si direbbe nemmeno... alla sua aria!... O c'è un crepuscolo di luna tramontata che somigli molto ad un'aurora.

Contessa. Crepuscoli! crepuscoli!... Eh! bisogna contentarsi di questi, tanto per non dare il gusto di vederci afflitte a quei nostri che hanno messo lo spegnitoio su quello straccio di luna. Oh, gli uomini!

S.ª Merelli. Birboni! birboni e poi birboni! Non c'è da fidarsi nemmeno di... A momenti la dicevo proprio grossa!

Lucrezia. Via! Via! Non li maltrattiamo tanto!... o almeno facciamo delle eccezioni.

S.ª Merelli. A tuo beneficio?

Lucrezia. Ebbene, sì! a mio beneficio!... Io so di chi fidarmi.

S.ª Merelli. Se non è te l'auguro... Ma sarà un miracolo.

Contessa. Non è un miracolo ma è una rarità: specie marito-filosofo, e per giunta avvocato: la legalità a braccetto dell'amore e della flemma, stavo per dire indifferenza, filosofica. Ma, mia cara, le rarità hanno il difetto di essere rare... e noi non siamo state fortunate.

Irma. La fortuna è cieca: ecco perchè s'è sbagliata.

Con grazia alla contessa.

Contessa. Ahimè! non ho neanche questa scusa... Non avrei avuto lo spirito di ravvisarla, mi fosse anche passata sotto gli occhi...

con doppio senso ironico

e non mi son curata di lei! Colpa della società in cui viviamo. Siamo così capricciose, così leggere, così vane noi donne del nostro mondo! Non ci seduce che ciò che brilla... senza pensare che può anche essere orpello; e allorchè ci diamo vinte bisogna che la riputazione d'irresistibile del vittorioso don Giovanni ci salvi dall'onta della sconfitta. Noi giochiamo ad un giuoco pericoloso: ecco perchè ci tagliamo le mani con le stesse nostre armi. Don Giovanni si renderebbe ridicolo se divenisse un marito modello, e la prima ballerina ha il diritto di distrarlo.

S.ª Merelli (*vivamente*). Come! Come! Ah! vorrei vedere! Il diritto!... il diritto di distrarlo!... Ma io vorrei che il mio signor marito si provasse a metterlo avanti cotesto diritto!

Contessa. Oh, madama... io non ho parlato del commendatore... quello lì è un uomo serio... un futuro senatore... e barone...

S.ª Merelli. Eh! so io!... so io di che è capace il signor senatore in erba... adesso che ne ha molti da spendere... e certe sguaiate corrono dietro ai portafogli vigenti... E dovrei con i miei denari!... Ma io... sarei capace di fare un eccesso!...

Contessa. Ma, cara mia, sarebbe fare troppo onore a certa classe di donne!... Noi non abbiamo il diritto di essere gelose che delle baronesse in un...

Come riprendendosi ad Irma.

Ah! perdono... madama!

Irma (*con dignità sorridendo*). Fortunatamente, signora, se non ho l'onore di essere una baronessa non ho neanche l'occasione di essere gelosa.

Contessa. Oh! Fortunata lei!... Ma se le somigliassi non lo sarei nemmeno io!

S.ª Merelli. Grazioso quel diritto! Io non sono di manica così larga, io! Il meglio mi sembra nè baronesse nè ballerine.

Contessa. Chi dice di no? Ma il meglio è nemico del bene. Che farci?

S.ª Merelli. Eh! so ben io! Sono un agnellino, sono una colomba, ma su questo particolare divento una tigre!

Contessa. Peggio! Una donna in collera è così brutta!... E noi abbiamo bisogno di piacere!

Lucrezia. Il meglio si è di lasciare stare i Don Giovanni nei romanzi.

Contessa. Ma come? Dacchè i signori poeti hanno messo i romanzi in pratica!... e ci rappresentano anche la loro parte, la parte peggiore, in fede mia! Giacchè, bisogna convenirne, signore mie, i nostri Don Giovanni della buona società saranno fatui, saranno volubili, saranno noiosi a lungo andare, ci faranno arrabbiare di gelosia, ma noi li paghiamo di rimando colla stessa moneta... li castighiamo colle stesse debolezze... li rendiamo innamorati, gelosi, disperati... Essi ci adulano, ci corteggiano, strisciano ai nostri piedi; son capaci di un'infedeltà ma non di un abbandono. Ma quei signori poeti!

marcatamente

cuori di bolle di sapone, immaginazioni epilettiche, noiosi e annoiati!... che ci amano dall'alto, ci stimano meno dei loro versi, ci accarezzano per fare il solletico alla loro musa, ci parlano senza ascoltarci e ci chiudono la bocca con un bacio quando vogliamo mischiare qualche parola ai loro vaneggiamenti!... Oh, io non vorrei saperne!... Me li vedessi ai piedi esalarmi lo spirito in versi endecasillabi... Poichè essi son pericolosi, quei signori!... Hanno le attrattive di ciò ch'è strano... e noi siamo così leggiere! Il loro fascino sta appunto nell'esaltare la nostra immaginazione... Noi arriviamo a crederli semidei... e questi semidei *cristophle* ci voltano le spalle e si avvolgono maestosamente nelle loro nuvole di fisime!... Non è vero tutto ciò signora?

Alla Scotti.

IRMA (*con dignità*). Contessa, mi permetterà di trovare la sua domanda alquanto strana.

CONTESSA (*affettando ingenuità*). Mio Dio! Me ne appello a lei perchè è artista, e deve conoscere i poeti e avere in petto un po' del loro cuore... Ma sarà sempre cuore di donna e farà la nostra causa.

IRMA (*con dignità e sorridendo con lieve ironia*). Ella ne ha parlato con tanta conoscenza che deve averli studiati assai meglio di me!

CONTESSA (*con ironia*). Sì, un poco. Ma da lontano e per curiosità.

IRMA (*c. s.*). Sarà dunque quistione d'ottica. I semidei stanno così in alto!

CONTESSA (*piano alla Merelli*). Insolente!

LUCREZIA. Avvocati vogliono essere, avvocati! e non Don Giovanni nè poeti!

CONTESSA. Oh, se i Don Giovanni a lungo andare non divenissero uggiosi!

S.ª MERELLI. Oppure se certi altri di mia conoscenza fossero meno scapestrati!

CONTESSA. Del resto, mie care, in confidenza possiamo dirlo: noi non abbiamo il diritto di sparlarne tanto di cotesti signori uomini... dacch'è non ci curiamo più di loro.

LUCREZIA. Oh! signora!...

CONTESSA. Mia cara Lucrezia non parlo per le spose la cui luna di miele dura degli anni. Quanto a me ne ho abbastanza della mia!... e per farla risorgere non muoverei un dito.

SCENA VI

Giulietta e detti.

GIULIETTA. I signori cacciatori!

CONTESSA. Oh! bravi! È il maltempo che ce li manda. Saranno bagnati fradici! Ci ho gusto!

LUCREZIA. Io no, davvero!

S.ª MERELLI. Che razza di gusti! Non ci mancherebbe altro che una buona malattia del mio signor marito adesso! Ne ho abbastanza di decotti, in fede mia!

LUCREZIA (*al balcone*). Non piove più!

CONTESSA. Temporale d'estate! Ah, se le tempeste del cuore durassero così poco!

SCENA VII

Luciano, Paolo, il commendatore Gaudenti, il cavalier Falconi, e detti.

CONTESSA. Oh! oh! Signori!... eccovi qui!... come è andata? Che cera scontenta... Sant'Uberto non è stato propizio.

FALCONI. Al contrario! Ci procura una sì bella fortuna!...

inchinandosi ad Irma con galanteria

che saremmo assai ingrati se ci lamentassimo.

IRMA (*alla contessa*). Il cavaliere è più galante che mai! Gliene faccio i miei complimenti...

CONTESSA. Non li merito davvero... e non vorrei assumerne la responsabilità.

FALCONI (*alla contessa*). Ah! mia cara! Come il matrimonio vi ha reso caustica!

Volgendosi ad Irma.

Spero almeno che madama sia più indulgente di voi... son davvero felice... Ringrazio la fortuna che mi ha procurato il piacere... l'onore... di presentarle i miei umili omaggi.

IRMA (*ironica*). Signore!...

CONTESSA. Oh! Signor De-Galiani!... che viso scuro!... dev'essere assai contrariato della cattiva riuscita della caccia...

Con malizia.

LUCIANO. No, contessa... Non sono più cacciatore degli altri.

PAOLO. Eppure vai a caccia più spesso degli altri!

LUCREZIA. Tutti i giorni! E il mio signor marito s'ingegna d'imitarlo!

CONTESSA (*con ironia e doppio senso*). Eh! peggio! Ardore di novizio... o uomo annoiato che ha bisogno di distrarsi.

Sogguardando Irma con malizia.

IRMA (*reprimendo un sospiro*). Ah!!

LUCIANO (*sforzandosi di sembrare allegro, con galanteria, ma imbarazzato*). Ma, contessa, io avrei torto a cercare delle distrazioni, quando sono in così bella compagnia!

CONTESSA (*c. s.*). Grazie!... e per tutti!

Prendendo Irma per la mano e Lucrezia per l'altra.

Adesso siamo sicuri che quei gentili cavalieri non ci lasceranno più sole!... e anche lei, signor poeta, ci farà il sacrificio di Sant'Uberto, tanto più che gli ha procurato l'occasione di rivedere la nostra eccellente amica che si nascondeva... cattiva!

LUCIANO (*imbarazzatissimo*). Oh... contessa...

CONTESSA (*passando accanto alla Merelli, sottovoce*). L'ha visto com'è imbarazzato! Non sa che dire!

S.ª MERELLI (*c. s.*). È uno scandalo! Mi meraviglio di me stessa che sono qui.

CONTESSA (*c. s.*). Eh! via, fingiamo di non saper nulla! Come me la godo a metterli in imbarazzo tutt'e due!... Quella superba che crede tutti gli uomini debbano andare matti per lei!

GAUDENTI. Però Sant'Uberto non mi coglie più! Bel divertimento, in fede mia! Un diavolo d'acquazzone! Romperci il collo correndo di su e di giù inutilmente! una magnifica colazione perduta, e doverci contentare in cambio di una frittata di uova, in una cattiva osteria ove ci affumicarono come salami sotto pretesto di far asciugare i nostri vestiti!... Ne ho abbastanza di Sant'Uberto, in parola d'onore!

S.ª MERELLI. Ci ho gusto! Ci ho proprio gusto! Se mi aveste dato retta avreste avuto a vostra buona colazione, le vostre brave pantofole accanto al fuoco...

GAUDENTI. Al diavolo le vostre pantofole! Se vi dessi retta dovrei passarci la vita in quelle maledette pantofole!

S.ª Merelli. Eh! sappiamo come vorreste passarla la vostra vita!

piano

...a fare il rompicollo, a fare lo scapestrato, il donnaiuolo! ...E queste caccie non sono altro che un pretesto per correr dietro alle contadine... Vergognatevi.

Gaudenti (*piano*). Ma cara, vi avverto che quando ho fatto una cattiva colazione di uova... non sono molto paziente!...

S.ª Merelli (*c. s.*). Ah! Signore!... e perchè vi mostravate così paziente... allora!... Se avessi potuto prevedere!...

Gaudenti (*c. s.*). Ah! Se avessi previsto anch'io!...

Irma. Commendatore, la sua sposa era così inquieta per lei che bisogna esserle grato della premura...

Gaudenti. Eh! Le conosco coteste premure!... purtroppo!

S.ª Merelli (*piano a Lucrezia*). Se non fossimo qui vorrei fare una scena!

Lucrezia (*indicando Paolo*). Ecco invece un signore che di tali premure non ne ha per la sua signora moglie!... Non mi ha neppure domandato dove mi cogliesse il temporale!

Paolo. Perdonami, mia cara. Ti avevo lasciato in compagnia di madama e della contessa e vedi bene non avrei potuto essere inquieto.

Lucrezia. Ma io avevo cambiato idea e non ero andata con quelle signore.

Paolo (*sorridendo*). In tal caso non avrei potuto essere inquieto per quel che ignoravo.

Lucrezia. Già! Non si è avvocati per nulla! Trova risposta a tutto, lei!

Contessa. La signora Lucrezia è stata assai meglio ispirata di noi, ed ha fatto miglior caccia...

Ad Irma con adulazione ironica:

La migliore e la più bella delle amiche! E pensare che siamo passate cento volte dinanzi a questo villino che ce la nascondeva senza sospettare altra cosa se non che fosse un nido d'amore!...

Con doppio senso.

Eppure se avessimo avuto un po' più d'immaginativa avremmo dovuto sospettarlo... chè il nido era degno di lei!

Ad Irma con accento lusinghiero ma con malizia.

La colpa è tutta sua, signor De-Galiani!

LUCIANO. Mia?

CONTESSA. Sì; ella poeta avrebbe dovuto indovinarlo prima di noi!

LUCIANO (*imbarazzatissimo*). Ma io, contessa...

IRMA (*reprimendo un sospiro pel contegno di Luciano*). Ah!...

Alla contessa con un sorriso forzato.

Il signor De-Galiani avrà voluto rispettare il mistero dell'incognito.

CONTESSA (*con malizia*). Ah! Signor poeta!... Non ci sono che le donne per togliere d'imbarazzo, così alla lesta, gli uomini di spirito!

LUCIANO (*ad Irma imbarazzatissimo*). Grazie, madama...

CONTESSA (*piano alla Merelli*). Come mi diverto!

S.ª MERELLI (*c. s.*). È un'immoralità!

PAOLO. Vuol dire che quel cervellino di mia moglie ha avuto il torto di non badarci a questo mistero! E tocca a me fargliene le scuse.

CONTESSA. E ha fatto bene!

IRMA (*con forzata allegria*). E ha fatto bene, perchè il mistero non esisteva .. che come immagine poetica.

CONTESSA (*a Luciano, scherzando ma con malizia*). Questo è un modo di farle la corte, signor poeta!

LUCREZIA. Ed ho fatto bene, perchè così eccoci riuniti tutti amici e amiche!

FALCONI. Si torna ai bei tempi di Livorno!

LUCREZIA. Oh! i tempi felici! Quando il cavaliere scriveva dei proverbi!

CONTESSA. E non ne faceva!

FALCONI. Oh, quanto a farne domando perdono che ne facciamo un po' tutti... almeno di quelle colle spine!

S.ª MERELLI. Certi proverbi sembrano una predizione: Le rose cascano e le spine rimangono... e che spine!

GAUDENTI. Rovi addirittura!

LUCREZIA. Cioè ne facciamo tutti?... Tutti poi no!

FALCONI. Intendo dire tutti quelli cui, cadute le rose non sono rimaste che le spine.

CONTESSA (*ad Irma*). Ecco la galanteria del cavaliere mio marito... Non avevo dunque torto a lasciargliene tutto il merito!

FALCONI. Ma s'intende benissimo che parlando di spine io non alludo a quelle del nostro matrimonio... non voglio parlare delle vostre... insomma è chiaro come la luce del sole che voi, mia bella, mi avete provato il rovescio del proverbio, cioè che le rose rimangono, e quelle che se ne vanno sono le spine... se mai ce ne furono.

CONTESSA (*salutandolo con caricatura*). Tutto merito suo, cavaliere! Ecco una galanteria pungente.

IRMA. Com'è severa, contessa!

CONTESSA. Chiamiamola dunque senza sale. Via, via, perdonatemi, amico mio. Voi sapete che non ci sono grandi uomini pel cameriere, nè uomini di spirito per la moglie... Del resto bisogna ammettere che il verme sia proprio nelle rose... se ne vediamo tante avvizzite, e quelle che sembravano più belle!... Di chi la colpa? Certe illusioni bisogna guardarle ad una certa distanza.

Piano al cavaliere come facendosi vento col ventaglio.

Ecco perchè quando ci siamo visti davvicino ci abbiamo perduto tutt'e due.

FALCONI (*piano con affettata galanteria*). Io! Io solo!... Ve lo giuro!

CONTESSA (*c. s.*). Quanto a me non posso disdirvi. Ma rassegnamoci... il nostro capriccio non fu mai una tempesta del cuore.

Forte.

E anche gli uragani voi avete visto come finiscono!

Additando il tempo che si è rasserenato, ma con malizia alludendo ad Irma e Luciano e accennandoli anche.

PAOLO. Col far più bello il sereno.

LUCREZIA. Io preferisco il sereno senza l'uragano.

S.ª MERELLI. Ed io preferisco l'uragano a certe acque chete!...

GAUDENTI. Ed io preferisco la frittata di stamattina tutti i giorni anzicchè certi temporali che mandano i bocconi per traverso!

IRMA. Oh, signori, preferiamo il sereno ch'è bello!

CONTESSA. Ma suol durare tanto poco!

LUCREZIA. Oh! no!

S.ª MERELLI. È vero!

GAUDENTI. Pur troppo!

IRMA (*con un sospiro*). Forse!...

CONTESSA. Felice lei che ne dubita! Ma noi!... Non ha sentito che si parlava di spine?... Sarà una fatalità; rassegnamoci! Perchè dura così poco? Chi lo sa?... Stanchezza forse, caducità, impoverimento di cuore... Quanto dura?... Delle volte la durata di un sogno! Quando tramonta? Chi può conoscerlo?... Un sorriso freddo, una parola distratta, un gesto stentato... una mancanza di delicatezza... È sogno e sfuma del pari. Ah! Le gran riflessioni morali che potrebbero farsi sulla durata di certe felicità!... Non andate in collera, Lucrezia, la vostra è eccezionale...

PAOLO. Perchè è la vera leggittima.

CONTESSA (*ironica*). Oh! Il codice!

PAOLO. Eppure bisogna crederci... a quello della famiglia almeno!

CONTESSA (*comicamente ma con significazione*). Ma lei ci vuol mettere fuori della legge?...

PAOLO (*ironico ma con malizia*). Ma non ho parlato del codice che condanna alla galera!

IRMA (*con gaiezza forzata ma profonda amarezza*). Oh, non ci crediamo, signore mie! Non crediamo a quel che ha detto la contessa! È uno spiritoso pessimismo, ma fa male al cuore! Meglio ingenui che scettici!... e credere al cuore, a qualche cosa di vero, di profondo, di santo, che non si consuma, che non avvizzisce, che non muore!

CONTESSA. Pure è nato! Le rose cascano! La caducità è una legge!

IRMA. No, non può essere!

Con entusiasmo.

Quando si guardano le stelle, quando si respira l'aria del mattino, quando si è felici si deve sentire la presenza di qualche cosa che non può essere caduca, che non può morire!... Ebbene, c'è anche qualche cosa di più ineffabile di un'alba, di più sublime di una notte stellata, di più inebriante della felicità, qualche cosa che non può avere la durata di un delirio... o di una rosa!...

CONTESSA. Poesia! sublime poesia!...

Volgendosi a Luciano.

Eppure un poeta innamorato... delle stelle, dell'alba e della campagna potrebbe dirci quanto durerà la sua nuova passione... per la caccia!... Ah! Il mio scetticismo è inguaribile, madama! Io non credo alla durata del sereno!

IRMA (*con tinta d'amarezza e d'ironia*). Procuriamo piuttosto che il mondo non ce l'invidi!

LUCREZIA. Non me ne curo!

S.ª MERELLI. Io sì! È quasi una jettatura!

CONTESSA (*con sarcasmo*). È invidia e qualche volta un omaggio... forse un'adulazione!...

IRMA (*con sarcasmo*). Mi congratulo con lei che non l'ha visto nella sua più turpe manifestazione: quando avvelena, perseguita, calunnia ed accarezza!... quando morde sorridendo e soffoca in un abbraccio!

CONTESSA (*c. s.*). Oh, la calunnia poi!... Anzitutto io non credo alla calunnia che nel *Barbiere di Siviglia*... e son certa che nulla s'inventi nell'assolutamente falso. Ci potrà essere esagerazione, ma non si dica calunnia! Non si dia appicco all'esagerazione... ecco tutto!

Con raddoppiamento di sarcasmo.

Si faccia un po' quello che fanno gli altri e sopratutto si rispettino le apparenze... Ecco il gran segreto!

IRMA (*quasi fuori di sè dall'amarezza e dal dispetto, vivamente*). Segreto da gesuiti! No! no! mille volte! Calunniati sì, ma ipocriti no!

Suona.

Vogliamo prendere il caffè sulla terrazza? Di lì possiamo scendere in giardino. Il tempo si è fatto bello!

A Giulietta:

Fateci servire il caffè sulla terrazza.

Giulietta apre le invetriate e via.

LUCREZIA (*correndo al balcone*). Che bella giornata!

CONTESSA (*piano alla Merelli avviandosi*). L'ho punta sul più vivo e il veleno le schizza dagli occhi.

S.ª MERELLI (*piano*). Oh! Che scandalo! Che immoralità!

Forte al commendatore con asprezza:

Caro lei! Ha sentito che si va in giardino?

GAUDENTI. Ho sentito. Si accomodi.

LUCREZIA (*dalla terrazza a Paolo*). E così? Ci lasciano andar sole!... Che cavalieri!

PAOLO (*prendendo il braccio del Gaudenti*). Andiamo, via commendatore. Bisogna compatirla quella povera donna!

Gaudenti (*seguendolo*). Nessuno però ha compassione di me!... Ma un giorno o l'altro faccio uno sproposito! Parola d'onore che faccio uno sproposito!

Via.

Le invetriate della terrazza si rinchiudono.

SCENA VIII

Luciano e Irma.

Irma (*commossa e vivamente*). Restate, Luciano.

Luciano. Che avete, Irma?

Irma (*quasi smarrita*). Nulla... non lo so... Ho bisogno di parlarti... Ho bisogno di vederti...

Luciano. Ma che avete, Dio mio?!

Irma (*desolata*). Oh! non lo so!...

Riprendendosi.

Non lo vedi?... questo cattivo tempo, questa pioggia, queste nuvole... mi danno sui nervi... mi irritano... mi fanno male... Dimmi...

Vivamente.

Quando partiremo?

Luciano. Perchè questa domanda?

Irma. Non me lo domandare... Non saprei dirlo... Ho bisogno di muovermi, ho bisogno di fare qualche cosa, ho bisogno di non pensare... ho bisogno di parlare con te... dell'avvenire... del nostro avvenire... Dimmi... Vuoi che andiamo a Firenze?... Vuoi che andiamo a Milano?...

Con impeto scuotendogli le mani.

Ma dilla qualche cosa!

Luciano. Vi giuro che non vi comprendo...

Irma. Ah!

Luciano. Voi che amate tanto la campagna!... Questo desiderio così improvviso e così forte...

Irma. Ma non vedi?...

Riprendendosi.

Non vedi com'è triste... come piange... com'è orrida cotesta campagna!... E poi... Non puoi mica vivere sempre in questo modo tu... Non sono egoista, ti giuro! Bisogna che tu ti diverta...

LUCIANO (*pensieroso*). E che io pensi al mio avvenire...

IRMA (*amaramente*). Lo vedi! Non puoi seppellirti vivo in fondo ad una campagna, accanto ad una povera donna che non può darti altro che tutto il suo amore... Ma lo so... la tua gioventù... la tua vita... ha altre esigenze... altri bisogni... Non ci hai pensato tu?

LUCIANO... Ma... sì... da qualche tempo...

IRMA. E non me ne hai detto nulla?...

LUCIANO. Temevo di rattristarvi!

IRMA. Ah! Temevi d'attristarmi!... Dunque c'è qualche cosa di doloroso?...

LUCIANO. Mio Dio... Nulla di doloroso... Ma vi sapevo talmente assorbita dal nostro amore... che non avrei osato distogliervene per farvi riflettere alle volgari ma imperiose esigenze della vita.

IRMA. Un tempo non ci pensavi neanche tu!...

LUCIANO (*imbarazzato*). È vero... Ma...

IRMA (*vivamente come se temesse la risposta di lui*). Oh, io avrò torto!... Vivo nelle nuvole!... Voi siete più ragionevole di me; ma vi prometto di essere ragionevole anch'io...

con un triste sorriso

per quanto lo potrò!... Oh lo so bene... Non si può pretendere... bisogna che viviate anche voi come tutti gli altri... Andrete in società... ai teatri... ai balli...

LUCIANO. E voi?

IRMA (*sorridendo fra le lagrime*). Mi basterà sapervi felice!...

LUCIANO. Come siete buona, Irma!

IRMA (*con confidente abbandono*). Tu sei bello, sei giovane, hai ingegno... tutte le donne ti adoreranno... e se t'innamorassi di qualche altra donna?...

LUCIANO (*con aria di stanchezza quasi amara*). Io?... Oh!!...

IRMA. Ipocrita!

LUCIANO (*c. s.*). Non è un complimento che voglio farvi...

Con abbattimento.

Ma vi giuro che è impossibile!...

IRMA (*con amarissimo scherzo*). La contessa la chiamerebbe stanchezza di cuore!...

LUCIANO (*c. s. e freddamente*). Oh... non per voi.

IRMA (*reprimendo un sospiro*). Ah!...

Con civetteria prendendogli le mani.

Mi ami?

LUCIANO. Sì.
IRMA. Molto?
LUCIANO. Molto.
IRMA. Son bella?
LUCIANO. Bellissima.
IRMA. E se m'innamorassi di un altro?
LUCIANO. Voi!...
IRMA. Sì... se ti lasciassi?...

Con impeto.

Ma guardami in viso e dimmi che faresti se io ti lasciassi?...
LUCIANO. Ma... cara mia... certe domande...
IRMA (*vivamente e con improvvisa ispirazione scuotendogli le mani*). Dimmi, Luciano!... Ci credi tu a quello che ha detto la contessa?... Ci credi tu che l'amore si spenga, che il cuore si stanchi, che la febbre si estingua?... Ci credi?...
LUCIANO. No!... Non voglio crederci!...
IRMA. Ah! non vuoi!... Dunque ci credi! Non negare! ci credi! Il dubbio è nella mente, ma la morte è nel cuore!... Ah!
LUCIANO. Calmatevi, Irma... Che penseranno quelle signore!...
IRMA (*vivamente*). Ah!... Quelle signore!... È vero!... potrebbero credere... e ciò vi dispiace!...
LUCIANO (*imbarazzato*). A me?... Oh, no!... È per voi che...
IRMA (*c. s.*). Che m'importa a me!... che m'importa di loro, di quello che supporranno, di quello che sanno... se ho la morte nell'anima!
LUCIANO. Che vi ho fatto? Dio mio! Ditemi che vi ho fatto?...
IRMA. Nulla!... Tu non lo vedi ed io non saprei dirtelo... Anche pochi momenti or sono... mentre quella donna... quella contessa parlava... tu non hai inteso nulla tu!
LUCIANO. Ma che cosa?...
IRMA. E me lo domandate?... È inutile giacchè il vostro cuore non ve l'ha detto! Quella donna mi ha abbeverato di fiele, di vergogna, mi ha coperto di allusioni oltraggiose, di insulti, di motteggi, e voi non avete visto! Non avete udito!... Non avete avuto nè cuore, nè intelligenza, nè pietà!

Con uno scoppio d'amarezza.

Come siete diventato adunque, Luciano!

Luciano. Mio Dio, Irma, come esagerate! Ma siete certa che si alludesse a voi, che si mirasse ad oltraggiarvi? Che vi hanno detto infine?

Irma. Che m'hanno detto? Nulla! Voi non avete udito nulla!... Voi che avete tanto ingegno!... Ho sofferto?... No!... Voi non ve ne siete accorto!... voi che leggevate nei miei occhi tutta l'anima mia!...

Luciano. Ma che cosa avrei dovuto fare, ditelo? Avrei dovuto fare una scena?

Irma (*amaramente*). Con qual diritto? Fingeste di conoscermi appena!

Luciano. Ah! Avrei dovuto autorizzare quei sospetti? Confessare quello che ancora è un dubbio?

Irma (*c. s.*). Voi avete il pudore della colpa, voi!

Luciano. Ma infine avrei dovuto calpestare tutte le convenienze, mettermi sotto i piedi le apparenze che devo salvare... almeno per voi...

Irma (*con un grido*). Ah!...

Con abbattimento.

Voi non avreste dovuto giammai dirmi questo!

Luciano. Mio Dio! Che vi ho detto?

Irma. E non te ne avvedi nemmeno!

Luciano (*disperato*). Oh, no! no!... Dio mio!... Ho la testa in fiamme!

Irma. Non mi capisci più, l'hai detto! Non puoi vedere come insieme al tuo affetto si estingua la tua intelligenza, la squisita percezione dell'anima tua, quella qualche cosa che faceva battere il mio cuore nel tuo!... Tu non non puoi vedere ciò!... Meglio per te!... Avresti paura!... Io ho paura... Tu sei spaventoso!

Luciano. Oh, Irma!... Ma non vi basta!... Oh, quanto sono infelice!...

Irma. Infelice! E perchè sei infelice?...

Luciano. Non lo so... Non lo so... Non me lo domandate!...

Irma. Io lo so!... perchè io ti leggo in cuore! perchè io ti amo!... Tu sei un cuor nobile... ma all'amore non si comanda... e tu non mi ami più!... Ti giuro che se potessi strapparmi il cuore per nasconderti le mie lagrime io lo farei...

Luciano. Oh...

Irma (*vivamente mettendogli una mano sulla bocca*). Non mentire!... Non ti avvilire. Voglio amarti ancora... e ho bisogno di stimarti sempre! Tu mi fai un'immensa pietà! Delle volte ti guardo come trasognata... come per accertarmi che sei tu... proprio tu... il mio amore, il mio Luciano! che mi amava a quel modo!... come mi spaventavo a sentirmi amata perchè sembravami che cotesto miracolo non potesse durare eterno!... Oh, bisogna che qualche cosa siasi guastata nel mio cervello... Non ti riconosco più! Ma dimmi che son malata, che son folle... Sorridimi! Oh, Dio! Se fossi folle davvero!... Se tu mi amassi sempre come allora!... Perchè, vedi, Luciano mio!... io non mi lagno di nulla! io non soffro di nulla!... che m'importa di quella donna, della società, dei loro insulti, del loro scherno, dell'obbrobrio del mondo?... che m'importa?... Non lo sapevo?... Non l'ho accettato per te? Perchè... vedi... adesso non mi resta più che il tuo amore... e bisogna che io sia amata sempre allo stesso modo da te!... Mi hai avvezzata male!... che vuoi? Colpa tua!

Sorridendo fra le lagrime.

Ecco perchè quando penso che il tuo amore abbia a diminuire mi par di perdere la ragione!... Ma io son matta!...

Prendendogli le mani.

Non è vero che son matta?

LUCIANO (*triste e con freddezza*). Perchè questi pensieri adunque?

IRMA. Non lo so... Non lo so... Dio mio!... Ci pensi tu?

Vivamente.

LUCIANO. Io... no...

IRMA (*dopo averlo fissato con espressione penetrante mettendogli la mano sugli occhi*). No! Non voglio vederti! Ho bisogno di crederti!...

Scoppiando in singhiozzi.

Se tu ti vedessi, Luciano!... Se tu ti vedessi tanto cambiato!

Pausa.

Oh, perdonami! Ho torto... ma quel dubbio è più forte di me!... Sarà forse il fascino del male!... Ma è un pensiero orribile! Non so come sia venuto... e perchè... ma è anche un brutto segno il pensarci sopra!... Sono malata... è vero... Son matta... Non ridere di me, cattivo! Non ti rattristare... Non mi dar retta... ho torto! Di che temo? Il tuo amore... tutto ciò che mi abbisogna, non l'ho... mio!... tutto mio! Non è vero?... ardente, cieco, pazzo?... Come allora... come sempre!... Non è vero?...

Con ansia crescente.

Dammi la tua mano!... guardami negli occhi!... Non è vero che il tuo amore è sempre lo stesso?... sempre?... sempre?... Non è vero?...

Colla voce piena di lagrime con terrore.

Ma che hai, mio Dio!?

LUCIANO. Che vi ho fatto perchè dobbiate dubitarne adesso?

Imbarazzato.

IRMA (*con uno scoppio di amarezza e di passione*). Ma no! Non è così che si risponde, signore!...

Singhiozzando.

Voi non mi rispondevate così!

LUCIANO. Ditemi che volete, Dio mio!

Nel massimo abbattimento della tristezza.

IRMA. Nulla! Voi non potete darmi più nulla! Non avete cuore... non sapete neanche mentire!... Non sapete ingannarmi quando ho bisogno di essere ingannata!

LUCIANO. Irma!

IRMA. Se ti vedessi! Se vedessi il tuo sorriso freddo, le tue parole che ti tremano sul labbro, i tuoi occhi senza febbre! Se tu vedessi la stanchezza, lo sfinimento del tuo cuore! Se comprendessi quello che vuol dire il non avere più bisogno di starmi accanto ad ogni istante, il cercare gli svaghi, il pensare alle convenienze, all'avvenire!... il pensare a qualche cosa... aver bisogno di qualche cosa che non sia me. me sola!

LUCIANO. Mio Dio, Irma! Non si possono far sempre delle pazzie!

IRMA. Ah! Eccola che l'hai detto l'orribile parola! Ma non capisci che se avessi ragionato io non ti avrei mai amato! Ma non capisci che quando tu ragionerai tutto sarà finito!... l'amore, la felicità, la... Decisamente, signore, voi non avete cuore!

LUCIANO (*abbattuto*). Ah! se vedeste il mio vi farebbe pietà!

IRMA. Pietà?... No! per l'anima mia!... M'indispettisce! mi irrita!... Mi mette addosso tutte le furie!

LUCIANO. Irma! voi siete ingiusta, assai ingiusta verso di me! Quale è la mia colpa?... Quale è il mio torto? Che posso farci se il vostro cuore è migliore del mio! se esso è sempre giovane, e più ardente, più entusiasta che mai!...

IRMA. Mentre il vostro!...

LUCIANO. Ah! vorrei morire!

Con l'abbattimento del disperato.

IRMA. È il vostro cuore che se ne muore?

LUCIANO. Quale esso sia non è sempre vostro?

IRMA (*con la morte nel cuore*). Che m'importa?... se è cadavere!... Se non mi ama più...

LUCIANO. Oh, no.

IRMA (*quasi fuori di sè*). Non mi ama più!... Non voglio compassione, signore!... Non voglio amicizia! Non voglio i palliativi dell'indifferenza!... Non voglio gli avanzi del vostro amore!... Sì, sono stanca di voi! sono stanca delle vostre ipocrisie! sono stanca di quest'elemosina di pietà che mi fate! Voglio essere amata! Sono bella! Lo so! Non so che farmene di voi, cuore decrepito!...

LUCIANO. Signora... questo è un congedo!...

IRMA (*c. s.*). Prendetevelo!

SCENA IX

Il cavalier Falconi, dalla terrazza, e detti.

Luciano sul divano col viso fra le mani.

FALCONI. Signora!... Ma senza di lei il caffè è stato amaro!... la conversazione languisce... c'è il vuoto. Io vengo a reclamare...

IRMA (*vivamente*). Cavaliere, ci credete voi agli amori eterni?

FALCONI (*un momento sconcertato*). Eh?... Se credo agli amori eterni io!... Mi domanda se ci credo!... Ma ci scommetto sopra io!...

IRMA. Eppure la contessa non dice lo stesso.

FALCONI. Ma veda... la contessa... quello è un altro par di maniche!... Non è propriamente che non... Ma la contessa... capisce bene?... Lì c'è il lenitivo del sagramento... il matrimonio è un cataplasma, un narcotico, un calmante... E per amore come l'intendo io occorre invece qualche cosa di pizzicante, occorre la salsa del frutto proibito...

Sogguardando Luciano e come lasciandosi andare ad una provocazione.

...Occorre il fascino della colpa!... il fascino, checchè si dica!... Oh, e ci credo!... Ma io capisco il delitto! il mostruoso! l'impossibile!

IRMA (*quasi fuor di sè*). Anch'io ci credo! Ho bisogno di crederci! Voglio crederci!

FALCONI. E fa benissimo! Che cosa esiste nel mondo all'infuori dell'amore?... e l'amore perchè sia il dio del mondo bisogna che sia eterno... bisogna che sia senza limiti!... bisogna che sia onnipotente!

IRMA. Sì, è vero! Lo sento anch'io...

Guardando con immensa amarezza Luciano.

perchè ho ancora del cuore!... Ma voialtri uomini!... egoisti, pusillanimi, meschini! poveri di cuore e di spirito... che potreste voi fare per mostrarmi che abbiate in petto qualche cosa anche voi?

FALCONI. Un delitto... o un miracolo!

IRMA. Miracoli che durano un giorno!...

FALCONI (*con galanteria ma sempre guardando con sospetto Luciano*). Ah! madama quando si è bella come voi si ha torto a pensare così!

IRMA (*amaramente*). Oh! mi si era pur detto così!

FALCONI (*sottovoce*). Se non ci fossero tanti testimoni!... Veda... per una sola parola della donna che... so io... Ma io farei stupire il mondo!...

IRMA (*con amara energia*). Non avete dunque paura dei giudizi del mondo voi?

FALCONI. Me ne impipo del mondo!

IRMA (*c. s.*). Della gelosia di vostra moglie?

FALCONI. Si accomodi... Non mi sono mostrato altrettanto esigente io!

IRMA (*c. s.*). La rompereste con la famiglia, col dovere, coll'onore?...

FALCONI. Senza pensarci.

IRMA (*dandogli la mano*). Voi avete cuore, voi!... ed io non me ne ero accorta!...

FALCONI (*dopo aver sogguardato di nuovo Luciano come decidendosi*). Ah!... accada quel che può!... Voi siete adorabile!

LUCIANO (*si alza dopo aver guardato Irma con compassione e parte dalla sinistra*).

IRMA (*con un grido*). Ah!... Non è neppur geloso!

FALCONI. Ma sarei un Otello!

Credendo che quell'esclamazione gli fosse diretta.

IRMA. Non mi ama più dunque!

FALCONI (*con calore*). Ma io vi adoro. Ma io vi ho amato da anni... Volete che io vi segua in capo al mondo per provarvelo!

IRMA. Che m'importa di voi? Andatevene! Non vedete che non mi ama più! Non vedete che son pazza!... Non vedete che deliro!...

FALCONI. Ma, signora...

IRMA. Andatevene! Andatevene!

FALCONI (*sorpreso e sconcertato*). Che vuol dire ciò?... Diavolo! Diavolo!...

Via dalla terrazza.

SCENA X

Irma; indi la contessa Baglini.

IRMA. Non mi ama più! Non mi ama più! Oh! quell'uomo!... Dio mio!

CONTESSA. Che cosa è accaduto? Che cosa ha?... Quel povero cavaliere è tutto sottosopra!

IRMA (*come delirante*). Ho che ho l'inferno nel cuore! Ho che ho l'anima rotta!... Ho che sono gelosa!

CONTESSA. Gelosa!

IRMA. Sì! che m'importa?... Ridetene!... Non ho più riguardi! Non temo più nulla!... Non ho più nulla da nascondere! Non ho più nulla da perdere! Ho la morte nel cuore!

CONTESSA (*con maligna ed interessante curiosità*). Ma gelosa di chi?

IRMA (*c. s.*). Non lo so! Di nulla! di tutto!... del tempo che scorre! dell'amore che langue!... del sorriso che muore!... della parola che non trova l'accento del cuore!... del cielo ch'è bello e distrae i suoi occhi dai miei!... della vita che ha altri bisogni oltre quello di amarmi!... Del mondo intero! dell'allegria! del dolore! degli amici! delle donne!...

Come per subitanea ispirazione

di voi!

CONTESSA (*senza dissimulare un movimento di trionfo*). Di me?

IRMA (*c. s.*). Sì! di voi!... Quell'uomo! quell'uomo... che mi adorava in delirio!... quell'uomo ch'era tutto il mio cuore... non mi ama più!... Ama voi!

CONTESSA (*c. s.*). Me!... Luciano!

IRMA (*c. s.*). Sì! Lui!... Interrogatelo!... Io fuggirò da questa casa maledetta! Fuggirò da lui! da voi!... da tutti che odio! che maledico!

Via dalla destra.

CONTESSA (*trionfante*). Ah! Finalmente!

SCENA XI

Il cavalier Falconi e detta.

FALCONI. Ma, cara mia, sapreste spiegarmi questa sciarada che si chiama signora Scotti? Che è accaduto? Che cosa vi ha detto?... Dev'esserci stato qualche cosa di grosso... Mi pare di ammattire anch'io!

CONTESSA. Amico mio, fatemi il piacere di chiamarmi il signor De-Galiani.

FALCONI. Eh?

CONTESSA. Ho da dirgli qualche cosa.

FALCONI. Da parte della signora Irma forse?... Ma, cara mia, che figura vi fanno fare!... e che figura volete che faccia io!...

CONTESSA. Di quella che ci fate voi poco m'importa... Quanto a me ci penso io.

FALCONI. Eh!... Grazie!... Ma mi pare, perbacco! che io abbia il diritto!...

CONTESSA. Non avete il diritto di immischiarvi in quello che non vi riguarda.

FALCONI. Che non mi riguarda!... Corpo di!... Questa è grossa!...

CONTESSA. A meno che non vogliate rappresentarmi la ridicola parte del marito geloso.

FALCONI. Ma no!... al contrario!... Mi rispetto troppo per essere... Ma capite bene... che la parte d'intermediaria fra due amanti... non è molto lusinghiera... alla vostra età e colla vostra bellezza!... Che diavolo!... rispettatevi per me almeno!

CONTESSA. Vuol dire che lo chiamerò io!...

FALCONI. Vado io! giacchè siete risoluta vado io!... è il meno male!... salverò le apparenze almeno!... Ma poi mi spiegherete...

Aprendo l'invetriata della terrazza.

Signor Luciano! Signor Luciano!... C'è qui la contessa mia moglie che dovrebbe dirle qualche cosa... so di che si tratta... spero che andrete d'accordo.

SCENA XII

Luciano e detti.

LUCIANO. Contessa?

CONTESSA (*al cavaliere*). Ebbene?

FALCONI. Ebbene?

CONTESSA. Ma capite che dovendo parlare da sola al signore...

FALCONI. Capisco! Capisco benissimo!... Giacchè volete dirglielo voi!...

Piano.

Che figuraccia mi fate fare!

Via dalla terrazza.

SCENA XIII

Luciano e la contessa.

CONTESSA (*con finta emozione ed ipocrita compassione per Irma*). Signore!... Io ho fiducia, molta fiducia nella sua lealtà, nel suo delicato sentire, nella nobiltà dell'anima sua! Ella comprenderà perfettamente tutta la delicatezza della mia posizione e saprà apprezzare il sentimento che mi decide a fare un passo... che uno spirito volgare potrebbe reputare sconveniente...

con espressione, quasi soffocata dall'emozione.

e che forse mi costerà molto!... Devo parlarle di una povera donna che mi ha commosso sino alle lagrime svelandomi l'angoscia che la divora in segreto... di una povera donna che ha riposto tutta la sua esistenza in un affetto!... È un debito di lealtà che compio... forse una riparazione!... Ma Dio m'è testimonio!... Oh, noi povere donne!... Come siamo deboli!

LUCIANO (*sorpreso*). Ma, signora... non saprei...

CONTESSA. Comprendendo tutta l'importanza del sacrificio che le domando!

Con un sospiro.

Ma quanto più grande sarà cotesto sacrificio tanta maggiore è la mia fiducia che il suo nobile cuore lo accetterà!...

Con finta emozione.

Bisogna farlo, signore!... per lei!... e per me!

Con voce soffocata e come vinta dall'emozione si nasconde il viso fra le mani.

LUCIANO (*c. s.*). Ma che ho fatto?... Dio mio!...

CONTESSA *(marcatamente)*. Nulla... lo so anch'io... Ma certi segreti si leggono negli occhi!...

LUCIANO. Quali segreti?

CONTESSA. Ella ha indovinato tutto!...

Come arrossendo.

LUCIANO. Tutto!... Dio mio!

CONTESSA. Or ora... in questo istesso luogo, me l'ha detto!

LUCIANO. Ma avrà visto anche che io non ci ho colpa... che ho lottato, che ho sofferto che è una fatalità più forte di me, della mia volontà, della mia disperazione!... che io sono assai più infelice di lei!

CONTESSA (*col viso fra le mani*). Ahimè!

LUCIANO. E giacchè la mia volontà è fiacca, giacchè il cuore se ne muore, giacchè la mia lealtà è compromessa... io mi farò saltare le cervella!

CONTESSA (*vivamente*). Ah!

LUCIANO (*con espressione d'indicibile abbattimento*). Sì, morire! morire mille volte!

CONTESSA (*con civetteria*). Ingrato!

LUCIANO. Sciagurato piuttosto!

CONTESSA (*con finto trasporto*). Ingrato ed egoista che non vedete quello che soffrono gli altri... e non pensate che la vostra follia sarebbe un doppio delitto... e spezzerebbe il cuore di altre persone!...

Chinando il capo come vergognosa di essersi lasciata trasportare dalla commozione.

LUCIANO. Oh, meglio! Meglio il delitto! Meglio l'assassinio che questo spasimo di tutte le ore, di tutti i minuti, questa tortura a fuoco lento, questo sforzo impotente del cuore, queste ipocrisie dell'amore!... Meglio mille volte!... Sono stanco! orribilmente stanco!

CONTESSA (*vivamente*). Ma non vedete che soffro anch'io!... che soffro più di voi! Ebbene fuggitemi! fuggitemi!

LUCIANO. (*sorpreso)*. Fuggirvi!... e perchè?

CONTESSA. Ma non vi ho detto che quella donna vi ha letto in cuore... ed è gelosa!

LUCIANO (*c. s.*). Gelosa!... e di chi?

CONTESSA (*col viso fra le mani*). E me lo domandate!... Oh, fatelo per me, Luciano!... fatelo almeno per me!... fatelo pel mio onore, per la mia pace, pel mio cuore!... giacchè anch'esso è debole!... uomo fatale!

LUCIANO (*c. s.*). Ma, signora... io non comprendo... io non so come Irma abbia potuto dirle... quello che non ho detto... quello che non è...

CONTESSA (*vergognosa e furibonda*). Ah! ma questa è una infamia!... è un indegno agguato di cui son vittima!...

SCENA XIV

Il cavalier Falconi e detti.

FALCONI (*che è stato a spiare di tanto in tanto dietro l'invetriata entra furibondo*). Non parlate di agguati, signora, che son furibondo! Ah! avevo ben ragione di dubitare!... Ho fatto per la prima volta in vita mia la parte del marito geloso... Mai non l'avessi fatta!... Quello che ho visto!... Ma capite benissimo che non sono geloso, signore!...

altrimenti vi sfiderei!... vi ucciderei!... Ma è il ridicolo della mia posizione che mi rende furioso!... il ridicolo di cui sono vittima!

LUCIANO. Signore, io sono ai vostri ordini.

FALCONI (*c. s.*). Non s'incomodi... non l'ho con lei!... Che diavolo poteva fare dippiù... anzi di meno?... Non si sfidano i Giuseppe!... È madama Putifarre che deve rendermi conto... strettissimo conto!...

CONTESSA (*in collera*). Che m'importa di voi! Andate al diavolo voi e tutti i Giuseppe!

Via.

FALCONI (*seguendola*). Di voi m'importa anche meno!... ma per l'onore della mia posizione maritale!... Oh! mi renderete conto! strettissimo conto!

Via.

SCENA XV

Irma e Luciano.

IRMA (*che ha ascoltato tutto dietro la tappezzeria dell'uscio corre a lui smarrita delirante quasi in istato di esasperazione*). Dimmi!... Non ami neanche colei!... quella donna bella, elegante, affascinante di vezzi e di spirito!... Non l'ami!... Dillo! Te l'ho gettata fra le braccia per vedere se il tuo cuore è ancor vivo... e tu la respingi!... Ma dunque!... Ma dunque non hai più cuore!... Ma dunque è impossibile che tu mi ami più!... Tutto è finito... Oh, Dio!

LUCIANO. Oh! Irma!... per pietà!...

IRMA (*interrompendolo come disperata*). Non dirmi nulla! Non dirmi nulla! Strappami il cuore dal petto con le tue mani piuttosto... mi farai bene! Non ho più speranza, capisci?... No, tu non puoi capire perchè ti spezzeresti il capo dalla disperazione su queste pareti!... Non mi ami più!... Peggio ancora! non puoi più amare!... ho provato di farti sentire il veleno della gelosia, quello più acre, più feroce per voialtri uomini, quello dell'amore colpevole!... Se tu avessi urlato di spasimo!... se mi avessi strangolata con le tue mani!... se ti fossi fatto uccidere da quell'uomo! . Neanche questo!... Tu non hai detto nulla... il tuo cuore è morto, vigliacco!... Ho cercato di farti provare un capriccio per un'altra donna... sì sono stata io!... io tua amante! io gelosa come una furia, che ti ho gettato ai piedi quella sfacciata!... per provare se in fondo a questa massa inerte che ti sta in petto ci sia ancora un briciolo di vita, una scintilla d'elettricità!. . Tu!... Tu uomo d'ingegno!... tu poeta!... tu non puoi comprendermi!... non hai immaginato che se avessi visto innamorarti di un'altra donna avrei avuto sempre la speranza di riacquistare il tuo amore... giacchè nessuna potrà mai amarti come io t'amo!... sì, sì! t'amo ancora... disgraziato! e saresti tornato a me!... Ebbene! no! il tuo cuore è stanco d'amare!... Tu l'hai respinta quella contessa... quella abbietta creatura che veniva a chiederti i resti del mio amore! Ho visto tutto, ho udito tutto, dietro quella portiera! Sono stata gelosa di quella donna, del suo sorriso, delle sue parole, delle sue moine, della sua civetteria, della sua bellezza!... perchè quella donna è così bella!... e tu non ti sei gettato nelle sue braccia!... Ma che sei diventato adunque? Non senti più, non vedi più, non hai più cuore!... Tutto è finito!... Tutto!... e per sempre.

Piangendo.

Luciano (*risoluto ma colla morte nell'anima*). Ascoltami, Irma! Per l'anima mia! ascoltami!... che mi sembra di parlarti per l'ultima volta... Hai sofferto?... se tu mi vedessi in cuore avresti paura!... Sì! sono stanco! sono stanco di fingere, di mentire, di invocare quello che è per sempre fuggito, di dissimularti quello che soffro!... Tu non puoi immaginartelo!... È qualche cosa di spaventoso! L'hai visto coi tuoi occhi istessi... non potrei amare altra donna... il mio cuore non potrà essere che tuo... Oh! ti giuro che sarà sempre tuo!... sempre! sofferente, malato, moribondo! Ma qualche cosa si è avvizzita qui dentro... Io non so come ciò sia avvenuto... C'è un vuoto che fa terrore! T'amo ancora!... Oh, ti amo! te lo giuro!... Ma come ti amo?... Non lo so e non mi basta!... Vorrei amarti... ho bisogno di amarti con gli stessi trasporti, colle stesse frenesie di un tempo... quando tutto il tuo amore, e la tua bellezza, la tua vita non bastavano ad estinguere l'immensa sete che avevo di te!... Quando passavo le notti sotto le tue finestre fantasticando col lume della tua lampada notturna, baciando cogli occhi la tua ombra, sognando ad occhi aperti tutte le carezze e tutte le ebbrezze di una passione insensata il mio sogno non arrivava sino al desiderio di baciare il lembo della tua veste... ed ho bevuto dai tuoi labbri il segreto del tuo cuore! e mi son cullata la tua testa sui miei ginocchi! ed ho immerso le mie mani nei tuoi capelli ed i miei occhi nei tuoi!... avrei dato tutto il mio sangue per udire soltanto il mio nome proferito colla tua voce... e tu m'hai detto che mi ami!... e non son morto! e non son rimasto fulminato di delirio, di gioia, di felicità!... Ma poi... quanto codesto sogno febbrile di amore non ebbe più misteri per me... quanto non ci fu nulla di inesplorato nel tuo cuore pel mio... io non ho desiderato più nulla!... Nulla!... È orribile!... No! ho desiderato il fascino, il mistero di una volta!.. ho desiderato che fosse ancora un mistero per me cotesto amore di cui mi sono abbeverato sino alla sazietà! È un'orribile malattia del cervello! è l'infame brama dell'ignoto che appagata si spegne... e ci strappa dal cuore ogni illusione, ogni entusiasmo, ogni energia d'amore!... Ho cercato quei sogni pronati alle tue ginocchia, quell'ebbrezza che trovavo nelle tue carezze quel fascino che c'era nei tuoi occhi!... desolato. Ho fatto di tutto... ho mentito a te, e non trovo più nulla!... nulla! a me... Oh; tu non puoi sapere com'è atroce questa tortura!... Odiò me stesso, questa inferma e povera natura umana, mi disprezzo, mi maledico! Sono stanco, Irma. Sono orribilmente stanco di questa lotta disperata... e vorrei morire!

Irma. Perchè non ti sei fatto saltare le cervella adunque? uomo senza cuore!

Luciano. Per te...

Irma. Per me?... Che m'importa di te a me! Che m'importa se soffri, che m'importa se piangi, che m'importa se muori!... Ho più cuore forse io?... Tu che me l'hai sciupato... ladro! ladro! ladro!

Con lagrime disperate.

Luciano. Oh! Irma!... Abbiate pietà di me!...

Irma. Pietà! Ma hai avuto pietà di me, tu?... Ah! era forse pietà la tua ipocrisia, le tue finte carezze, la limosina del tuo sorriso?... Ma non avesti cuore per indovinare che sarebbe stato meglio lasciarmi le mie illusioni, le mie memorie... non umiliarmi con la tua pietà, non avvilirmi, con la tua finzione... fuggirmi... lasciarmi credere che ti fossi annegato... che ti fossi ucciso! Ma non capisci che noi non possiamo più vivere insieme... non possiamo più essere amici. Ma non capisci che tu mi sei odioso!... Che la tua presenza qui, in questa casa, è un insulto! che mi irrita! che mi fa soffrire! che ti odio! che io ti disprezzo!

LUCIANO (*con amara ma dignitosa risoluzione*). Meglio per voi, signora!... e forse per me!

IRMA. Ma vattene dunque! Vattene! Maledetto! maledetto! maledetto!

LUCIANO (*c. s.*). Io non avrei creduto che dovessimo arrivare a questo punto... ma giacchè ci siamo arrivati è meglio non tornarci mai più.

IRMA (*c. s.*). Sì! Vattene!... tu che non mi ami più... Ascolta! Ascolta!... Non partire!... non voglio! capisci? Pel mondo... per quei curiosi... bisogna fingere... Non partire!... Partirò io!... stasera... stanotte... domani... quando non mi vedranno...

LUCIANO. Addio, Irma!

Via dalla sinistra.

IRMA (*cadendo sul divano col viso fra le mani*). Ah! mio Dio! Ah! mio Dio! Ah! mio Dio!

SCENA XVI

La signora Merelli, il commendatore Gaudenti, Lucrezia e Paolo, dalla terrazza e detta.

S.ª MERELLI (*entrando piano al commendatore*). Che vuol dir ciò? La contessa che se ne va con suo marito senza dirci nulla! Gatta ci cova!

IRMA (*facendo uno sforzo per ricomporsi*). Ah! ancora il mondo!

LUCREZIA. Signora! signora!... Mio Dio! Che ha, signora?... Che è stato?

IRMA (*nella massima agitazione*). Nulla... È che... non sto proprio bene... Vi prego di scusarmi, signori...

LUCREZIA. Oh, mio Dio! Ma è in uno stato da far spavento!

PAOLO. Bisogna mandare pel medico.

GAUDENTI. Corro io stesso!

S.ª Merelli (*sottovoce*). Quanta premura!... non ne avete altrettanta per vostra moglie!

Gaudenti (*sottovoce*). Ohimè! Non me ne date mai l'occasione... Voglio dire grazie a Dio!

Irma (*con uno sforzo penoso*). Oh, non occorre!... Ecco, è passata!... Questi benedetti nervi!... Ma adesso sto bene... Anzi, per non tenere questi signori... se volessimo scendere in giardino...

Scoppiando in singhiozzi.

Ah! Dio mio!

Lucrezia. Ma sta proprio male!... Oh, Dio!

Irma (*con un riso amarissimo*). È proprio nulla!... Noi donne... non si muore così per poco!... Siamo così leggiere

come fuori di sè

che anche il dolore... E il dolore di nervi è presto passato!...

Come parlando in delirio fra se stessa.

Ah! Dio mio!... Che fa?... Che fa adesso?...

Suona.

Signori... domando scusa... ho bisogno di dire qualche cosa alla mia cameriera.

S.ª Merelli (*piano al commendatore*). Eh già! in queste cose equivoche c'è sempre del torbido.

Gaudenti (*piano*). Delizie! Delizie addirittura in confronto delle dolcezze che mi procurate in casa nostra.

SCENA XVII

Giulietta, con una lettera, e detti.

Giulietta (*prima che Irma si sia avvicinata a lei e abbia potuto dirle qualcosa*). Il signor Luciano mi ha dato questa lettera per madama.

Irma. Una lettera!... a me!... che sarà?... Signori vi domando perdono... Ma sono così... sto proprio male... Ho bisogno di restar sola... Scusino... Ho bisogno di sapere... di vedere... di essere...

Lucrezia (*baciandola*). Vado via... ma proprio con dolore!... Come deve soffrire!

IRMA (*sorridendo convulsamente*). Sì!... No!... Al contrario... questa lettera... sarò forse felice... mi dirà che... vorrei...

PAOLO (*stringendole la mano*). Si rammenti di noi, almeno, se ha bisogno di nulla.

IRMA. Grazie... lo so... grazie... gli amici... grazie...

S.ª MERELLI (*con ipocrita compassione*). Signora, i miei complimenti!

IRMA. ...Madama...

GAUDENTI. Ci comandi pure... Saremo felici...

IRMA. ...Signore...

S.ª MERELLI (*prendendogli il braccio*). Commendatore!

GAUDENTI. Il diavolo vi porti.

Via.

SCENA XVIII

Irma sola.

IRMA. Che sarà?... Che vorrà dirmi?... Mio Dio, come tremo!... Perchè tremo? Mi amerà ancora... me l'avrà scritto... perchè non può essere... non potrebbe essere... Mio Dio! la mia povera testa!... Non potrebbe abbandonarmi... Non può abbandonarmi così... Non potrà vivere... Mio Dio... Perchè tremo? Mio Dio! la mia testa!...

Apre la lettera e legge.

«Signora... signora... signora... Al punto in cui siamo... non possiamo più vivere insieme! Io parto! Addio!»

Con un grido selvaggio scotendo il campanello.

Ah!!!

SCENA XIX

Giulietta e detta.

IRMA (*convulsa*). Il signore... il signor Luciano!... Chiamatelo! Subito! subito!

GIULIETTA. Il signor Luciano è partito a cavallo subito dopo avermi consegnato quella lettera.

IRMA. Partito! Partito! È partito!... Ma dunque... ma non c'è più... Ma tutto è finito!... Sola! Dio mio! Sola!

TELA

[illegible] ...

[illegible] completamente [illegible]

[illegible] ... [illegible]

[illegible] Il [illegible] XV [illegible]

[illegible]

[illegible] Dio [illegible]

[illegible] non tutti [illegible] essere [illegible] non poteva [illegible]

[illegible] Dio [illegible]

[illegible]

[illegible] il [illegible] in cui [illegible]

[illegible] il [illegible]

[illegible]

[illegible]

[illegible] Il [illegible] non [illegible]

DAL TUO AL MIO

Dramma in tre atti rappresentato da Oreste Calabresi nel 1903 a Milano. Non è stato mai pubblicato, ma è apparso in forma di Romanzo nella Nuova Antologia *nel 1905. Edito da Treves 1906 e da Bemporad nel 1929 con uno studio di Lina Perroni.*

PERSONAGGI

Il Barone Navarra
Lisa, Nina, *sue figlie*
La Zia Bianca
Don Rocco
Luciano
Don Serafino
La Marchesa
Il Marchese
Il Cavaliere
Rametta
Padre Carmelo
Il notaio Zummo
Nardo, Matteo, Bellomo,
Lavoranti della zolfara
Donna Barbara, *vecchia domestica*
Sidoro
L'Usciere

ATTO PRIMO

In casa Navarra. Sala arredata all'antica. Usci a destra e a sinistra (quello dell'anticamera in fondo). Mobili vecchi, ma custoditi gelosamente. Ritratti di antenati alle pareti, tipi fra il contadino e il nobiluccio di provincia, in parrucca e spadino, oppure in toga. Girandole rococò agli stipiti degli usci con candele accese. Una bella lumiera di Murano pendente dalla volta.

SCENA I

Il Barone, dal viso bonario, un po' rustico, reso burbero dalle avversità, sta accendendo le candele della lumiera, salito su di una vecchia seggiola di cucina, in maniche di camicia, ma già in cravattone bianco per la cerimonia. La giubba, di taglio antico, come tutto il suo vestiario, è buttata sul canapè. Sidoro, insaccato in una vecchia livrea, coi calzoni lunghi color nocciola, raso di fresco, ma coi capelli irti ed indocili malgrado l'unto, più arcigno del solito in grazia della solennità, aiuta goffamente il padrone. Nardo e Luciano stanno a guardare dall'uscio in fondo, aspettando.

IL BARONE (*a Sidoro*). Così, santo Dio! Ci vuol tanto?

SIDORO (*brontolando*). Non so. Non ho mai fatto il sacrestano io!

IL BARONE. Tu non hai fatto mai nulla!

NARDO. Dunque, signor Barone, cosa facciamo?

IL BARONE (*senza dargli retta e senza voltarsi*). Lo vedi quel che sto facendo.

Si ode una scampanellata in anticamera.

Chi è? Di già? Santo Dio...

D. BARBARA (*accorrendo dall'uscio a sinistra, vestita da festa anche lei, tutta scalmanata con un gran vassoio di dolci nelle mani, a Sidoro*). Date, date qua, Don Sidoro.

SIDORO (*brontolando*). Anche Donna Barbara adesso!

IL BARONE (*a Donna Barbara stizzito*). No, no, non è ora dei dolci. Di là, di là in cucina.

Donna Barbara rimane col vassoio in mano, in mezzo alla stanza, senza saper che fare.

LISA (*dall'uscio a destra, terminando d'acconciarsi*). Sentite che suonano?

D. BARBARA (*guardando intorno estatica*). Che bellezza! Sembra una chiesa...

IL BARONE (*gridando*). Si può sapere chi è, Sidoro?

SIDORO. Vado, vado. Non posso far tutto in una volta!

Va a vedere in anticamera, e Donna Barbara posa il vassoio sulla consolle per corrergli dietro.

NARDO (*al Barone, senza muoversi*). Allora, me ne vo. A me non m'importa...

IL BARONE (*sempre voltandogli le spalle e seguitando come prima*). E neanche a me.

LUCIANO (*colle mani nelle tasche dei calzoni, in aria provocante*). Questa è faccenda che si deve accomodare, signor Barone!

IL BARONE (*voltandosi verso di lui, irritato*). Anche Luciano, ora?

Cacciandosi le mani in tasca lui pure, ironicamente.

Sentiamo come vuole accomodarla, signor capopopolo, padrone mio?

LISA (*correndo a prendere il vestito ch'era buttato sul canapè e aiutando il padre a infilarlo*). Presto, papà. Non vi fate trovare così.

IL BARONE (*strillando verso l'anticamera*). Chi è? Sono scappati tutti?

D. BARBARA (*tornando indietro con due bottiglie di rosolio*). Lo speziale: ha mandato il rosolio pel trattamento.

IL BARONE (*stizzito*). E me lo porta qui!

A Sidoro che reca anche lui delle bottiglie e va per posarle sulla consolle.

Che fai? che fai? Di là vi dico. In cucina, insieme ai dolci del monastero.

D. BARBARA (*porta via il vassoio ed esce dalla sinistra*).

SIDORO. Ho due sole mani. C'è anche questo qui.

Dà il conto piegato al padrone.

Il garzone è lì che aspetta.

IL BARONE (*strappandogli il foglio di mano e cacciandoselo in tasca*). Domani! Dì che passo io stesso da lui domani. Non ha da comprarsi il pane stasera lo speziale?

Voltandosi a un tratto verso di Nardo, infuriato.

Ma lasciami stare oggi, Nardo! Non mi far fare la bocca amara anche tu!

Altra scampanellata all'uscio. Sidoro va a vedere chi è. Lisa corre a prendere le bottiglie rimaste sulla consolle, mentre il Barone fa per portar via la vecchia seggiola su cui era prima salito.

SCENA II

La zia Bianca, in fronzoli, festante, accaldata, facendosi vento:

Son qua!... La prima!... Che caldo! Che contentezza oggi in casa vostra!

LISA (*correndo ad abbracciarla*). Oh! Zia Bianca!

IL BARONE. Grazie, grazie, cugina Bianca. Non possiamo dubitare...

D. BIANCA (*abbracciando Lisa*). Cara Lisa!...

Poi al Barone.

Un matrimonione!... La gente lasciatela parlare. Verrà anche lo zio Marchese?

IL BARONE. Sicuro. Perchè non dovrebbe venire?

D. BIANCA. Quello che dico io. Certi fumi, al giorno d'oggi, bisogna lasciarli stare. Lui ha pure sposato una maestrina, perchè parlava col squinci e linci... forestiera per giunta!... alla sua età!... Vostra figlia ora è contenta?

IL BARONE. Se non fosse contenta lei...

D. BIANCA. Lo so, lo so, Don Mondo. Voi non siete quelli che vorrebbero far bere l'asino per forza. La Nina poi è così ubbidiente, così giudiziosa!...

IL BARONE (*giungendo le mani*). Per forza, cugina mia! Come si fa, santo Dio? Quell'altro che non aveva niente: qui in casa! lo sapete!

D. BIANCA. Sì, sì, lo sa anche lei. Vedete, che s'è persuasa anche lei alla fine... Che volete? ragazzi! S'era messo in testa quell'altro vedendolo per casa... Cugini, è naturale; ma poi ha chinato il capo.

Guardando intorno.

Bene! Avete fatto le cose bene. La casa è sempre quella:

Chi sa che trambusto oggi in casa vostra! Vi vedo ancora in faccende.

LISA. Papà è stato in giro finora.

IL BARONE (*con un sorriso un po' amaro*). Sì, sono andato a spasso!

NARDO. Dunque, me ne posso andare?

IL BARONE (*voltandosi a lui irritato*). Nardo, sei ancora qui?

NARDO (*facendo per andarsene*). Benedicite; me ne vo...

Tornando a un tratto indietro, scaldandosi e gesticolando vivamente.

Ma se non possiamo tirare avanti colla paga che abbiamo, vossignoria! Quei quattro soldi che guadagnano i carusi se li mangiano i maestri...

LUCIANO (*interrompendolo bruscamente*). Si mangiano le vostre corna, mastro bestia! Quasi i maestri non fossero scontenti anche loro!

NARDO. Dico bene: il dazio, la ricchezza mobile, la tassa sul pelo, con rispetto parlando! Chi possiede anche un misero asinello, deve pagare! Ora poi hanno inventato la legge pei ragazzi che lavorano nelle miniere. Un povero galantuomo non può nemmeno campare sui suoi figliuoli!..

IL BARONE (*amaramente ironico*). Sicuro! Ci campo io!

NARDO (*sorridendo goffamente*). Eh vossignoria... vi manca il pane e il companatico qui!...

LUCIANO. Deve accomodarsi questa faccenda delle paghe, signor Barone. Sentite a me, che vi voglio bene.

IL BARONE (*irritato*). Si vede come mi vuoi bene! Mi rendi il bene che ti ho fatto crescendoti orfano in casa mia!

LUCIANO (*rigirando il berretto tra le mani*). In casa vostra... Io pure ci ho lavorato in casa vostra... Domando il fatto mio... quello che è giusto.

IL BARONE (*gli dà un'occhiataccia torva senza rispondere, e poi si rivolge a Nardo investendolo*). Nardo mi trovi mille lire che mi servono come il pane? Tutto il giorno che sudo sangue per cercarle...

NARDO (*con un sorriso sciocco*). Eh... quando le incontro per strada, le mille lire...

IL BARONE (*prendendo per le spalle lui e Luciano e spingendoli fuori*). Allora vattene! Allora vattene! Non mi fate perdere la pazienza!

LISA (*calmandolo*). Papà...

D. BIANCA. Via, Don Mondo, non vi guastate la festa.

Il Barone (*asciugandosi la bocca amara col fazzoletto*). Me la guastano! Me la guastano, cugina mia!

D. Bianca. Vediamo la sposa. Nina? Nina? Dov'è, quanto l'abbraccio...

Lisa. Or ora viene, zia.

D. Bianca. Sarà ancora allo specchio. È giusto. La festa è per lei. Verrà anche la tua festa, non temere. Perchè? Cosa vuol dire? Su quella testa, sciocca! Ti mariterai anche tu, non temere!

Lisa (*a capo chino, colle ciglia aggrottate*). Ma sì! Ma sì! Chi vi dice?...

D. Bianca. Tu devi dire quel che dice tuo padre. Lascia fare a lui che non ci dorme su, poveretto. Hai visto tua sorella? Pareva che finisse il mondo se non sposava suo cugino Lucio; invece tuo padre gliene ha trovato un altro che è cento volte meglio. Pensa invece come sei nata.

Lisa (*interrompendola sorridendo, ironica*). Per grazia di Dio, lo so!

D. Bianca (*accalorandosi*). Per grazia di Dio! Sissignora!

al Barone:

Questa poi non le somiglia a sua sorella.

Il Barone (*sorridendo bonariamente*). Che volete? È così giovane!

D. Bianca. No, no, è di un'altra pasta.

A Lisa:

Giacchè Dio ti ha fatto nascere in questo stato, bisogna aver pazienza. Ridi perchè ne ho avuta tanta io?

Lisa (*ridendo*). No, zia, non rido.

D. Bianca. Non ne son morta, vedi?

Vedendo entrare Nina.

Oh, Nina.

Nina (*abbracciandola*). Cara zia!

D. Bianca. Qua, qua, figliuola mia!... Mi sento tutta così...

Si asciuga gli occhi.

Lasciati vedere!...

Tastando la stoffa del vestito.

Questa è roba di fuori?

Il Barone. La roba sì, ma quanto al resto...

D. BIANCA. Lo so, lo so. Mani benedette! Mezza dote l'hanno nelle mani le vostre figliuole.

A Nina:

Che Dio ti benedica! Vedi come gli ridono gli occhi anche a tuo padre, poveretto?...

IL BARONE (*commosso*). Oh, per me... io ci sono avvezzo ai guai... Ma almeno che non abbiano a tribolare anche loro...

Nina, senza parlare, ma con le lagrime agli occhi, gli butta le braccia al collo.

T'avrò fatto piangere, figliuola mia... Ti sarò parso un tiranno...

NINA (*mettendogli una mano sulla bocca*). Zitto, babbo! Non dite così!

D. BIANCA. Non dite così. Lo sa anche lei perchè facevate il tiranno. Quello lì che non aveva niente, qui in casa... Basta, ora Nina è contenta.

Nina scoppia a piangere fra le sue braccia.

Cos'è? cos'è adesso?

IL BARONE (*quasi colle lagrime agli occhi*). Cos'è, figlia mia? Parla! Dillo a tuo padre...

LISA (*asciugandosi gli occhi*). Povera Nina!...

D. BIANCA (*scattando*). Ma che povera!... Sarà la prima del paese!... Brava!... È così che incoraggi tua sorella?...

IL BARONE (*c. s.*). Non sei contenta, dì?... Dillo a tuo padre...

NINA (*chinandosi a baciargli la mano*). Sì, papà... sono contenta.

IL BARONE (*accarezzandola, affettuoso e commosso tanto da non trovar le parole*). Perchè... perchè piangi, dunque?... Cos'è?...

NINA (*asciugandosi gli occhi*). È la gioia... è la contentezza... piango per la contentezza.

D. BIANCA (*abbracciando e baciando Nina*). Tè! che voglio dartelo proprio di cuore! La tua povera mamma, lassù, ti benedice, ed è contenta anche lei, vedi!

Volgendosi a Lisa che ha ancora il fazzoletto agli occhi.

Vi guarda di lassù tutt'e due...

SIDORO (*accorrendo, tutto sossopra*). La carrozza!... La carrozza del signor Marchese!...

IL BARONE. Lume! Presto, fate lume!

D. Barbara (*viene dalla destra, correndo, col lume di cucina.*

Il Barone. No! Quello no, bestia!... Sidoro, un lume...

Sidoro. C'è il lume! C'è! Sin nella scala ho acceso il lume.

Tornano correndo in anticamera.

SCENA III

Sidoro (*con enfasi, precedendo dall'anticamera il Marchese e la Marchesa*). Eccolo qua!... Colla signora Marchesa anche!

Il Barone (*andando ad incontrarli, ossequioso*). Quanto onore stasera! Quanto onore in casa mia!

Il Marchese (*in cravatta bianca, ripicchiato, azzimato, coll'aria affettatamente amabile di gran signore*). Che piacere, volete dire! Caro Barone... cuginette care... Che piacere per tutto il parentado! Anche la Marchesa, qui, diceva...

La Marchesa (*in gran toletta, incipriata sino agli occhi, dandosi delle grandi arie anche lei e parlando leziosamente*). Certo, certo! Non avremmo voluto mancare. Siamo parenti stretti.

Presentando un mazzo di fiori a Nina.

Cugina cara tante felicitazioni... tantissimi auguri...

Lisa (*ammirando i fiori*). Come son belli!

Il Barone (*a Nina*). Vedi, la zia Marchesa ha voluto incomodarsi.

Nina. Grazie.

La Marchesa. Niente, niente, quattro fiori. Li ho fatti venire apposta da Palermo, perchè qui non se ne trovano.

Il Marchese. Che vuoi, mia cara, un piccolo paese...

D. Bianca (*ironica*). Qui non c'è niente. Vengono tutte di fuori le cose belle!

Il Barone (*presentandola*). Questa è nostra cugina. Donna Bianca Delisi.

D. Bianca (*ruvidamente*). La conosco, la conosco!

La Marchesa. Ci vediamo poco perchè mancano le occasioni...

D. BIANCA. Eh, abbiamo tanto da fare, ciascuno a casa sua!

LA MARCHESA (*piano a suo marito*). È una vera contadina.

D. BIANCA. Eh? che dite?

IL MARCHESE (*a tagliar corto con un sorrisetto*). Mi dispiace di non vedere i Montalto, che sarebbero parenti stretti anche loro.

IL BARONE. Dispiace anche a me. Ma siamo in lite per quel pezzo di terra...

LA MARCHESA (*facendo una smorfia*). Brutte cose fra parenti!

D. BIANCA (*ironicamente alla Marchesa*). A me piace che vi scaldate per il parentado come se ci foste nata.

IL MARCHESE (*rivolto alla moglie, colla stessa aria conciliativa di prima*). Eh, amica mia...

IL BARONE (*sorridendo bonariamente anche lui*). Quando ce n'è poca, cara cugina, uno tira di qua e l'altro tira di là...

Altra scampanellata frettolosa.

Il Barone a Sidoro che è rimasto sull'uscio dell'anticamera:

E tu che fai, a bocca aperta? Non senti che suonano di nuovo?

SIDORO (*brontolando*). Sento, sento.

Esce.

DON ROCCO (*entra quasi subito, col fiato ai denti, vestito coi suoi migliori abiti di vent'anni fa, asciugandosi il faccione rosso col fazzoletto di colore*). Ho visto la carrozza, e sono corso...

Si cava i guanti, sbuffando, e li caccia dentro il cappello insieme al fazzoletto.

IL BARONE. Oh, cugino Rocco! E vostra moglie?

D. ROCCO. Malata, malatissima! Vi manda a dire di scusarla. Abbaja come un cane, poveretta, chiusa all'oscuro, figuratevi!

D. BIANCA (*sorridendo ironica*). Il solito mal di capo, si sa.

D. ROCCO (*scattando*). Vorrei vedervi voi! con tanti figliuoli sulle spalle! Non ha il tempo di stare a lisciarsi come voi.

IL MARCHESE (*conciliante*). Certo, certo. Quando c'è tanto da fare in una casa...

D. ROCCO. Ci vuol l'aiuto di Dio. Voi, cugino Don Mondo, siete stato fortunato. Lo dico con piacere perchè ci ho un po' di merito anch'io.

IL BARONE. Grazie... Non possiamo dubitare...

D. ROCCO. Non fo per vantarmi. Ma questo matrimonio è come un terno al lotto...

IL MARCHESE. Oh! oh!

D. ROCCO. Eh, scusate, caro Marchese! Possiamo parlare, qui in famiglia, eh? Le tasse, il governo, le malannate... Siamo tutti d'un colore: io e mio cugino il Barone, qui, a grattare quel po' di zolfo che ci hanno lasciato nella miniera quelli là...

Accenna ai ritratti degli antenati.

IL BARONE. Mi hanno lasciato quel che hanno potuto.

D. ROCCO. Quello che non hanno potuto portar via, volete dire. Zitto; parlo così nell'interesse vostro, non per la misera parte che ci ho anch'io nella zolfara. Invece il padre di vostro genero ha portato a casa sua.

IL MARCHESE (*sorridendo con malizia*). E come! E come!

D. ROCCO. Che uomo quel Rametta! Un naso! Un colpo d'occhio!... Se Don Nunzio Rametta si mette in testa d'avere il cappello del Padre Eterno, ci arriva!

Volgendosi a Nina.

Tu sei proprio fortunata, cara Nina!

LA MARCHESA (*ridendo*). Eh, non sposa mica lui!

D. ROCCO. E il figlio meglio del padre. Vedrete! Quando m'accorsi di quel telegrafo colla finestra qui dirimpetto...

NINA (*vivamente, facendosi rossa*). Io?

D. ROCCO. No, tu no; ma non importa. Quando vidi che il figlio di Rametta pigliava fuoco per mia cugina, dissi subito al Barone: Don Mondo, volete far risorgere la vostra casata, eh?... Volete farla risorgere?

Calorosamente gesticolando, rivolto al Barone, come parlasse di cosa presente.

IL BARONE (*sorridendo bonariamente*). Voglio farla risorgere.

D. ROCCO (*rimane un istante a bocca aperta, guardando il Barone senza saper che dire e poi gli volta le spalle, alzando le braccia indispettito*). Allora... se non si può discorrere nemmeno.

Va a sedere in un canto imbronciato.

LA MARCHESA (*a Nina osservando l'anello che essa ha in dito*). Questo è regalo dello sposo?

LISA. Sì.

IL MARCHESE. Bello! Bello!

LA MARCHESA. Vero regalo d'innamorato. Si capisce!

D. ROCCO. E gli orecchini? Sembrano due stelle!

Ridendo.

Si vede anche allo scuro che mia cugina è fortunata.

IL MARCHESE. Oh, oh! Io direi invece che è una fortuna per tutti e due gli sposi!

D. ROCCO. Certo, sicuro, ma è sempre meglio prendere uno che vi voglia bene a quel modo.

LA MARCHESA (*leziosamente, minacciandolo col ventaglio*). Oibò! Che prosa!

D. BIANCA (*seccata*). Oh Dio! non capita a tutti saper fare un matrimonio romanzesco!

LA MARCHESA (*affettando di non darle retta, rivolta al Barone*). E i cugini Santoro non verranno? Credevo di trovar qui il bel cuginetto Lucio.

D. ROCCO (*vivamente, facendo segno di tacere anche con le mani*). Sss! Sss!...

D. BIANCA (*a D. Rocco*). Eh! Che diamine!

Momento di silenzio imbarazzato di tutti quanti.

NINA (*che si è fatta prima rossa e poi pallida in viso, ma calma e dignitosa*). Non c'è niente da nascondere, Don Rocco.

LISA (*rossa in viso anche lei*). Papà ha invitato tutti i parenti. Chi vuol venire la strada la sa.

D. ROCCO (*cercando di rompere il ghiaccio*). Dico che i cugini Santoro sdegneranno d'imparentarsi coi Rametta...

Ironico.

Loro discendono dalle anche d'Anchise!

IL MARCHESE (*per rimediare anche lui*). Saranno andati in campagna... mi par d'aver sentito a dire...

IL BARONE. Buon viaggio!... colle anche d'Anchise! Le abbiamo tutti le anche d'Anchise!

LA MARCHESA (*piano nel crocchio delle donne*). Sono proprio mortificata! Non vorrei aver messo il dito...

sorridendo

su qualche piccola ferita...

D. ROCCO. Niente, niente, qui non c'è nè morti, nè feriti.

SCENA IV

Entrano Padre Carmelo, mezzo prete e mezzo contadino, colla barba rasa sino agli occhi, le mani nere, la risata grossolana. Il notaio Zummo, inguantato, cerimonioso, con un soprabitone sino ai piedi. Don Serafino giallo, allampanato, vestito miseramente.

P. CARMELO. *Deo gratias*... Ho trovato la porta aperta... Si vede ch'è festa in chiesa!

D. ROCCO. Festa in chiesa e festa in cucina. Siete venuto all'odore, Padre Carmelo?

P. CARMELO. E voi, no? E il notaio Zummo, qui?...

ZUMMO. Eh? Che cosa? Di che ridete, Don Corvo?

P. CARMELO. Niente, andate avanti.

ZUMMO. Riveriti. Padroni miei. Ci siamo? Siamo pronti?

IL BARONE. Un momento. Abbiate pazienza.

ZUMMO (*cavando l'orologio*). Non s'era detto per le nove in punto? Entrate, Don Serafino. Questo è il mio giovane di studio.

IL BARONE (*piano a Padre Carmelo, tirandolo in disparte*). Niente, eh?

P. CARMELO. Mi dispiace. Sarei venuto a portarvi i denari. Ma è un cane peggio degli altri. Dice che se non ve li presta Rametta, ora che vi è parente, significa che non vi è la cautela sufficiente... Provate a parlargli voi.

Indicando il notaio.

ZUMMO. Chi è che s'aspetta ora?

LA MARCHESA. Lo sposo, nientemeno!

D. ROCCO. Mandatelo a chiamare, sta qui di faccia.

IL BARONE. Mi dispiace, signori miei. Tarderà perchè suo padre è andato alla miniera a dare un'occhiata.

IL MARCHESE. È giusto, è giusto.

P. CARMELO (*ironico*). È giusto. Tanto tempo che Don Nunzio gli faceva l'occhietto alla zolfara! Sin da quando vi lavorava a cottimo...

IL BARONE. È andato a vedere per questa benedetta faccenda dell'acqua. Abbiamo l'acqua nella zolfara.

ZUMMO. Non importa, aspettiamo. Siamo in bella compagnia.

LA MARCHESA. Grazie, grazie.

D. Bianca (*piano alle ragazze*). Piglia tutto lei!

Il Barone. Intanto beviamo un bicchierino di qualcosa. Lisa.

Lisa (*chiamando*). Sidoro? Donna Barbara?

Esce a sinistra.

Il Marchese. Dicono che per toglier l'acqua ci sono delle macchine adesso.

Il Barone. Sicuro, delle macchine che costano un occhio!

Lisa rientra precedendo Sidoro e Donna Barbara che recano i vassoi coi rinfreschi.

Qui, qui, metteteli qui. Non si finisce più di spendere. Caro notaio, un bicchierino di rosolio? Posso servirvi io?

Zummo. Tante grazie.

Bevendo.

Proprio eccellente! Lo speziale s'è fatto onore.

Il Barone (*piano*). Padre Carmelo vi ha parlato?

Zummo. Figuratevi se mi ha parlato!... Alla salute della sposa!

La Marchesa (*a Lisa che le offre del rosolio*). Io no. Prego di scusarmi.

Zummo (*complimentoso*). La signora Marchesa sarà avvezza a chissà che roba!...

Il Barone (*piano, tornando ad insistere*). Ci vogliono capitali...

Zummo (*forte, sviando il discorso*). Rametta li ha i capitali...

Il Barone. Certo, certo, ma ha le mani in tante altre imprese!... Però in questa dello zolfo i capitali sono anche sicuri...

Più piano.

Se avete difficoltà per gl'interessi...

Zummo. No, no. Rametta non vi lascia nell'imbarazzo ora che sta per imparentare con voi.

Appoggiando le parole coi cenni del capo.

Non gli mancano i denari a Don Nunzio!

P. Carmelo (*al Barone ridendo*). Li ha cavati nella vostra stessa miniera colle sue mani!...

Zummo. Col suo lavoro. Il lavoro oggi è tutto.

P. Carmelo. Appunto! Voi fate il presidente dei lavoratori!

Zummo (*irritato*). E voi che fate?

Padre Carmelo gli ride in faccia senza rispondere.

Il Marchese (*sorridendo al Barone*). Sentite? Questo è per voi che non fate nulla!

Nina (*con un sorriso pallido*). Povero papà!

Il Barone (*sforzandosi di sorridere anch'esso*). Eh! eh! Appunto dicevo al notaio... Ciascuno sa i guai di casa sua. Ora credono che imparentando con Rametta...

Zummo (*mescendosi di nuovo del rosolio, e parlando col bicchiere in mano quasi facesse un brindisi*). Don Nunzio Rametta, signori miei, al giorno d'oggi può fare quello che vuole. Certamente egli deve tutto al proprio lavoro: è, come si dice oggi, figlio delle sue opere.

P. Carmelo. Sentite? Vi fa la sua predica anch'esso!

Il Marchese. Ai miei tempi bastava esser figlio di suo padre.

Zummo (*riscaldandosi*). Specie quando era Marchese, eh?

Il Marchese (*collo stesso ironico sorriso*). Io non he ho colpa, caro Don Bastiano.

Zummo. E neppure gli altri ci hanno colpa quelli che nascono senza titoli e senza beni di fortuna. Perciò...

P. Carmelo (*ridendo*). Vogliono quelli degli altri...

Tutti ridono. Zummo rimane un momento sconcertato.

Sidoro (*dall'anticamera*). Viene, viene. Salgono le scale.

Il Barone. Perchè non corri ad aprire, bestia?

Sidoro. Prima dicono portate l'imbasciata... Insomma non si sa come accontentarli!

Se ne va brontolando.

Zummo. Ebbene, perchè non entra?

D. Bianca. Dobbiamo mandarlo a prendere col baldacchino?

Il Marchese. Avanti! Avanti!

Il Cavaliere (*con un soprabitino che sembra preso ad imprestito, conducendo per mano due ragazzi mal vestiti e mal pettinati, si ferma all'uscio un po' imbarazzato, ma sorridente*). È permesso? Si può? Mira, o Norma, ai tuoi ginocchi...

Il Marchese (*ridendo*). Oh, cavaliere! Siete voi lo sposo?

Il Cavaliere. Ah, no! Non ci casco più! Mi bastano questi cari pargoletti!

Mostrando i suoi ragazzi.

Mira, o Norma, ai tuoi ginocchi... Non ci fu verso di

tenere a casa i due più grandicelli, appena sentirono l'odore del trattamento.

Ai ragazzi, sgranando gli occhi:

Sedete là, e non toccate niente, se non ve lo dicono!...

Al cugino:

Scusate, caro cugino!

IL BARONE. Anzi! Anzi! Doveva venire anche la cugina Donna Orsola!... Ci avrebbe fatto tanto piacere anche vostra moglie...

IL CAVALIERE. No! No! Bastano questi!

Accennando ai suoi figliuoletti.

Poi a Nina che prende per mano i ragazzi:

Non gli date confidenza o fanno sacco e fuoco!

Al Barone:

Mia moglie dovete scusarla...

D. BIANCA (*ridendo*). Avrà il mal di capo anch'essa!

D. ROCCO (*irritato*). Peccato! Avrebbe dovuto venire ad ammirare il vostro bell'abito a coda!

LISA (*ai ragazzi*). Venite con me, venite.

IL CAVALIERE. Chi s'aspetta? Non siamo pronti?

ZUMMO (*ridendo*). S'aspetta lo sposo, che aspetta suo padre.

IL CAVALIERE (*ridendo anche lui*). Papà deve condurlo per mano, come i miei cari pargoletti?

D. ROCCO. Che c'è da ridere? Perchè è un ragazzo sottomesso, ubbidiente?...

ZUMMO (*cavando l'orologio*). Sì, sì, ma son quasi le dieci.

IL BARONE (*imbarazzato*). Non so cosa dire... proprio... non so che dire... Di qui alla miniera non c'è poi tanto... Luciano ch'era qui poco fa deve aver visto Don Nunzio alla zolfara.

D. ROCCO. Mandate a chiamare Luciano.

Il BARONE (*gridando verso l'anticamera*). Sidoro? Che fai? Muoviti! Vedi se Luciano è ancora laggiù in piazza.

NINA (*imbarazzata*). Loro signori scuseranno...

D. BIANCA. Niente, niente...

LA MARCHESA. Stiamo benissimo.

IL MARCHESE. Stiamo benone. Non vi affannate, cugino.

Pausa.

LISA. È qui. È qui.

IL BARONE (*correndo all'uscio dell'anticamera*). Ah! Luciano!... Finalmente!...

SCENA V

LUCIANO. Sono qua, signor Barone.

IL BARONE (*agitato*). E Don Nunzio? Hai visto Don Nunzio Rametta alla zolfara?

LUCIANO. Sissignore. Figuratevi!

IL BARONE. Che fa? Perchè non viene?

LUCIANO. Che ne so io? Quello è un uomo che non lo dice il fatto suo. La gente sprecava il fiato a dirgli le sue ragioni... Già ve l'abbiamo cantato anche a vossignoria...

IL BARONE (*impaziente*). Cos'ha detto? Perchè non viene?

LUCIANO. Niente diceva. Badava all'acqua che ha inondata la galleria nuova.

IL BARONE (*turbato*). Ancora dell'acqua, santo Dio!

LUCIANO. Un fiume, signor Barone. Si porta via la gente come fili di paglia...

NINA (*sbigottita*). Almeno non ci furono altre disgrazie?

LUCIANO. No, Donna Nina. Io solo, per miracolo... Stavo per lasciarvi la pelle.

NINA (*giungendo le mani*). Sia lodato Dio!

IL BARONE (*pallido e smarrito fregandosi le mani*). Davvero sia lodato!

IL MARCHESE. Non vi perdete d'animo cugino, che alle volte, il diavolo non è così brutto... L'acqua si può togliere. Ci sono delle macchine apposta.

P. CARMELO. Allora cosa vi serve Don Nunzio coi suoi denari?

Si ode una scampanellata.

IL BARONE (*premuroso, correndo verso l'uscio*). È qui, è qui! Fatelo entrare.

Si trova sull'uscio faccia a faccia con Donna Barbara.

D. BARBARA. Quello dei gelati. Dice se è ora pel trattamento?

IL CAVALIERE (*correndo ai suoi ragazzi per chetarli*). Un momento! Aspettate un momento!

IL BARONE (*confuso, rivolto a Luciano*). Tu cosa dicevi? Non è tornato a casa sua Don Nunzio?

LUCIANO. Sissignore. È rimontato a cavallo e se n'è andato senza fiatare.

SIDORO. Vado a chiamarlo?

Tutti tacciono e si guardano l'un l'altro imbarazzati.

NINA (*pallidissima*). No!... no!...

LISA (*fermandolo*). Non c'è bisogno, se vuol venire...

IL MARCHESE. Verrà, verrà. Siamo galantuomini, che diavolo!

LA MARCHESA (*sorridendo leziosamente*). Stavolta sarà il figlio che condurrà per mano papà.

D. BIANCA (*a Barbara che è rimasta sull'uscio ad aspettare*). Più tardi, più tardi. Non vedete cosa c'è adesso?

ZUMMO. Intanto che si fa?

IL BARONE (*agitato*). Non capisco... Vorrei andare a vedere.

Fa per andare.

NINA (*fermandolo*). No, papà! Voi, no!

D. ROCCO (*premuroso*). È vero, non conviene. Piuttosto vado io...

LISA. Che bisogno c'è? Non lo sa che stiamo aspettando?

ZUMMO (*cavando l'orologio*). Sono le dieci e mezza passate.

IL BARONE (*mortificato*). Signori miei... vi domando scusa.

IL MARCHESE. Niente, niente. Però non è questa la maniera di trattare, Don Nunzio!

D. ROCCO. Mettiamoci ne' suoi panni.

IL MARCHESE. Non è questa la maniera. Almeno si manda a dire.

D. ROCCO. Cosa mandava a dire? La bella notizia che mandava a dire!

P. CARMELO. È una porcheria. Diciamo la cosa com'è.

D. BARBARA (*accorrendo premurosa*). Don Nunzio! Don Nunzio Rametta!

IL BARONE (*andandogli incontro*). Benvenuto!... Caro Don Nunzio.

SCENA VI

RAMETTA (*entra col viso lungo un palmo, ancora vestito com'è andato alla miniera, cogli scarponi grossi e la cacciatora*). Carissimo Barone... signori miei... Lasciatemi sedere. Ho le gambe rotte.

IL BARONE. Sedetevi, accomodatevi... Sidoro, un bicchierino di rosolio, qui, a Don Nunzio...

RAMETTA. No, no; ci vuol altro!

D. BIANCA. Spiegatevi, Don Nunzio. Finite di tenerci sulla corda!

RAMETTA (*guardando la gente in viso, or questo or quello, e fingendo di scaldarsi man mano*). Sembrano sciocchezze, eh? Sembrano chiacchiere di donnicciuole?... Quando si dice la jettatura!...

IL BARONE (*in grande agitazione*). Spiegatevi. Parlate chiaro.

RAMETTA. Cosa volete che vi dica? Se mi fate cavar sangue, non vi esce una goccia!

IL CAVALIERE. Guardate cosa capita!

IL MARCHESE. Caro Don Nunzio, non è questa la maniera di tirar il fiato alla gente.

RAMETTA. È colpa mia, eh? Adesso è colpa mia se casca la casa?

ZUMMO. Don Serafino, avete capito? Noi possiamo levar l'incomodo.

RAMETTA. Mi dispiace per voi, caro notaio.

P. CARMELO. Ma infine si può sapere?

RAMETTA. Cosa volete sapere voi che non c'entrate?

LA MARCHESA (*a Rametta*). Guardi in che stato è quella povera ragazza.

Accennando a Nina.

NINA. No! no!

RAMETTA. E mio figlio?

Picchiandosi il petto.

Son padre anch'io! Lo sa Dio cosa c'è qui dentro!

A Sidoro:

Ma che rosolio, un bicchier d'acqua.

IL BARONE (*disfatto*). Sidoro, un bicchier d'acqua... Io no, non posso.

RAMETTA. Avete ragione. A voi è capitata questa.

IL BARONE. Scusate... Scusatemi tutti, signori miei...

Cade a sedere affranto.

IL MARCHESE. Permettete, caro Don Nunzio; ma l'affare dell'acqua poi si sapeva.

RAMETTA. Si sapeva e non si sapeva. Andate a vedere adesso!

LUCIANO. Un mare. Ci si affoga!

RAMETTA. Parla tu, Luciano, che c'eri.

IL BARONE (*sconvolto*). Vado subito... appena giorno...

RAMETTA. Fate bene. È affar vostro.

LUCIANO. Dev'essere stata un'altra frana. Ieri ancora ci si poteva arrischiare nella miniera... Un uomo risoluto... Ma oggi, appena entrai nella galleria nuova...

Sorridendo ma senza spavalderia.

Sapete che non ho paura di niente...

RAMETTA. È vivo per miracolo.

LISA. Luciano, un bicchierino di rosolio?

Mescendoglielo.

LUCIANO. Grazie, Donna Lisetta. A quello non si dice di no.

Beve.

NINA (*sbigottita*). Non andate, papà! Non andate!

IL BARONE. Ormai... Sarebbe meglio che non tornassi più dalla zolfara!

D. BIANCA (*sgridandolo*). Ma che dite? Un padre di famiglia!...

LUCIANO. Non andate, signor Barone. Conosco la miniera. Mio padre vi lasciò la pelle.

RAMETTA. La conosce da ragazzo. Ora vi guadagna quasi tre lire al giorno.

LUCIANO. Un altro po', oggi facevo una bella giornata!

RAMETTA. E non sono mai contenti, vedete?

LUCIANO. Vossignoria siete contento perchè ci avete guadagnato altro che tre lire al giorno!

RAMETTA (*riscaldandosi*). Vi fanno i conti in tasca! Un altro po' vogliono fare a metà col padrone, vedete!

IL MARCHESE (*ironico*). Eh, caro Don Nunzio, allorchè eravate col piccone in mano anche voi...

P. CARMELO (*sogghignando in faccia a Rametta*). Ora è un altro paio di maniche. Quando il villano è sul fico non conosce nè parente nè amico!

D. BIANCA (*a Luciano*). Basta. Ve ne potete andare.

Luciano esce.

ZUMMO. Allora, dico io, possiamo levar l'incomodo?

IL MARCHESE. Ma come? Per un po' d'acqua?...

RAMETTA. Eh, se avete dei denari da buttarci in quel pozzo...

D. Rocco. A voi non mancano i mezzi.

Rametta. Sicuro, se la zolfara fosse mia!

Il Barone. È come se fosse vostra.

Rametta (*tornando a sedere, con un sorrisetto bonario*). Quand'è così...

A Zummo:

Non vi movete. Abbiamo qui il notaio. In due parole ci aggiustiamo.

Il Barone. Come, ci aggiustiamo?

Rametta. Fate donazione della miniera a vostra figlia, e al resto penso io.

D. Bianca. Sentite questa, ora!

D. Rocco (*ridendo*). Cioè, cioè... Salvo il diritto dei terzi! Non vorrete togliermi anche la piccola rata che ci ho pure nella zolfara, per ringraziarmi della senseria!

Il Barone. E all'altra figlia poi cosa rimane?

Rametta. A me lo domandate?

D. Bianca (*a Rametta in tono di rimprovero*). Insomma, vi siete messo in testa di spogliarli del tutto?

Rametta. Ah! se sono venuto qui per farmi insultare...

Lisa (*indignata*). Ma dategli tutto quello che vuole e finiamola!

Nina (*colla voce rotta dall'emozione, fermando Rametta col gesto della mano tremante*). Aspettate... prima d'andarvene... Giacchè questo matrimonio non si può fare... Giacchè non c'è la volontà di Dio...

Fissando il padre colle lagrime agli occhi quasi a domandargli perdono, quasi soffocata.

Papà... Avrei fatto il mio dovere... da buona figlia... da cristiana... Giacchè il Signore non ha voluto...

Il Barone (*commosso anche lui, abbracciandola*). Figlia mia!...

Nina (*togliendosi l'anello e gli orecchini*). Questi sono i regalucci che avevo avuto da vostro figlio...

D. Rocco (*interrompendola*) No, no!... Che fate?... Non precipitiamo!...

Nina. Dovrei restituirli a lui...

Facendosi rossa e chinando il viso umiliata.

Ma giacchè non è venuto... Giacchè non ha creduto di dover venire...

D. Rocco (*insistendo c. s.*). Non precipitiamo. Quello è un ragazzo.

P. Carmelo (*ridendogli in faccia*). Lasciatelo crescere. Sapete come disse quel sagrestano che gli era caduto un gran cristo di marmo sulla testa, e aveva paura anche del piccolo crocefisso che voleva fargli baciare il confessore in punto di morte?... Lasciatelo crescere che fa peggio dell'altro.

Se ne va sbattendo l'uscio.

Nina (*porgendo anelli ed orecchini a Rametta*). Glieli darete voi. Ditegli che se abbiamo avuto il danno nella zolfara, non è giusto che ci perda qualcosa anche lui.

Lisa (*fremente*). Sì, sì, Nina!

Rametta. Piccolezze... non importa. Capisco che non volete restare in obbligo...

Li intasca.

Mi dispiace.

Zummo. Ho capito. Possiamo levare l'incomodo.

Rametta (*scattando contro il notaio*). Mi dispiace, caro notaio. Quante volte volete sentirlo?

Zummo (*alzando la voce anche lui*). Io voglio sentire chi paga la carta bollata, almeno!

Rametta. Chi ve l'ha ordinata la carta bollata?

Il Marchese (*ridendo, ironico*). È giusto. È giusto anche questo.

Il Barone. È giusto. Sono stato io; pagherò... sono galantuomo.

Zummo. Siamo tutti galantuomini, quando possiamo. Sentite, Don Serafino, cosa vi dice il signor Barone? Tornate domani.

A Sidoro che gli offre del rosolio.

No, grazie, non ho più sete.

Esce con Don Serafino.

Rametta. Chi volete che abbia sete? Abbiamo tutti la bocca amara.

Il Cavaliere. È vero! È vero!... Permettete.

Empiendo le tasche di dolci ai figliuoletti.

Loro ragazzi non capiscono niente. Buona notte. Mi dispiace proprio!...

Ai ragazzi:

Ringraziate, maleducati. Dite buona sera a tutti.

Escono.

RAMETTA (*ossequioso, accomiatandosi*). Signor Barone!... Padroni miei!...

A Nina:

I regalucci che ebbe mio figlio vi saranno restituiti puntualmente.

NINA (*rigida come una morta, colle lagrime impietrate nell'orbita*). No... non ha nulla da restituirmi vostro figlio... Non mi può restituire ciò che ho perduto per lui, ciò che gli ho sacrificato!... Più della zolfara, più della ricchezza, più del pane che mi assicurava... Assai, assai, assai più!

Colla voce rotta dai singhiozzi e celandosi il viso tra le mani.

Lo dico qui dinnanzi a tutti... senza arrossire... Lo sanno tutti che ho dovuto strapparmi di qua!...

Colle mani contratte sul petto.

Che ho dovuto prendere il mio cuore a forza... con queste mani... e gliel'offrivo a vostro figlio... lealmente, onestamente... pregando Dio di farmi dimenticare... di farmi perdonare da un altro!...

Si butta piangendo nelle braccia del padre.

Perdonatemi! perdonatemi anche voi!...

IL BARONE (*commosso, stringendola tra le braccia*). Tu piuttosto!... Tu!...

LISA (*col fazzoletto agli occhi a Nina*). Taci! Taci!

D. BIANCA. Lasciala dire che se lo merita!

RAMETTA. Meno male che avete parlato a tempo!

IL MARCHESE (*prendendo Rametta per le spalle e spingendolo fuori*). Andatevene ora, galantuomo! Andatevene!

D. ROCCO. Se siete tutti pazzi in questa casa!... Io me ne lavo le mani e me ne vo.

Esce dietro Rametta.

D. BIANCA (*sputando dietro a tutti e due*). Ppù! Pppù!

LA MARCHESA. Io sono strabiliata! Che gente! Che gentaglia, padre e figlio!... Diceva bene il canonico!

Accomiatandosi da Nina.

Cara cugina, mi congratulo che l'avete scappata bella!

Il Marchese. Certo, certo, l'abbiamo scappata bella!

Esce colla moglie.

Nina (*piangendo fra le braccia del padre*). Papà mio! Povero papà mio!

Sidoro. Posso spegnere, signor Barone?

Il Barone (*intontito*). Che vuoi?... Spegni... Fa quello che vuoi...

TELA

ATTO II

Alla casina della zolfara. Stanza comune d'ingresso. A sinistra una finestra; indi, in linea diagonale, un finestrone che dà sulla scala per cui si scende nel cortile. Uscio in fondo. Altri due usci a destra, e fra di essi uno scaffale coi libri e i registri della miniera, più avanti una scrivania. Dalla finestra e dall'uscio a vetri si vedono il muro di cinta del cortile, e la sommità del portone coronato di merli; poi la terra brulla e arsiccia della zolfara, e in fondo le alture rocciose su cui serpeggia il sentiero che va al paese. Vocio di donne e di ragazzi che ballano e fanno il chiasso nel cortile, misto al suono di tamburelli e di un organetto.

SCENA I

LISA (*ridendo, sale di corsa dal cortile, con un mazzo di fiori selvatici in mano, inseguita da Luciano, eccitato ed acceso in volto anche lui*).

LUCIANO (*fermandosi sul terrazzino colle braccia tese e gli occhi bramosi, ma senza osare d'entrare*). Ah, no! Lì, no!

LISA (*trionfante, voltandosi verso di lui, mentre si riannoda le trecce scomposte*). Vedi?

LUCIANO. Lì, no! Lì, no!

LISA (*con uno scoppio di risa, sbattendogli in viso il mazzo di fiori*). Allora, prendi!

LUCIANO (*passandosi sulla faccia la manica della giacca*). E va bene! Avete ragione voi adesso!

LISA (*provocante*). S'intende! Sono la tua padrona, sì o no?

LUCIANO (*col gomito allo stipite del finestrone e la testa sulla mano, gli occhi sfavillanti*). Siete la mia padrona... La mia padroncina cara...

Si china a raccattare un fiore da terra, lo bacia e se lo passa all'occhiello.

LISA (*ridendo*). Come sei bello con quel fiore! Sembri un cavaliere.

LUCIANO (*imbronciato, buttando via il fiore*). Io non sono un cavaliere, lo sapete bene!

LISA (*voltandogli le spalle*). Quanto sei sciocco!

LUCIANO. No, sono pazzo, volete dire!

LISA (*torna a voltarsi verso di lui e si guardano negli occhi, smarrendosi un istante. Poi essa storna il capo facendo per stornare il discorso, turbata sotto la gaiezza che affetta*). Almeno state allegri laggiù! Qui par di morire!... Chi è che canta adesso?

LUCIANO. Nardone. Quello non farebbe altro che cantare... "Amore, amore, che m'hai fatto fare?..."

Si fissano come prima, egli appoggiato allo stipite, ella seduta alla scrivania e col mento sulla mano.

Non farebbe altro che cantare Nardone... Ha il cuore contento, lui.

LISA. E tu, no?

LUCIANO. Anch'io!... Tanto!... Alle volte sì, e alle volte no... Non mi par neanche vero, alle volte!... Sorte infame! che ci abbiano a essere ricchi e poveri a questo mondo!...

Interrompendosi le fa segno che vien gente dall'altra stanza. Poi continua a voce più alta, cambiando tono.

Sicuro! C'è un gran malumore nella zolfara...

Lisa si alza, voltandosi per vedere chi è.

Vogliono cresciuto il salario.

SCENA II

NINA (*dal primo uscio a destra, si ferma un momento sulla soglia, guardando Lisa e Luciano con un rapido aggrottar di ciglia e turbandosi in viso. Luciano, imbarazzato, entra nella stanza come se giungesse allora, dandosi un gran da fare per frugarsi addosso, cavandosi il cappello a cencio passandolo da una mano all'altra, riponendolo in capo. Infine cava di tasca dei fogli e degli scartafacci*).

LUCIANO. Ah, ecco! eccoli qua! Ero venuto a fare i conti della settimana, se volete, vossignoria...

NINA (*senza rispondere lo guarda fiso, alzando gli occhi al cappello che egli ha in testa. Luciano, sempre più imbarazzato si cava il cappello*).

LUCIANO. Però, se non foste comoda, vossignoria...

NINA (*sempre tacendo, va alla scrivania apre il cassetto con la chiave che ha in tasca, ne cava un registro, e siede.*

Lisa rimane appoggiata allo stipite del finestrone. Luciano continua a scartabellare i suoi fogliacci). Questo è lo zolfo spedito alla stazione... Non serve per ora... Paghe della settimana. Ecco!

Ripone uno scartafaccio nella tasca interna della giacca, e posa l'altro rispettosamente sulla scrivania, facendo subito un passo indietro.

NINA (*seccamente, accennando col capo verso il cortile*). Cos'hanno laggiù? Non si fa niente qui con quel chiasso!

LUCIANO (*correndo alla finestra*). Sss! A voi dico, laggiù! Ecco qua, quelli che mancano nel libro di vossignoria: Cannata, sei; Bongiardo, pure sei; Nardone, cinque; Bellomo, quattro e mezzo, stavolta...

NINA (*senza guardarlo*). Perchè?...

LUCIANO. È malato. La terzana se lo mangia vivo, Bellomo.

Seguendo sempre col dito i nomi segnati sullo scartafaccio.

Viscardo sette anche lui... Ora poi si guastò la macchina e non si va più avanti.

NINA. Come si fa per riempire il vagone?

LUCIANO. Si potrebbe tentare nella galleria vecchia; ma è troppo pericolosa... Nessuno ci si arrischia.

NINA (*alzando il capo e guardandolo fisso negli occhi*). Bisognava pensarci prima, invece di stare a perdere il tempo.

LUCIANO (*punto*). Io non sto a perdere il tempo, Donna Nina!

NINA (*china sul registro accennando colla penna al chiasso che si fa in cortile*). Tutti quanti siete!

LUCIANO. Io, se comandate, ci vo anche subito nella galleria vecchia... con qualchedun altro di buona volontà... quelli che pensano più al pane che alla pelle...

NINA (*senza rispondergli, seguitando a rivedere i conti*). Sono quattrocento... quattrocentosettantacinque lire, compreso il resto della settimana scorsa.

LUCIANO (*consultando il suo scartafaccio*). Col resto dell'altra settimana giusti come l'oro, vossignoria.

Ripone in tasca il conto, e rimane in piedi, aspettando.

NINA (*chiude a chiave il cassetto, e si alza. Vedendo che l'altro non si muove, balbetta poi arrossendo*). Adesso non c'è danari... Aspettiamo papà, stasera.

LUCIANO. Almeno per Bellomo che gli servono quei pochi soldi. Dice che deve andare a curarsi.

NINA (*cercando nel cassetto*). Farò quel che potrò... Così lo facessero gli altri il dover loro...

LUCIANO. Il mio dovere io lo fo, Donna Nina!

LISA (*che è uscita sul terrazzino un po' imbarazzata*). Oh, la zia Bianca! È arrivata la zia Bianca!

NINA (*sorpresa*). La zia Bianca? Qui? Così all'improvviso?...

LISA. Smonta adesso dall'asinello. Zia? Zia?

NINA (*dando dei denari a Luciano*). Ecco questi intanto. Pel resto puoi aspettare a stasera?

LUCIANO (*facendo ballare i denari nella mano e contandoli*). Oh, per me, aspetto anche sino a domani. Per me, non fiaterei. Non verrei qui a seccarvi... a farmi dire che sto a perdere il tempo...

NINA (*seccamente, voltandogli le spalle*). Però non si potrà spedire lo zolfo, lunedì!

Va sul terrazzino incontro alla zia.

LUCIANO (*seguendola*). Per me, se comandate, ci vo io stesso nella galleria vecchia.

LISA (*vivamente, a mezza voce, fermandolo*). Non c'è bisogno d'andarci tu.

LUCIANO. Per forza! Chi volete che vada, se non vo io?

LISA. Tu no!... Non voglio!

LUCIANO. Ah, sì, gli altri! Un branco di poltroni! Avete visto quando stava per scoppiare la macchina? Tutti che gridavano, ma se tardavo ancora un po'...

Lisa gli sorride, innamorata, accennando col capo.

Chi lo sentiva poi Don Nunzio, se gli facevano scoppiare la macchina?

LISA (*alzando le spalle*). Ah, Don Nunzio!...

LUCIANO. Quello è un boia, lo so. Ma è lui che paga adesso. Come si farebbe senza Don Nunzio?

SCENA III

D. BIANCA (*rossa in viso, collo scialle di traverso, continuando a parlare con Nina*). Sì, sì, ti dirò poi...

Abbracciando Lisa distrattamente.

Cara Lisa...

Volgendosi burbera a Luciano.

Troppi pensieri vi prendete voi, capomastro!

Tornando a fissare Lisa in faccia.

Come stai?... Hai una certa faccia!...

Volgendosi poi di nuovo a Luciano collo stesso tono di prima.

Se siete capomastro dovete fare il capomastro e badare alla zolfara, invece di star qui a chiacchierare...

LUCIANO (*piccato*). Ah, per giunta!...

D. BIANCA. Per giunta v'immischiate in ciò che non vi riguarda. Paghi Tizio e paghi Sempronio, purchè siete pagato, voi!...

LUCIANO. Che bella paga!...

NINA. Bella o brutta non si sa donde prenderla. Lo sai, questo?

D. BIANCA. Bella o brutta, se non vi piace ve ne andate.

LUCIANO (*riscaldandosi*). Sissignora! Tutti quanti ce ne andiamo! Vi piantiamo la baracca tutti quanti! Sono tutti malcontenti.

NINA. E c'è chi soffia nel fuoco!

LUCIANO. Ciascuno soffia sotto la sua pentola, signora mia! Voi qui mangiate pasta e carne, mentre i poveri diavoli che lavorano per voi devono contentarsi di pane e cipolla!

D. BIANCA (*cacciandosi le mani sui fianchi*). Ma voi che siete insomma? Capomastro? Capopopolo? Che diavolo fate qui?

LUCIANO. O capomastro, o capopopolo, sono figlio di un galantuomo che ci ha lasciato le ossa in questa casa!

LISA (*stringendosi le tempia fra le mani*). Basta, basta per carità! Ne abbiamo tanti dei guai!

LUCIANO. No, Donna Lisa! So bene perchè parlo. So bene perchè son trattato così! Il sangue ce l'ho anch'io in faccia. Se voi siete figlia di barone, io son figlio di un galantuomo e quei soldi che ci ho in tasca li ho guadagnati onestamente, col mio lavoro, non è sangue di poveretti, come le migliaia e le centinaia che portava in dote il figlio di Rametta.

D. BIANCA (*saltando su infuriata*). Basta, basta! Abbiamo sentito.

LUCIANO. Queste sono le cose che fanno ribellar la gente!

Allora, quando la gente dà addosso ai cappelli per chiedere la sua parte al sole!...

LISA. Basta, Luciano!

LUCIANO (*ancora concitato, ma cambiando tono a un tratto, anzi con un'occhiata tenera, quasi a provocare gli altri*). Ah, con voi è un altro conto!... Voi potete far di me tutto quello che volete! Basta, me ne vado.

Esce.

D. BIANCA. Troppa confidenza gli date a costui!...

NINA. È cresciuto in casa. Ora poi Rametta lo tiene alla miniera per badare ai suoi interessi...

D. BIANCA. Alla miniera, sia. Ma qui non ci ha che fare. Siete due ragazze sole... Mi spiego?

NINA. Che possiamo farci? Povero papà, deve arrabbattarsi di qua e di là... Ora è andato a parlare con Rametta che ci ha prestato del denaro e non vuol più attendere...

D. BIANCA. Lo so, lo so.

NINA. Povero papà! Ne ha tanti dei guai! bisogna aiutarlo come possiamo.

D. BIANCA (*commossa abbracciandola*). Tu sì!... Tu sì!...

Ravvedendosi e abbracciando anche Lisa.

E tu pure... Non gliene darai altri dispiaceri al pover uomo. Tua madre era una santa donna. Siete figlie di chi siete...

LISA (*sciogliendosi dalle braccia di lei con un sorriso amaro*). Ah! sì, le anche d'Anchise!

D. BIANCA. Pigliatela con Domeniddio che ti ci ha fatto nascere!

Lisa fa un'alzata di spalle e va a sedere accigliata col gomito alla scrivania e il capo sulla mano.

NINA. Zia!

D. BIANCA. Non le posso sentire certe cose!

LISA (*con amarezza*). Al punto in cui siamo ridotte ci fanno assai le anche d'Anchise!

D. BIANCA. Fa! fa! che avete tutti gli occhi addosso!

LISA. Ah, ormai chi volete che si occupi di noi?

D. BIANCA. Chi?... Tutto il paese! Ci son le male lingue dappertutto!

NINA (*sorpresa*). Che intendete dire, zia?

D. BIANCA. Parlo per quel povero galantuomo di vostro padre, che dispiaceri non gliene mancano.

Rivolta a Lisa, con calore.

Sai cos'è venuto a fare quel ladro di Rametta? Vuol prendergli la zolfara!... Per un pezzo di pane! Gli ha dato corda lunga per mangiarselo vivo, vivo.

NINA (*giungendo le mani addolorata*). Ah, Signore!

D. BIANCA. Quello neanche al diavolo crede! Se ha prestato del danaro a tuo padre fu per mettergli il laccio al collo. Ora l'ha citato e vuol porre anche il sequestro. Vostro padre non v'ha detto niente, che da un pezzo va da Erode a Pilato e combatte col giudice e colla carta bollata?

NINA (*assai turbata*). No, poveretto, li tiene tutti per sè i crucci.

D. BIANCA. Non avrà avuto il coraggio di dirvelo. Ma è storia che dura da un pezzo. È ridotto colle spalle al muro. Rametta s'era messo in testa d'avere la zolfara per un pezzo di pane, e c'è arrivato!

LISA. Bisognava aspettarsela, tosto, o tardi.

D. BIANCA (*scattando*). Bene, eccoti servita! Quando non vi resterà più nulla poi, andrai a far la serva.

LISA. Questo lo so già.

NINA. Taci, taci... Scusateci, zia Bianca. Non sappiamo neppur quel che diciamo, tanto l'angustia!... Non ci voltate le spalle anche voi, zia!

D. BIANCA. No, cara, no! Vedi che son corsa a rompicollo, appena seppi che venivano a mettere il sequestro. Siamo parenti? Siamo cristiani, sì o no?

NINA. Povero papà!... quel che ci avrà in cuore adesso!...

D. BIANCA. Coraggio. Vedremo cosa si può fare. Vado un momento a lavarmi le mani...

Mostrandole.

Vedi che sole? Ho le ossa rotte dalla cavalcatura.

Esce dalla destra.

SCENA IV

NINA. Lisa! sorella mia!...

LISA. E la zia che mi faceva la predica!

NINA. Povero papà!... Poveretti noi!... Questo è l'ultimo colpo!... La rovina completa!

LISA (*amaramente*). Non lo vedevi tu dove s'andava a finire!

NINA. Che faremo? che sarà di noi, Vergine Santissima?...

LISA. Faremo le serve, hai sentito! Che vuoi fare?

NINA (*giungendo le mani*). No, Lisa! Non parlare a quel modo! Mi fai paura quando ti vedo così!

LISA (*nervosamente*). Tanto, a che giova? Al punto in cui siamo arrivati... Ecco come siamo ridotte!...

Mostrando il vestito misero e sorridendo amaramente.

Le figlie del Barone!... C'è rimasto il baronato!... come un sasso al collo, per buttarsi a fiume! Giusto appunto la zia Bianca mi faceva la predica!

NINA. No, Lisa, no!

LISA. E tu pure!... Ti facevano sposare il figlio di Rametta per salvare la casa. Allora la zia Bianca non li tirava in campo gli antenati!

NINA (*chinando il capo*). Non ho potuto... non vi ho giovato a nulla... Non valgo nulla.

LISA. Cosa volevi fare, povera Nina? Ti pare che non lo sappia il piangere che hai fatto di nascosto?

NINA (*mettendole una mano sulla bocca*). Taci! taci!

LISA. Ti pare che non lo sappia il bene che volevi a un altro?

NINA (*pallidissima, cogli occhi lucenti di lacrime, accennando del capo colla voce rotta*). T'ho dato il cattivo esempio... Perdonami!... Dimmi che mi perdoni... e che anche tu... anche tu non...

Si confonde; non osa più dire; afferra le mani della sorella ansiosamente guardandola fisa.

Non so come dire... non oso... Dammi le mani... qui, nelle mie! Ascoltami, sorella mia!... come fossi la mamma!... la nostra povera mamma che ne avrebbe tal dolore!... Ormai son vecchia, vedi?... Tanto tempo è passato!... Tante cose! tante cose tristi in questi due anni... che non ci penso più a... a quel tempo... Vedi? non mi vergogno... Confidati anche tu a tua sorella... senza arrossire...

D. BARBARA. È arrivato il padrone con un mondo di gente. Come si fa a dar da mangiare a tutti quanti?

NINA (*per correre*). Ah, il papà...

Torna vivamente verso di Lisa e la bacia febbrilmente.

No, è vero, Lisa? No! Ha tante altre amarezze adesso il povero papà!

D. Rocco (*scalmanato, salendo in furia dal cortile*). Senza tante chiacchiere! In due parole... Gli volete bene a vostro padre?... Gli volete bene sì o no?

Lisa. Perchè? Che intendete dire?...

D. Rocco. Prima rispondete. Volete salvare vostro padre?... Proprio dall'ultimo capitombolo?... Altrimenti non vi restano gli occhi per piangere, a lui e a voi!

Nina e Lisa lo guardano sbigottite.

Sì, sì, lo so che cuore avete! Poi c'è anche l'interesse vostro... Parlo nel vostro interesse... per la santa parentela che è fra noi. Vedete che son venuto dal paese fin qui a rotta di collo!

Lisa. Ma che dobbiamo fare?

Rocco. Niente. Lasciate fare a me. Aiutatemi a persuadere vostro padre. A Don Nunzio penso io...

Si ode della gente che alterca nel cortile fra cui la voce del Barone e quella di Rametta.

Sentite? Sentite?

Nina (*vivamente, per accorrere*). Sì! Sì!...

D. Rocco (*trattenendola*). Non è niente, vi dico! Leticano fra di loro. Ciascuno difende il suo interesse, si sa. Mettiamoci nei suoi panni! Glielo ha dato il suo denaro Don Nunzio? Vorrei vedervi voi!

Lisa. Mai gliel'avesse dato! Fu quella la rovina.

D. Rocco. Questo è quello che si dice poi, al momento di pagare. Prima, invece, sono suppliche e benedizioni. Non che Rametta sia un santo da metterlo sull'altare; ma infine il suo denaro l'ha speso qui, nella miniera! macchine, soccorsi, anticipazioni...

Lisa. Così ci ha messo il laccio al collo.

D. Rocco. To'! Perchè ve lo siete lasciato mettere?

Nina. Infine, che possiamo fare noi?

D. Rocco. Aiutarmi a persuadere vostro padre ch'è una bestia... per la testa dura che ha, intendo. Dice che non vuol spogliare le sue figliuole, che non può cedergli la miniera perchè c'è la dote di vostra madre. Un mondo di chiacchiere.

Affacciandosi alla scala e chiamando con gran gesti.

Qua, venite qua, potere discorrere anche qui, con maggior comodo.

SCENA V

Salgono la scala il Barone eccitato e sconvolto, col viso pallido e le mani tremanti di collera; Rametta come una vittima menata al macello, tentennando il capo, stringendo in pugno il fazzoletto madido, con cui si asciuga di tanto in tanto le labbra, il notaio Zummo sorridente, cerimonioso, col cappello in mano. L'usciere si ferma tranquillamente sulla soglia, col cappello in testa e le carte sotto il braccio, seguito da testimoni. Sidoro, curvo, porta delle seggiole. Ragazzi e minatori si affollano di fuori, curiosi. Don Rocco si affaccenda dall'uno all'altro parlando con gran calore e grandi gesti, ora all'orecchio del Barone, ora a quello di Rametta e del notaio che non gli dànno retta.

NINA (*correndo verso suo padre*). Coraggio, papà!... Non importa...

LISA. Non pensate a noi, papà!

ZUMMO. Sì... colle belle maniere s'accomoda ogni cosa...

Sorridendo garbatamente.

"Attacca la lite che l'accordo viene" dice il proverbio... Ehi?... Signor Barone, a voi vi dico!

Questi china il capo; fa un gesto vago, aprendo le braccia, e siede accasciato presso la scrivania.

Sentite

a Rametta

anche voi, testone!

RAMETTA (*sedendo anche lui dall'altro lato della scrivania, curvo colle braccia penzoloni fra le gambe e il fazzoletto pendente dalle mani*). Son qui... come Gesù all'orto. Sono nelle vostre mani... fatene quel che volete...

Alzandosi a un tratto e volgendosi al Barone gesticolando con le mani giunte.

Avete visto se v'ho usato dei riguardi!... Se ho pazientato sin'ora!... Sapete il rispetto che ho per voi, per la famiglia!...

Volgendogli di nuovo le spalle e tornando a sedere colle braccia in aria, in tono piagnucoloso.

Ma, Dio santo, quel che è giusto, è giusto!... V'ho dato il sangue mio!

D. Rocco. Povero galantuomo!... Cosa volete che dica di più?

D. Bianca (*venendo dalla destra*). Ah! Eccovi!

Zummo (*accennando al Barone*). Anche qui avete da fare con galantuomini, Don Nunzio. Ci accomoderemo senza bisogno dell'usciere.

Rivolto a quest'ultimo che stava preparando le sue carte.

Per ora non abbiamo bisogno di voi, Don Calogero. Andate, andate. Potete scendere in giardino intanto a cogliere quattro fiori.

L'Usciere (*brontolando*). Ma che fiori! Non mi lasciate due ore al sole, almeno!...

Se ne va coi testimoni.

Zummo (*sedendo anche lui accanto al Barone*). Sediamoci per stare più comodi.

Al Barone:

Qui, qui, vicino a me. Dunque, dicevamo, il conto è presto fatto. Avere di Don Nunzio, fra capitali e interessi ...Don Nunzio, date qua il conto:

Voltandosi a quelli che stanno a guardare dall'uscio.

Che volete, voi? Che aspettate? C'è l'opera di Pulcinella? Andate via!

Sidoro respinge vivamente ragazzi e zolfatai che scappano in branco, e va via con loro.

Il Barone. Figliuole mie, cosa ci state a far voi? Andate di là. Andate voi altre...

Nina (*pallida e ferma*). No, papà, lasciateci stare.

D. Bianca. Lasciatele stare. È giusto che sentano anche loro.

Zummo (*che ha aspettato discretamente, collo scartafaccio in mano, torna a mettersi gli occhiali, e legge fra i denti con un brontolio*). Dunque dicevamo, il vostro debito con Don Nunzio Rametta, capitale e interessi...

Il Barone. Al dodici e mezzo per cento!...

Zummo (*vivacemente*). Questo non dovete dirlo ora! Ora dovete vedere se il conto torna, guardate...

Indicando col dito sul registro.

Qui, vicino a me, guardate.

Il Barone china il capo e si stringe nelle spalle rassegnato, accennando con un gesto a Rametta, come per rimettersi a lui. Don Nunzio risponde allo stesso modo, indicando il Barone col pugno chiuso in cui tiene il fazzoletto. Il notaio, alzando la voce in collera, torna a dirgli.

È vero sì o no? Guardate!

RAMETTA (*in tono bonario e rassegnato*). Fate voialtri. Come volete voi.

ZUMMO (*irritato*). Come vogliono i vostri stessi conti, don asino!

Rametta ripete lo stesso gesto vago chinando il capo.

Avanti. Reddito della miniera...

Consulta il registro.

RAMETTA (*voltandosi di botto, bruscamente*). Cosa state a cercare? Niente.

IL BARONE. Come, niente?

RAMETTA. Nientissimo! Io non ho preso un soldo. Non ho fatto altro che pagare. Ecco!

Cavando un altro scartafaccio di tasca.

Settemila lire!... Ottomila e cinquecento!... Ancora settemila! Novemila tonde! queste alla vigilia del santo Natale, giorno segnalato! È passato l'anno!

ZUMMO (*con fare persuasivo*). Scusate, questo lo so. Li avete tutti qui, in colonna, i vostri denari.

Mettendogli il registro sotto il naso.

RAMETTA. Se li ho in colonna vuol dire che non li ho in tasca.

D. ROCCO. Per questo siamo qui a discorrere. Mio cugino vi rimborserà sino all'ultimo centesimo.

Scattando a un tratto quasi a prendersela con qualcheduno.

Siamo galantuomini corpo di Bacco!

IL BARONE. Non li ho mangiati i vostri denari. S'è dovuto fare tutto di nuovo, macchine, gallerie, condotti d'acqua... lo sapete anche voi!

ZUMMO. Vediamo prima queste spese, dunque. Passiamo al passivo.

Ridendo.

Bella! Ho fatto un verso!

D. BIANCA. Vi basta l'animo di scherzare anche!

ZUMMO. No, parola! L'ho fatto naturale.

Tornando a leggere serio.

Spese generali... Spese d'amministrazione... Mantenimento...

RAMETTA (*scattando*). E devo mantenerli io, tutti quanti?

IL BARONE (*irritato*). Voi?...

D. BIANCA (*saltando su lei pure*). Cosa volete mantenere voi che avete fatto morire la moglie tisica!...

RAMETTA. Ah! Se sono venuto per sentirmi dire...

Si alza per andarsene sbuffando.

D. ROCCO (*afferrandolo pel petto della giacca e scuotendolo*). Siete come i ragazzi, parola d'onore!

ZUMMO (*chiudendo il libro*). Se la pigliamo così non la finiamo più! Insomma la miniera per ora non dà nulla.

Rivolgendosi a Rametta in tono decisivo.

Ebbene, che volete fare?

RAMETTA (*stringendosi nelle spalle e prendendo tabacco*). Io? Devono dirlo loro quel che vogliono fare.

Breve silenzio fra tutti quanti.

D. ROCCO (*quasi pigliando ad un tratto una risoluzione*). Voglio dire la mia, sia per non detta... Lasciatemi dire una bestialità anche a me.

ZUMMO. Dite, dite, siamo qui per questo.

D. ROCCO. La miniera non ha dato niente sinora perchè invece s'è dovuto spenderci.

ZUMMO. Questo è vero.

D. ROCCO. Ma col tempo... non dico quanto...

Eccitandosi e gesticolando calorosamente.

Un valore lo ha la zolfara, sì o no?

ZUMMO. Giusto...

RAMETTA (*sospettoso*). Basta, cosa volete conchiudere?

D. ROCCO. Mio cugino vi cede bonariamente la zolfara, a sconto de. suo debito... per dieci anni, mettiamo...

IL BARONE. No, no!

D. ROCCO. Mettiamo quindici.

A Rametta:

Voi vi godete la miniera per quindici anni...

RAMETTA. Io ho dato del denaro contante, e in cambio mi si dà la miniera che non val niente!

IL BARONE. Non val niente la mia zolfara?

RAMETTA (*soffiando sulla mano*). Ecco!

IL BARONE. Questo lo dite per carpirmela.

RAMETTA (*offeso*). Dunque sono un ladro?

D. ROCCO. Zitto, parole di negozio. Mettiamo quindici anni.

Al Barone:

Voi gli cedete la miniera per quindici anni.

A Rametta:

E voi gli assicurate un tanto al mese, acciò amministri per conto vostro.

Scaldandosi ad un tratto e gridando con enfasi.

Ha da mangiare anche lui.

ZUMMO (*guardando or l'uno, or l'altro*). È un'idea. Questo si può fare.

IL BARONE. Un tanto al mese, come un servitore!

D. ROCCO (*scattando*). Ah! Se avete ancora la boria!

RAMETTA (*restio*). No, non mi lascio prendere in quest'imbroglio! Ho una sentenza di tribunale...

D. ROCCO. Benone. Quand'è così, fate conto che non vi abbia detto niente!

Volgendosi verso gli altri.

Andiamo via, lasciamoli fare.

RAMETTA. Ci vuol poco. Metto il sequestro.

D. ROCCO. Fate conto che non abbia parlato. Ho sudato una camicia a persuadere anche loro...

Rivolto alle ragazze.

Dite voi!

RAMETTA. Persuaderle a che cosa? Colla roba mia? Io ho date il sangue mio! Anche voi che venite a chiedermi denari in prestito ogni momento, e poi mi tirate al cuore!

D. ROCCO (*indignato*). Io vi tiro al cuore? Io?...

Picchiandosi colle mani sul petto.

Io?...

Ad un tratto spinge Rametta in un canto parlandogli all'orecchio sottovoce, concitato, scuotendolo per fargli intendere la ragione.

Ma non capite che fo il vostro interesse, Don asino? Mio cugino non vuol cedere la miniera per non spogliar del tutto le figliuole. C'è su la dote della loro madre. Farete cent'anni di lite prima d'arrivare alla zolfara! Vi ridurrete poveri e pazzi tutti quanti siete.

RAMETTA (*colla schiuma alla bocca*). Col mio denaro? Dopo tutto quello che ho speso e anticipato?

D. ROCCO. La miniera vale di più. Lo sapete anche voi.

RAMETTA (*gridando*). Ma allora ditemi che volete anche la pelle! Par d'essere in un bosco, parola d'onore!

IL BARONE. In un bosco di ladri, ditelo!

ZUMMO (*che è stato ad attendere, calmo, guardando or questo e or quello, accenna colle mani a Rametta di tacere*). Sss! Sss!...

Calmando anche il Barone.

Parla delle liti che non vi lascerebbero la camicia addosso. "A fabbriche e liti non vi mettete."

Ridendo.

Io parlo contro il mio interesse.

IL BARONE. Si ribella la natura, caro notaio! Si ribella lo stesso sangue delle vene! Anche un agnello, se gli mettete il coltello alla gola...

ZUMMO. Siamo tutti galantuomini, capperi! Nessuno vuol mettervi il coltello alla gola.

IL BARONE. Spogliarmi della zolfara, dopo che mi hanno rovinato cogli interessi al dodici e mezzo!

D. ROCCO. Cioè, cioè...

RAMETTA. Io non ho visto un soldo.

D. ROCCO. Ora lo vedrete. Ora la miniera ricomincia a fruttare.

RAMETTA. Io non posso aspettare.

D. BIANCA. Lo dite adesso che lo tenete pel collo!

IL BARONE (*risoluto*). Fate quel che volete, io non firmo! Dovevano tagliarmi le mani quando firmai la prima cambiale. Mi son rovinato! Ma spogliare del tutto le mie figliuole, ora...

Si asciuga gli occhi col fazzoletto.

NINA (*abbracciandolo*). No, no, non dite così!

LISA (*in silenzio si asciuga gli occhi anche lei*).

IL BARONE. Non firmo, dovessero ammazzarmi!

D. ROCCO (*investendolo come prima ha fatto con Rametta e spingendolo all'altro lato per parlargli calorosamente all'orecchio*). Ma come farete senza denari? E la lite? e gli avvocati? E la carta bollata?... Non capite? Siete proprio una bestia, lasciatemi dire! È per la santa parentela che m'arrabbio! Vi ridurrete alla limosina! Ridurrete le vostre figliuole all'elimosina!

Alle ragazze, gesticolando con calore.

Ma aiutatemi voi altre! venite qua!

LISA. Cosa possiamo fare?

NINA. Il padrone è lui!

D. ROCCO (*al Barone*). Fatelo per queste povere creature innocenti. Avrete così un pane assicurato per voi e per loro.

IL BARONE (*scosso*). Rinunziare alla miniera adesso che comincia a fruttare di nuovo!...

D. ROCCO (*su di un altro tono, persuasivo*). Questo è un altro paio di maniche. Ora vedremo quello che frutta.

ZUMMO. Questo è giusto. Vedremo i conti.

RAMETTA. Che conti volete vedere ancora?

IL BARONE. Dacchè siamo venuti a capo dell'acqua, la sola galleria nuova ha dato...

RAMETTA (*interrompendolo*). Non è vero!

IL BARONE. Se non mi lasciate parlare! Per altro lo sapete anche voi. Siete venuto adesso a mettere il sequestro apposta!

ZUMMO (*sfogliando il registro*). Vedremo, vedremo.

RAMETTA. Cosa volete vedere?

IL BARONE. Lì non c'è il conto della galleria nuova... L'ho notato qui, nel mio taccuino...

Cavandolo di tasca.

RAMETTA. Potete scriverci quel che vi pare.

IL BARONE. Chiamiamo Luciano. A lui gli crederete.

RAMETTA. Io non credo niente.

D. ROCCO. A lui potete credergli, lo pagate apposta per guardarvi i vostri interessi.

RAMETTA. Appunto perchè lo pago! Oggi per un bicchier di vino...

ZUMMO. Luciano è un galantuomo.

Affacciandosi all'uscio e chiamandolo.

Luciano? Luciano?

RAMETTA. È un galantuomo perchè è iscritto nella vostra lega dei lavoratori...

ZUMMO (*indignato*). A sentir voi, siamo tutti ladri.

RAMETTA. Io non so niente!

D. ROCCO. Se facciamo così, restiamo qua fino a domani.

SCENA VI

LUCIANO. M'hanno chiamato? Vengo perchè sono stato chiamato.

ZUMMO. Sentiamo. Voi che fate qui?

LUCIANO. Ancora? Dunque perchè mi chiamano?...

Per andarsene.

D. ROCCO. Dice che impiego avete? Chi è che vi paga al presente?

LUCIANO. Don Nunzio. Mi tiene qui per badare ai suoi interessi.

ZUMMO. Benissimo. Vuol dire che sapete quel che rende la zolfara.

LUCIANO (*esitante guardando ora Rametta e ora il Barone*). Quello che rende la zolfara...

D. ROCCO. Insomma, la zolfara rende adesso, sì o no?

LUCIANO (*imbarazzato*). Sicuro che deve rendere... Allora perchè si lavora?

RAMETTA. Bravo. Vediamo quello che costa!

D. ROCCO. C'è la galleria nuova. Vediamo cosa dà la galleria nuova?

RAMETTA. Una miseria!

IL BARONE. Una miseria?... Il conto è qui

mostrando il taccuino

giorno per giorno.

NINA (*a Luciano*). Devi avercelo anche tu, il conto.

D. ROCCO. Vediamolo questo conto.

RAMETTA. Ma che volete vedere?

ZUMMO (*a Luciano*). L'avete o non l'avete questo conto?

LUCIANO. Certo... dovrei avercelo...

Frugandosi addosso.

Non so dove l'abbia messo...

D. BIANCA. Cercate bene. Il conto dovete averlo. Siete pagato per questo.

LUCIANO (*scattando*). Ogni momento me la buttano in faccia quella misera paga!

RAMETTA. E non sono mai contenti, vedete? Tutto quello che si ricava è per loro. Vorrebbero anche la camicia vostra.

LUCIANO. Vogliamo il fatto nostro!

RAMETTA. Il fatto vostro è il fatto mio! Sono i miei denari!

ZUMMO. Questo non c'entra. Non sviate il discorso. Vediamo il conto.

LISA (*risoluta a Luciano*). Mostragli il conto! Vediamo chi è il ladro qui.

LUCIANO (*frugandosi in tasca*). Il conto devo averlo... Vi do il conto e me ne vo... Ecco! ecco!

RAMETTA (*sogghignando*). Ecco! lo sapevo!

ZUMMO (*a Luciano*). Date qua.

RAMETTA. Ma io non son tanto bestia!

D. ROCCO. Aspettate, prima, a parlare.

RAMETTA (*indicando il Barone*). Scommetto ch'è suo carattere!

IL BARONE. Che intendete dire, Don Nunzio?

RAMETTA. Dico quel che dico!

D. BIANCA. Badate a quello che dite!

D. ROCCO (*facendo dei gesti per chetarli*). Sss!... Sss!...

RAMETTA. Non mi fate parlare!

IL BARONE (*minaccioso*). Siamo tutti d'accordo per imbrogliarvi?

NINA. Papà! Papà!

RAMETTA. Sono venduto come Cristo all'Orto!... Non mi fate parlare!

D. ROCCO (*conciliativo*). Ma chi è che vuol vendervi? Chi?

LISA. Voi piuttosto che ci avete assassinati!

RAMETTA (*al Barone, indicando Luciano*). E questo mi fa il Giuda... perchè chiudete un occhio anche voi!...

LUCIANO. Io, ora? Io?

IL BARONE (*andando addosso a Rametta*). Che intendète dire, don coso?

RAMETTA (*mettendosi dietro la scrivania*). Lo sanno tutti

quello che succede in casa vostra! E voi che siete il padre chiudete gli occhi!

D. Rocco (*mettendogli la mano sulla bocca*). Zitto! Che dite?

Il Barone (*rimane dapprima sbalordito. A un tratto afferra una seggiola e si precipita su Rametta gridando*). Ah! Le mie figlie, assassino... anche le mie figlie!...

Nina (*buttandosi su di lui*). Papà! Papà mio...

Lisa (*pallidissima, ginocchioni*). No! No!

Zummo (*trattenendo il Barone*). Signor Barone!...

D. Rocco (*imprecando colle mani in aria*). Santo e Santissimo! Questo si chiama darsi colla zappa nei piedi.

D. Bianca (*investendo Rametta*). Briccone! Pezzo d'usuraio! Ladrone che siete!

Rametta. Signori miei, siatemi testimoni che voleva anche ammazzarmi!...

Scappa via per la scala.

N.B. - *Tutta la fine di questa scena va fatta rapidamente.*

SCENA VII

Il Barone (*ancora fremente, lasciando ricadere la seggiola*). L'ammazzo! Com'è vero Iddio, l'ammazzo!

D. Rocco (*irritatissimo*). Ora siamo da capo! Non s'accorda più questa canzone!

Zummo (*cercando di calmare il Barone*). Via, parole di collera... Alle volte nella collera si dice quel che non si dovrebbe dire.

D. Rocco. Non avete un'oncia di giudizio, tutti quanti siete!

Il Barone. Il sangue mio! Quel briccone mi assassina anche le mie creature!

Luciano. Abbaia contro tutti per farsi ragione.

D. Bianca (*severamente a Luciano*). Andatevene, galantuomo, anche voi...

Il Barone (*investendo Luciano*). Vattene, vattene!

Lisa (*pallidissima*). Papà!

Luciano. Ve la pigliate con me, adesso?

Zummo (*conducendo via Luciano*). Andiamo, andiamo... *pro bono pacis.*

Escono.

D. Rocco (*al Barone*). Ah, sentite! Io vi pianto e me ne vo. Non si fanno così gli affari. Sbrigatevela coll'usciere.

Finge d'andarsene anche lui; ma vedendo che nessuno lo trattiene, si ferma sull'uscio, guardando irritato or questo or quello.

Il Barone (*eccitatissimo rivolto alle figliuole*). Me la piglio con tutti quanti perchè gli avete dato troppa confidenza a colui!...

A Nina:

Dico a te che sei la maggiore. La gente parla perchè ve lo vede sempre fra i piedi.

Nina (*china il capo e non risponde*).

Lisa (*turbata, quasi per scusare la sorella*). No, papà...

D. Bianca (*al Barone*). Ve la pigliate con chi non c'entra.

D. Rocco (*tornando alla carica*). Chi gliel'ha messo tra i piedi? Voi!

Il Barone (*furioso*). Andatevene al diavolo!

D. Bianca (*a D. Rocco*). Non è questa la maniera. Tacete!

D. Rocco. Non sono io che parlo. È il sangue! La parentela! Grida lo stesso sangue al vedere dove sono ridotte quelle povere ragazze.

Il Barone. Per colpa mia, ditelo!

D. Rocco. Io non so per colpa di chi. Dico che bisogna pensare al rimedio.

Il Barone (*guardando or l'una or l'altra delle sue figlie e picchiandosi il petto coi pugni chiusi*). Per colpa mia, che vi ho rovinate! figliuole mie!

Nina. No, papà, non dite così!

D. Bianca. Che l'avete fatto apposta?

D. Rocco. Non l'avete fatto apposta; ma questa è la conseguenza. Che diavolo! avete i peli bianchi!... Dovete saperlo come va il mondo.

Il Barone (*concitato e quasi fuor di sè*). Come va il mondo?... che mentre io correvo di qua e di là per cercare di riparare... come un pitocco, come un disperato... Alle volte l'usciere andavo ad aspettarlo lassù in cima al sentiero perchè loro non sapessero... Quando tornavo dal paese che Don Nunzio mi aveva sbattuto l'uscio in faccia...

S'intenerisce e nasconde la faccia nel fazzoletto.

Nina (*abbracciandolo*). Papà mio!... Povero papà!...

D. Rocco. Poverette, le vedete!... Anche loro qui sole, in campagna... come lupi, in mezzo ai contadini... che volete?

Il Barone. Come, cosa voglio?

D. Rocco (*scattando*). Caspita! Doveva venire un re di corona a innamorare vostra figlia?

Il Barone (*da prima rimane a bocca aperta, quasi non avesse capito; poi fa atto di slanciarsi su Don Rocco coi pugni chiusi, ma si volge alle figliuole balbettando*). Che vuol dire?... Nina... Parla tu, Lisa...

D. Rocco. Cosa volete che dica?

Il Barone (*al vedere che Lisa tace e china il capo, pallidissima*). Parla! Parla!...

A un tratto come essa si smarrisce sempre più, leva i pugni minaccioso.

Ah! ah!

Nina (*frapponendosi spaventata*). Papà! Papà!

Il Barone. Era dunque vero? Era vero? Lo sapevano tutti?

Lisa (*pallida come una morta, indietreggia dinanzi a lui tremando dalla testa ai piedi, senza dir nulla*).

Nina (*convulsa, stendendo verso il padre le mani tremanti*). No, papà! No! no!

D. Bianca. Don Mondo!

Il Barone. Il mio sangue! l'onor mio!

D. Bianca. Ma che onore? Cosa andate dicendo?

D. Rocco (*cercando di condurre via Lisa*). Togliamoci di qua per ora! Andiamo! Leviamo l'occasione!

Lisa (*svincolandosi*). No!

Rimane di faccia al padre, pallidissima, rispettosa, ma ferma.

Il Barone. La superbia l'hai con tuo padre!... L'hai ne sangue la superbia!... Ma per scendere sino a colui!...

D. Rocco (*gridando*). Ma che scendere e salire!

Il Barone. Mia figlia!... Una Navarra!...

D. Rocco. L'altra volevate pur darla al figlio di Rametta, che non discende dal Re Pipino.

Il Barone. Mia figlia sulla bocca di tutti!

D. Bianca. Ma che siete pazzo?

Il Barone. Giacchè lo vuole...

A Lisa:

È vero che lo vuoi?

LISA (*china il capo, assentendo*).

NINA (*come fuor di sè*). No, Lisa! No, papà! Perdonatele perchè non sa quel che dice!... Siamo tanto disgraziati!

Singhiozzando.

Tanto! tanto!...

IL BARONE (*senza darle retta, svincolandosi dalle sue mani sempre più irritato avanzandosi minaccioso verso di Lisa*). Hai detto di sì? Hai detto di sì?

LISA (*pallida come un cadavere, ma guardando la finestra e affermando col capo*). Sì, papà.

NINA (*buttandosi addosso a lei, chiudendole gli occhi: chiudendole la bocca colle mani convulse*). Sei pazza! Sei pazza!

IL BARONE. Sposalo! Sposalo! Io non ti do nulla. Non ho nulla da darti.

D. ROCCO. Questo già lo sa.

IL BARONE. E vattene! subito! Via di casa mia! Vattene a scavar zolfo insieme a tuo marito!

NINA (*c.s.*). No!... no!...

LISA (*svincolandosi da lei*). Lasciami andare!

IL BARONE (*furibondo*). .Lasciala andare!... o... o...

D. BIANCA (*conducendo via Lisa*). Per carità!... Cosa facciamo!

D. ROCCO. Barca rotta è questa casa! A fondo deve andare!

IL BARONE (*fermandosi dinanzi a lui e a capo chino colla voce soffocata dall'onta e dall'emozione*). A Don Nunzio ditegli che gli domando scusa... Se vuol darmi ancora quell'impiego... Ditegli che sono nelle sue mani...

D. ROCCO (*levando le braccia al cielo*). Sia lodato Iddio! Questo si chiama parlare!

TELA

ATTO TERZO

Il cortile della casina, di notte. A destra la scala che mette alle stanze di sopra occupate ora da Rametta. Sotto l'arco della scala l'ingresso delle stanzette a terreno dove s'è ridotto il Barone. A sinistra la chiesetta sormontata dal piccolo campanile. In fondo l'abbeveratoio addossato al muro di cinta, e il portone merlato. Al di là dal muro le alture brulle della zolfara. Di tanto in tanto si odono latrare dei cani in lontananza per la campagna buja.

SCENA I

RAMETTA (*in maniche di camicia, col cappellaccio di paglia in capo, uscendo sul terrazzino e chiamando verso le stanze di sotto*). Ehi? Siete tutti morti laggiù? Don Mondo? Don Raimondo? Barone, voi?... Questa la sentite!

IL BARONE (*uscendo nel cortile dalle stanze a terreno*). Che c'è, Don Nunzio?

RAMETTA (*irritato*). Don Nunzio! Don Nunzio! Non sapete dir altro, voi!

IL BARONE (*mortificato*). Che c'è? Che comandate?

RAMETTA. Comando che è un'ora che chiamo lì fuori. Siete diventato sordo anche?

IL BARONE. Stavo mangiando un boccone, signor Don Nunzio.

RAMETTA. Benedetto voi! Ve la godete come un principe a tavola? Intanto coi tempi che corrono, nella zolfara non c'è neppure un cane di guardia!

BARONE. Se non c'è più nessuno nella zolfara!...

RAMETTA. Lo so, lo so. Di ciò a voi non importa, perchè il salario corre sempre per voi!... Chiamano di lassù, dalla rocca.

SIDORO (*che è uscito anch'esso nel cortile dietro il Barone*). A quest'ora?

IL BARONE. Che vogliono a quest'ora?

RAMETTA. Andate a vedere, che vogliono!

Gli sbatte l'uscio in faccia e rientra in casa.

SIDORO (*dopo essere stato in ascolto lui e il Barone*). Io non sento niente. Si sarà sognato Don Nunzio nel vino.

SCENA II

BARBARA (*dalla stanza a terreno, con voce roca dal sonno al Barone*). Signor Barone, dice la signorina...

BARONE (*interrompendola bruscamente e tendendo l'orecchio*). Sss!... Vi caschi la lingua...

BARBARA (*sorpresa*). Perchè?

BARONE (*vivamente a Sidoro*). Gente! C'è gente là, nel sentiero!

SIDORO (*dopo esser stato ad ascoltare, come prima*). Io non sento niente... Ma a buon conto chiudiamo?

BARBARA (*brontolando quasi fra sè*). Quella è gente che non ha buone intenzioni, certo!

IL BARONE (*prendendola per le spalle*). Andate a dormire se avete sonno.

BARBARA. Veh!... A chi la conta ora lui?

Rientra in casa borbottando.

SIDORO (*premuroso*). Chiudiamo, signor Barone?

SCENA III

D. ROCCO (*mentre Sidoro stava per chiudere entra trafelato, gridando*). Che mi lasciate fuori, perdio!

IL BARONE. Ah, siete voi, Don Rocco?

D. ROCCO (*irritato*). Chi volete che sia adesso? Chi avete messo in quest'inferno?

SIDORO. Vossignoria che chiamava di lassù?

D. ROCCO (*voltandosi contro di lui*). Io? per prendermi una schioppettata nella schiena? Fortuna che i cani mi conoscono!

Al Barone:

Avete voluto lo sciopero?...

IL BARONE. Io?

D. ROCCO (*chiamando di sopra*). Don Nunzio? Sarà andato a letto, quell'animale!

Al Barone:

Avete messo il paese intero sossopra col vostro sciopero!

SIDORO. Saran quelli dello sciopero che si danno la voce per metter mano al sacco e fuoco!

D. Rocco. Avete messo il paese intero a sacco e fuoco, per non crescere le paghe!...

Barone. E i danari?

D. Rocco. Mancano danari a quell'usuraio! Quando v'arricchite...

Il Barone (*sorridendo amaramente*). Io non mi sono arricchito, certo!

D. Rocco. Noi no. Ma intanto chi ne va di mezzo son io!

Il Barone (*scaldandosi anche lui*). Ed io?

D. Rocco (*eccitatissimo, parlandogli colle mani sul viso*). Ne avete voi covoni sull'aja, eh? Ne avete roba e bestiame all'aperto che con un fiammifero ve la...

Soffiando sul palmo della mano aperta.

Così! cra un momento!

Vedendo Rametta che è affacciato sul terrazzino.

Con voi parlo... Don come vi chiamate! Ci avete scatenato addosso un nugolo di affamati, col vostro sciopero! Avete rovinato un paese, per non voler aumentare le paghe!

SCENA IV

Il Barone. Come si fa ad aumentare le paghe quando gli zolfi ribassano sempre!

D. Rocco (*esasperato*). Voi siete un minchione! Per questo v'hanno preso la zolfara per nulla!

Il Barone (*ironico*). Voi, che non siete un minchione però non state meglio di me!

D. Rocco (*a Rametta*). Minacciano di distruggere ogni cosa! Son giunte notizie d'inferno, al Delegato!

Al Barone:

E il capoccia, il capobanda, è vostro genero quel viso di forca!

Barone. Io non ho generi!

Rametta. Ci pensi il Delegato. Per questo pago le tasse.

D. Rocco. Andate a contarla alla gente che ha fame, questa delle tasse! Ora parlate così perchè siete diventato ricco e avete la pancia piena!

Rametta. E voi parlate così perchè non avete più nulla!

D. Rocco. Fanno bene se vi incendiano la zolfara!

Il Barone. Ma state zitto! Anche voi ci avete la vostra quota... nella zolfara...

D. Rocco (*in tono calmo e contratto*). Non me ne importa. L'ho venduta a lui... Per un pezzo di pane, è vero!...

Salendo di corsa ad investire Rametta.

M'avete pignorato fino i peli della barba per quella miseria che vi dovevo!... per ringraziarmi anche per l'ajuto che vi ho dato!... che vi ho tenuto il sacco, ladrone che siete! Non mi rimane se non quel poco di seminato che ci ho là

accennando di fuori a destra

in pericolo! in causa vostra! con quattro figli e la moglie da mantenere, avete capito?

Rametta. A me la contate?

D. Rocco (*furioso*). A voi! Finiamola con questo sciopero! Pagate meglio la gente!

Barone. Come si fa a pagarla meglio?

D. Rocco. A voi che importa?

A Rametta:

Sono un nugolo d'affamati! Là, a Vetrabbia, a Goramorta, alla Salina, tutto intorno! Contentateli per ora; almeno finchè avremo messo al sicuro il raccolto. Dopo rompetevi il collo.

Rametta. Il collo rompetevelo voi. Io mando a chiamare la forza.

D. Rocco. Ma che forza? Non potete mettere un soldato su ogni palmo di terra.

Rametta. Io li metto alla mia zolfara.

SCENA V

Donna Barbara, accorrendo scalmanata dalla destra e detti.

D. Barbara. Signor Barone!... Signori miei!... Laggiù nella valle...! venite a vedere!...

D. Rocco (*eccitatissimo, andando addosso a Rametta*). No! Finiamola com'è vero Iddio! Vado a prendere un lenzuolo dallo stesso vostro letto e l'appendo alla finestra, com'è vero Dio! Pace, pace, bandiera bianca!

A Sidoro:

Voi attaccatevi alla campana perchè vengano a vederci...

Rametta (*respingendolo*). Ma siete ubbriaco, a quest'ora...

D. Barbara. Fuoco! Fuoco! Laggiù... guardate!...

Il Barone. Dove? dove?

Sidoro (*indicando un chiarore al di sopra del muro a destra*). Lì nella valle si vede anche di qua.

D. Rocco. Sarà il fienile che ha preso fuoco.

Sidoro. No, è dietro il casamento vecchio.

D. Barbara. Sarà la legna della zolfara.

Il Barone (*sconvolto*). La zolfara! la zolfara!

Rametta (*che è salito a vedere dal terrazzino*). Ma che zolfara! Son quattro covoni laggiù...

D. Rocco (*cacciandosi le mani nei capelli*). Ah! i miei covoni!

Parte correndo.

Rametta (*dal terrazzino, al Barone e a Sidoro*). Andate al paese a chiamare la forza. A voi dico! Correte!

Sidoro. Correte! Chi ha da correre ora?

Rametta. Devo andarci io a chiamare i soldati?

Il Barone (*eccitatissimo*). Io!... Vado io!...

D. Barbara (*facendo per trattenerlo*). No, signor Barone!

Il Barone. Devo aspettare che vengano a metter fuoco alla zolfara? A mia figlia non dite niente. In mezz'ora vado e torno.

Sidoro. Aspettate!...

Il Barone. Aspettate un corno!

Parte correndo a sinistra.

D. Barbara (*a Rametta*). In causa vostra!... Un padre di famiglia!...

Rametta. Chiudete il portone, e non aprite neanche a Domeneddio!

Sidoro. Sì, sì...

Va a chiudere.

D. Barbara. Lo dissero e la fecero di mettere a sacco e fuoco!

Sidoro. Tre settimane che non si lavora! La gente muore di fame. Comare Grazia ha chiuso bottega per non far più credito.

SCENA VI

Nina (*accorrendo dalle stanzette a destra mezzo discinta, e tutta sottosopra*). Papà?... Cosa avviene laggiù nella valle?... Dov'è mio padre? Dov'è?

RAMETTA. L'ho mandato a chiamare la forza, per Bacco!

Le volta le spalle bruscamente e rientra in casa sua.

NINA (*smarrita, facendo per correre*). Ah!

D. BARBARA (*trattenendola*). Ma dove andate? Siete pazza?

NINA (*imprecando dietro a Rametta*). Assassino!

SIDORO. Or ora il padrone è qui coi soldati.

NINA (*smaniando*). Ah, Signore!... Accompagnatelo voi, Signore...

Cade ginocchioni e colle mani giunte dinanzi alla cappelletta, balbettando sconnessamente le parole dell'Avemaria.

Dio vi salvi o Maria... o Maria... Dio vi salvi o Maria...

D. BARBARA (*inginocchiata, e pregando lei pure*). Santa Maria, Madre di Dio... Ci ammazzano tutti quanti!

SIDORO (*a Nina*). Non temete. Siamo qui noi.

NINA (*vivamente*). Sss! Sentite!

SIDORO. Non sento niente.

D. BARBARA. Chiamano! Chiamano!

SIDORO. Non apro neanche a Domeneddio!... E quel poltrone di Don Nunzio che si è chiuso dentro! Che ci lasciate in ballo noi soli, Don Nunzio?

LISA (*tornando a bussare*). Aprite! Aprite!

D. BARBARA. La voce di donna Lisa! È donna Lisa!

NINA. Lisa! Lisa!

Apre.

SCENA VII

LISA (*entrando, pallida e trafelata*). Papà!... Dov'è il papà?

NINA (*abbracciandola con impeto di tenerezza*). Lisa! Lisa mia!

Scoppia a piangere.

D. BARBARA. Donna Lisa! Qui! A quest'ora!

LISA (*ancora ansante*). Quelli dello sciopero!... si sono ribellati!... Vogliono distruggere ogni cosa!... Dov'è il papà? Dov'è?

D. BARBARA. Non c'è. È andato al paese.

LISA (*cadendo a sedere sugli scalini della casa, come le mancassero le forze*). Signore, Vi ringrazio! Come ho fatto quella strada... dal casamento vecchio fin qui... col fiato ai denti! Non sentono più nessuno, neanche mio marito! Hanno quasi ammazzato il soprastante perchè mandò a chiamare la forza...

SIDORO. La testa dovrebbero averla tagliata quelli che hanno soffiato nel fuoco prima!

LISA (*cogli occhi accesi*). Dite bene, voi che non vi manca nulla, qui, nella casa di mio padre!

NINA. Ah, povera sorella! Come sei ridotta!

D. BARBARA (*a Sidoro*). Non ci manca nulla! Sentite?

NINA (*mettendole una mano sulla bocca*). Tacete! Tacete!

RAMETTA (*uscendo di nuovo, pallido, col fucile in mano*). Il portone! Chiudete il portone!

SIDORO. Eccoli! Vengono!

D. BARBARA. Chiudete! Chiudete!

Si ode avvicinare un rumore di folla in tumulto.

LISA (*correndo verso il portone*). Luciano!... Luciano!...

D. BARBARA. Il padrone! la voce del padrone!

NINA. Papà! Papà!

SCENA IX

RAMETTA. Signori miei! Badate a quello che fate! C'è la legge! C'è la giustizia!

IL BARONE (*si scioglie bruscamente dalle braccia di Nina, guardando Lisa che rimane tutta tremante dinanzi a lui, senza trovar parola; fa per borbottare qualche cosa, a un tratto se la piglia infuriato con Nardo che è entrato anche lui*). Prima lévati il berretto quando entri in casa mia!

NARDO (*cavandosi il berretto*). Sissignore, ma sentite...

BARONE (*eccitatissimo, guardando ora Lisa e ora gli operai affollati all'uscio*). Entra chi vuole in casa mia! Come fosse una piazza!

NARDO. Siamo colle spalle al muro, Vossignoria! Siamo come quelli che succede quel che succede!...

MATTEO (*vociando più di tutti, e gesticolando colle mani giunte*). Ma che si deve andare davvero in galera, sangue di Giuda ladro?... Ma che s'ha a morir di fame o andare in galera?

NARDO. Pelle per pelle, meglio la galera!

IL BARONE (*gridandogli sul muso*). L'avrai questa soddisfazione, l'avrai!

Matteo. Ma dunque per forza s'ha a morir di fame, cristiani del mondo!

Nardo. Ci siamo mangiata sino la camicia! Tre settimane che non si lavora!...

Il Barone (*sarcastico*). Meglio. Vi riposate.

Lisa (*giungendo le mani*). Papà! Papà!

Il Barone (*la guarda irato e poi scatta a sfogarsi contro gli altri colla schiuma alla bocca*). Il fegato dovete mangiarvi! il fegato!

Nina (*supplichevole*). Ah no! no!

Rametta (*facendo uno sforzo per frenarsi, parlando agli operai con un sorrisetto ironico*). Scusate, perdonate, signori miei... Potete comandare... quel che volete...

Gli Altri (*che sono fuori, gridando*). Vogliamo quello ch'è giusto! Ecco!

Matteo. O ce lo pigliamo noi!

Rametta (*che è stato a guardare or l'uno or l'altro colle braccia incrociate*). Servitevi. Padroni!

Nardo. Così non possiamo andare avanti. Vogliamo cresciuta la paga.

Il Barone. Anche noi qui non andiamo avanti!...

Rametta. Facciamo crescere anche il prezzo degli zolfi per aumentare le paghe!

Matteo. A questo dovete pensarci voi.

Il Barone (*ironico*). È vero. Devo pensarci io ai denari.

Nardo. Per questo siete il padrone.

Bellomo. Ma non vedete come sono ridotto? Ve l'ho dato il mio lavoro e la mia salute!...

Matteo. Vent'anni che scavo zolfo sotto terra!

Il Barone. Se non c'è denaro!

Nardo. C'è lo zolfo, se non c'è denari.

Rametta. Vendetelo se vi riesce.

Matteo (*inferocito*). Se non si può vendere lo bruceremo. Bruciamo la zolfara! Nè io nè tu!

Altri (*urlano*). Finiamola! Finiamola!

D. Barbara. Sparano! Sono armati!

Nina (*strillando*). Ah!

Lisa. Sparano, papà!

Il Barone. Via di qua! Vuoi farti ammazzare per giunta?

Nina (*al barone*). Ma dategli quel che vogliono!

Il Barone (*pallidissimo, colla schiuma alla bocca*). Che debbo dargli? Non ho nulla da dargli!

Urli di fuori. Alla zolfara!

Luciano (*facendosi largo fra la folla*). Un momento, signori miei, un momento!

Il Barone (*sorpreso alla prima, vedendo comparire Luciano, gli volta poi subito sdegnosamente le spalle*). Sembra una piazza, la mia casa, oggi!

Luciano. Lasciatemi capacitarli, signor Barone.

Il Barone (*senza voler rispondere a lui, rivolto agli ammutinati*). Ora vengono i soldati a capacitarvi! Aspettate!

Matteo e gli altri della folla. Non ce ne importa! Non abbiamo paura!

Luciano. Neanche del cannone abbiamo paura!

Volgendosi poi in tono diverso ai compagni che vociano tutti insieme.

Ma signori miei, qui parlate a un muro. Il padrone non è lui. La zolfara adesso se la gode Rametta. Deve pagare Rametta.

Il Barone (*furioso, voltandosi in là*). Vengono i capopopolo a dettar legge in casa mia!

Luciano (*al Barone*). Rametta ci mangia vivi tutti quanti, Vossignoria!

Il Barone (*c. s. ma gridando la stessa cosa sul muso a Luciano*). Vengono a dettar legge; se mi piace farmi mangiare da chi mi pare...

Luciano (*riscaldandosi anche lui*). Buonprò vi faccia! Ma anche la roba di vostra figlia s'ha da mangiare quel ladro?

Rametta (*irritatissimo, agli operai*). Che pretendete? Che m'andate cantando? Sono stato operajo anch'io, come voi... Ho lavorato tutta la vita, sino a vecchio... Un soldo per un sigaro non l'ho speso! all'osteria non m'hanno visto... Ho lavorato come un cane nella miniera, sottoterra, a scavar zolfo!... E ora perchè so il fatto mio, e voi no...

Matteo. Basta colle chiacchiere!

Tutti gridano e Rametta è travolto nel parapiglia.

Luciano (*al Barone*). Badate! Badate! Ora succede quel che succede. Danno fuoco alla zolfara. Mi dispiace per voi!... per le vostre figlie!...

Il Barone (*furioso, prendendo Nardo per le spalle e respingendolo insieme agli altri*). Vattene ora vattene! Fuori di casa mia!

URLI DI FUORI. Alla zolfara! Alla zolfara!

Il tumulto cresce di fuori. A un tratto si vede comparire nella folla, una fiaccola accesa.

MATTEO. Bravo! Date qua!

LUCIANO (*afferrandolo pel petto*). Ehi! Che fai? Dici sul serio?

MATTEO. Come, sul serio? L'hai detto tu stesso!

LUCIANO. T'ho detto di dar fuoco alla zolfara di mia moglie?

NARDO. Volti faccia anche tu! Tradisci i tuoi fratelli!

IL BARONE. Luciano!

LISA (*facendo per corrergli dietro anche lei, come una pazza*). Luciano! Luciano!

IL BARONE (*fermandola*). Tu no! Bada!

LISA (*smaniando*). Non m'importa! È mio marito.

LUCIANO (*torna pallido e stravolto, colle mani nei capelli*). Cosa hanno fatto! cosa hanno fatto! Datemi un fucile!

Afferra il fucile di Rametta e corre all'uscio.

IL BARONE. Vuoi farti ammazzare anche tu?

Facendo per tranquillarlo.

LUCIANO (*senza dargli retta e portandosi al portone, risoluto, col fucile spianato*). Devono passare di qui per la zolfara!...

IL BARONE (*gli strappa il fucile di mano e lo caccia dentro fra le braccia sue e di Lisa*). Pensa a tua moglie ora!

Squilli di tromba all'interno.

TELA

DOPO

Scene di una commedia intitolata
DOPO
e che non fu mai rappresentata.

Pubblicate nel 1902 nella rivista La settimana, *di Napoli, diretta da Matilde Serao.*

Terrazza della villa Negri che dà sulla strada. Maria seduta a ricamare sotto la tenda, Giacinta affacciata alla ringhiera.

SCENA I

MARIA. S'è fermato qui?
GIACINTA. Sì.
MARIA. Chi è?
GIACINTA. Il signor Vitali.
VITALI (*dalla strada*). Buon dì, signorina.
GIACINTA (*freddamente*). Buon dì...

Per andare.

MARIA. Te ne vai?
GIACINTA (*tornando a sedere*). No.

SCENA II

MARIA (*a Vitali che sopravviene*). Finalmente!
VITALI. Finalmente davvero! Sapesse quanti impicci! Temevo di non uscirne più.
MARIA. Affari?
VITALI. Quasi.
MARIA. Gravi?
VITALI. È inutile che ve lo dica, giacchè vedo che non serviranno a scusarmi.
MARIA. Non è obbligato a scusarsi...
VITALI. Grazie...

Pausa.

E suo marito?
MARIA. In città. Non l'ha visto?
VITALI. Non fui allo studio, e dovetti fare un lungo giro per venir qui. Giungerà col treno delle undici?
MARIA. Sì, ha telegrafato.
VITALI. Che lavoratore! Ora che è in campagna gli tocca riposarsi in ferrovia...
MARIA. Giacinta dice che è la sua villeggiatura.
GIACINTA (*alzandosi, seccamente*). È così buono!... E lo fa per noi.

Vitali. Proprio... la faccio scappare, signorina?...

Giacinta. Stavo per andarmene già...

Vitali (*ridendo*). Vuol dire che le devo cinque minuti e cinque parole...

Giacinta esce.

SCENA III

Maria (*alzandosi, rapidamente, a voce bassa*). Avete ricevuto?

Vitali. Sì.

Maria. Parlaste colla portinaia?

Vitali. Assicura di non avervi vista.

Maria. Non è vero. Che ci guadagna, a mentire?

Vitali. Quello che le ho dato per tacere.

Maria. Tacerà sempre, almeno?

Vitali. Sinchè le chiuderemo la bocca...

Maria. Di Antonio siete sicuro?

Vitali. Come della portinaia...

Maria. In che mani siamo!...

Vitali. Pazienza, giacchè bisogna essere nelle mani di qualcuno, meglio sieno di quelle che possono ungersi.

Maria. Del denaro... per aver dei complici... Sia!... Avete bruciato la lettera?

Vitali. No: questo lo farete voi. Eccovela.

Maria. Perdonatemi... Ormai... La portinaia, Antonio, il primo che passa... Ecco cos'è!...

Vitali. Oh! Maria!

Maria (*dandogli le mani*). Non è ciò che credete... Se non ti avessi dato tutto il mio cuore, vorrei dartelo. Ti basta?

Vitali (*guardingo*). Badate!

Maria. Ecco, siete divenuto timido anche voi!

Vitali. Vostra sorella sospetta qualche cosa.

Maria. Giacinta?

Vitali. Non vi sembra mutata?

Maria. Tutto mi sembra mutato!

Vitali. Povero amore... Come sei pallida!

Maria. Non ho dormito.

Vitali Come sei bella... così!...

Per afferrarle le mani.

Maria (*ritirandosi vivamente*). No... lui!

SCENA IV

NEGRI. Oh, Vitali! Bravo!

A Maria, dandole la mano:

Come stai?

MARIA. Bene.

NEGRI. Con quel viso!...

A Vitali:

Quando sei arrivato?

VITALI. Or ora.

NEGRI. Cercavi di me, allo studio?

VITALI. ... No...

NEGRI. Pietro t'ha visto dalla portinaia.

VITALI. Ci sono stato a vedere se v'erano lettere per me.

MARIA. Gegina non è venuta alla stazione?

NEGRI. Sì, è rimasta un po' indietro... Un gran segreto! E Giacinta?

MARIA. Era qui; sta bene.

NEGRI. Bene. Ora sino a lunedì son libero. Auff!

SCENA V

GEGINA. Mamma! Le prime fragole... Guarda!...

MARIA. Oh!... E i bei fiori!...

VITALI. Son della vostra campagna?

NEGRI. No, la mia campagna non dà che rami.

MARIA (*a Negri*). Grazie, sai!

NEGRI. Per Gegina.

GEGINA. No, li ha portati il babbo per te...

NEGRI. Cotesto non era necessario dirlo, signorina. Andate a dare un bacio al vostro amico Vitali.

VITALI (*ridendo*). Buon dì, signorina.

GEGINA. Oh, buon dì!...

Fa per buttargli le braccia al collo.

MARIA (*trattenendola*). Così, basta. Ora vai dalla zia. Sei tutta scalmanata.

GEGINA (*mortificata*). Buon dì...

Esce.

NEGRI (*ridendo*). Scusami, cara, non sapeva che fosse un gran male.

MARIA. Non è un gran male...

NEGRI (*a Vitali*). Hai studiato quel processo?

VITALI. Non ne ho avuto il tempo.

NEGRI. In otto giorni! Che ne fai del tuo tempo, ragazzo mio? Dunque, in due parole: separazione di beni e di persona per incompatibilità di carattere. Il torto è del marito.

VITALI. Abbiamo contro delle prove...

NEGRI. Il torto è sempre del marito, e poi, quando capitano di queste disgrazie, non si vanno a mettere in carta bollata. Basta, vedremo insieme, giacchè ti fermi qui...

VITALI. No.

NEGRI. Come no? Se era già inteso? Che vi è di nuovo?

MARIA. Avrà da fare...

NEGRI. Lo ha detto a te?

MARIA. A me, no...

NEGRI. Che v'è di nuovo, via? Perchè fate quella faccia, tutti e due?...

TELA

32311
1989

Oscar Mondadori
Periodico trisettimanale: 8 ottobre 1980
Registr. Trib. di Milano n. 49 del 28-2-1965
Direttore responsabile: Alcide Paolini
Spedizione abbonamento postale TR edit.
Aut. n. 55715/2 del 4-3-1965 - Direz. PT Verona